国語５年

東京書籍版
新編 新しい国語

教科書ぴったりトレーニング

▶ 3分でまとめ動画

人物の心情を音読で伝えよう
集めよう、よいところ
おにぎり石の伝説
漢字を使おう1

戸森（ともり） しるこ

めあて
★話し合いの意見をまとめてみよう。
★人物の心情の変化を想像しよう。

学習日　月　日
教科書 14〜31ページ
答え 2ページ

かきトリ 新しい漢字

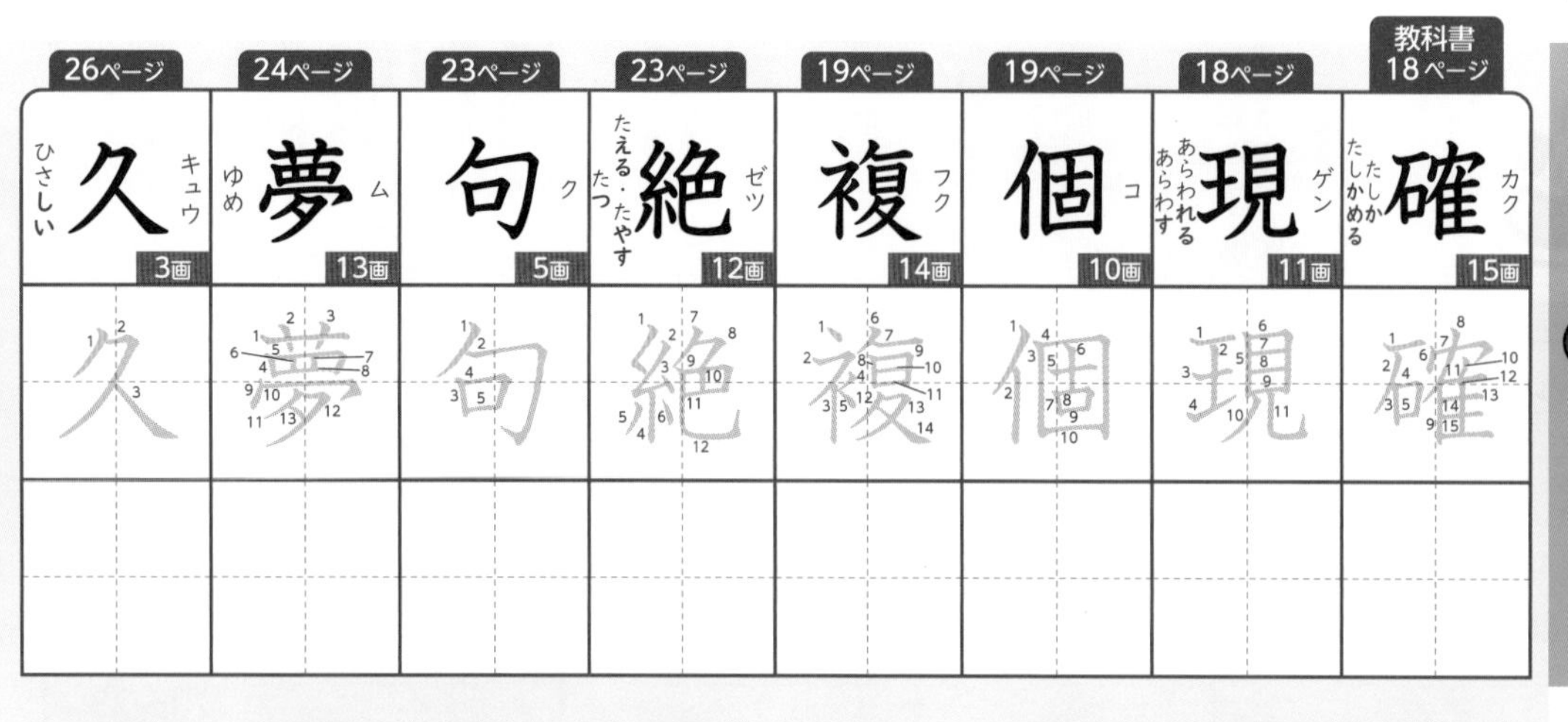

教科書ページ	漢字	音読み	訓読み	画数
18ページ	確	カク	たしか・たしかめる	15画
18ページ	現	ゲン	あらわれる・あらわす	11画
19ページ	個	コ		10画
19ページ	複	フク		14画
23ページ	絶	ゼツ	たえる・たやす・たつ	12画
23ページ	句	ク		5画
24ページ	夢	ム	ゆめ	13画
26ページ	久	キュウ	ひさしい	3画
28ページ	情	ジョウ	なさけ	11画
29ページ	像	ゾウ		14画
31ページ	増	ゾウ	ます・ふえる・ふやす	14画
31ページ	益	エキ		10画
31ページ	境	キョウ	さかい	14画
31ページ	義	ギ		13画
31ページ	衛	エイ		16画
31ページ	眼	ガン		11画
31ページ	救	キュウ	すくう	11画
31ページ	停	テイ		11画

1 （　）に読みがなを書きましょう。

① ●四つ子の赤ちゃん。（　）
② ●名字を書く。（　）
③ 運転を●休止する。（　）
④ 絶対にあきらめない。（　）
⑤ 新しい語句を学ぶ。（　）
⑥ 久しぶりに友人と会う。（　）

●読み方が新しい字

2 □に漢字を、（　）に漢字と送りがなを書きましょう。

① □□（ふくすう）のグループ。
② きみょうな□（ゆめ）を見た。
③ 答えを（たしかめる）。
④ すがたを（あらわす）。

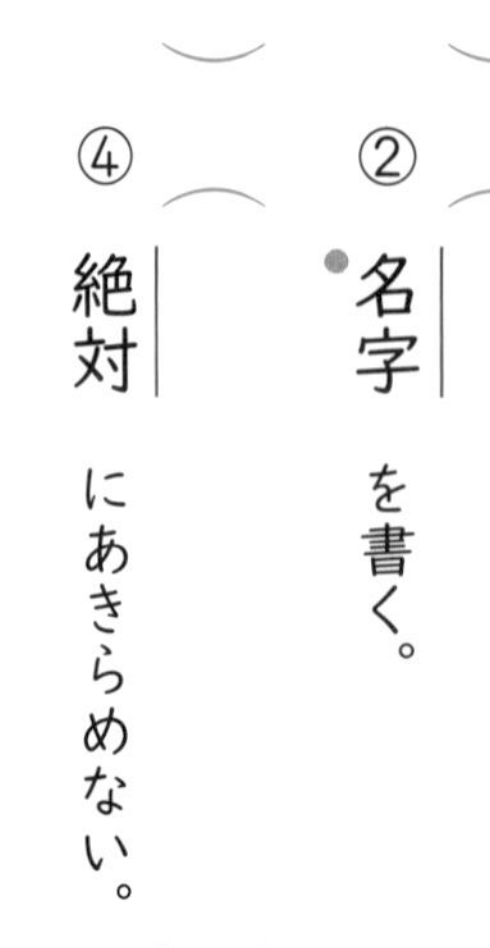

3 集めよう、よいところ

話し合いをするとき、どのようなことに気をつけるとよいですか。一つに○をつけましょう。

ア（　）分かりやすく伝えるために、具体的な例を挙げる。
イ（　）自分と同じでない意見は、無視して話を進める。
ウ（　）出た意見を整理せずに、相手の話をひたすら聞く。

4 おにぎり石の伝説

正しい意味に○をつけましょう。

① 空前の出来事におどろいた。
ア（　）今までに一度もないこと。
イ（　）めったにないこと。

② 海にまつわる物語を読む。
ア（　）祭りを行う。
イ（　）関わりがある。

③ 話に水を差すようなことを言う。
ア（　）反対する。
イ（　）じゃまをする。

④ 急に雨がふり出してあっけにとられる。
ア（　）おどろいてぼんやりする。
イ（　）こまってあわてふためく。

3分でワンポイント 人物の心情の変化を読み取ろう。

★①～④に当てはまる言葉を[　]の中から選んで、記号を書きましょう。

場面	真の心情
五年二組でおにぎり石ブームが起こる。	自分でも気づかないうちに①（　）。
おにぎり石さがしがヒートアップしていく。	おにぎり石にのめりこんでいる自分たちに、②（　）。
一成の家の庭で、大量のおにぎり石を目にする。	おにぎり石の正体を知って、③（　）。
クラスのみんなが、おにぎり石へのきょう味をなくす。	おにぎり石伝説が一件落着して、④（　）。

ア 安心している　イ 夢中になっている
ウ 何かひっかかっている　エ しょうげきをうけている

人物の心情を音読で伝えよう

おにぎり石の伝説

文章を読んで、答えましょう。

始まりは、こんな一言だった。

「この石、何だかおにぎりみたい。」

だれが最初にそう言ったのかはわすれてしまったけれど、その一言がきっかけで、空前のおにぎり石ブームは始まった。

それは、すべすべした手ざわりの、小さな三角形の石で、確かにぼくの目にも、指先サイズの小さなおにぎりのように見えた。黒い油性マジックで、のりをかき足してみたくなる。

おにぎり石の出現は、ある日とつぜんだった。学校のうら庭に、じゃりがしかれている場所があり、そこにあるふつうの石たちにまぎれて、発見されるようになったのだ。簡単に見つかるわけではなくて、集中してさがして、せいぜい一日一個とか、とてもラッキーな

1 「最初にそう言った」のはだれだと考えられますか。次の説明に合う言葉を、文章から書きぬきましょう。

五年二組の（　　　　）

2 「それ」とは何を指していますか。文章から書きぬきましょう。

（　　　　）

3 「黒い油性マジックで、のりをかき足してみたくなる。」とありますが、それはなぜですか。次の説明に合う言葉を、文章から書きぬきましょう。

その石が□□□□□□で、□□□□のように見えたから。

4 おにぎり石は、どこで見つかりましたか。

（　　　　）所。

5 「いいぐあいの確りつ」とありますが、それはどのような確りつですか。一つに○をつけましょう。

学習日

月　日

教科書 16〜30ページ

答え 2ページ

感じのする、いいぐあいの確りつだった。

　初めは、ぼくのクラス、五年二組の女子の間で、おにぎり石が人気になった。四つ葉のクローバーを見つけるような感覚だ。それでぼくたちも、そのうち何となくつられ始めた。

「すべすべしていて、ふつうの石とはちがう気がする。」

「こんな石が自然にできるなんて、不思議だよね。」

「見つけた人は、幸せになれるらしいよ。」

　すると、おにぎり石にまつわる、みょうなうわさ話が聞こえてくるようになった。その昔、あるたんけん家が、なぞの「おにぎり島」から持ち帰った石なのだとか、この学校ができる前、ここには「おにぎりランド」とよばれるテーマパークがあったのだとか、きょうふの「おにぎり大魔王」ののろいの石なのだとか……。数々の「おにぎり石伝説」に、ぼくらはうっかりむねをおどらせた。

戸森　しるこ「おにぎり石の伝説」より

ア（　）ラッキーな感じの日なら、簡単に見つかる確りつ。

イ（　）集中してさがしても、一日一個も見つからない確りつ。

ウ（　）見つけたらラッキーな感じのする、簡単ではない確りつ。

直前の内容に注目しよう。

6 「四つ葉のクローバーを見つけるような感覚」とありますが、どのような感覚ですか。一つに○をつけましょう。

ア（　）ふつうとはちがう物にあこがれるような感覚。

イ（　）幸せになれるおまじないをするような感覚。

ウ（　）不思議なひみつを知ろうとするような感覚。

7 「みょうなうわさ話」とありますが、どのような話ですか。一つに○をつけましょう。

ア（　）おにぎり石は、その昔、あるたんけん家が「おにぎり島」から持ち帰った。

イ（　）おにぎり石は、学校ができる前、「おにぎりランド」とよばれるテーマパークで見つかった。

ウ（　）きょうふの「おにぎり大魔王」が、「おにぎりランド」の石にのろいをかけた。

直後の内容に注目しよう。

8 「むねをおどらせた。」とありますが、どのような気持ちですか。一つに○をつけましょう。

ア（　）はらはらする気持ち。

イ（　）わくわくする気持ち。

ウ（　）びくびくする気持ち。

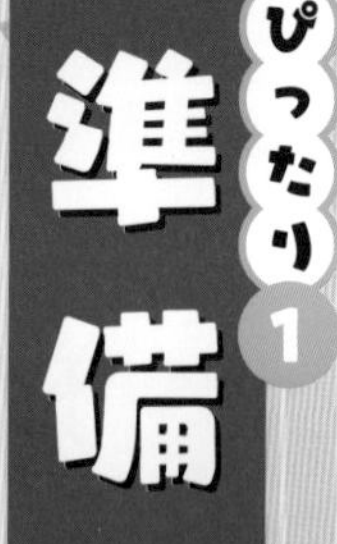

3分でまとめ

図書館へ行こう
知りたいことを聞き出そう
敬語

めあて

★調べる目的に応じて、適切な本や資料を選ぼう。
★インタビューをして話を聞き出す方法について学ぼう。
★尊敬語、けんじょう語、ていねい語について学ぼう。

学習日　月　日

教科書 32〜43ページ

答え 3ページ

かきトリ 新しい漢字

教科書	漢字	読み	画数
32ページ	応	オウ・こたえる	7画
32ページ	資	シ	13画
33ページ	在	ザイ・ある	6画
33ページ	査	サ	9画
33ページ	報	ホウ	12画
38ページ	得	トク・える	11画
38ページ	際	サイ	14画
38ページ	質	シツ	15画
40ページ	移	イ・うつる・うつす	11画
41ページ	総	ソウ	14画
42ページ	容	ヨウ	10画

1　（　）に読みがなを書きましょう。

① 資料（　）を読む。
② 検査（　）を受ける。
③ 大きな得（　）をする。
④ 実際（　）の話を知る。
⑤ 国民の総意（　）による。
⑥ 水を容器（　）に入れる。

2　□に漢字を、（　）に漢字と送りがなを書きましょう。

① 電話に□□（おうとう）する。
② □□（じざい）にあやつる。
③ □□（じょうほう）を集める。
④ 先生に□□（しつもん）する。
⑤ 手がかりを（える）。
⑥ 席を（うつる）。

図書館へ行こう

3

次のことを知りたいときには、どのような本や資料を選ぶとよいですか。あとのア～オから選びましょう。

① さまざまな分野の事がらを知りたいとき。（　　）
② 特定分野の情報を知りたいとき。（　　）
③ 数量・数値・割合を知りたいとき。（　　）
④ 言葉の意味や使い方を知りたいとき。（　　）
⑤ 新しい情報を知りたいとき。（　　）

ア 国語辞典　イ 図鑑　ウ 百科事典
エ 統計資料　オ 新聞

知りたいことを聞き出そう

4

インタビューをするときには、どのようなことに気をつけるとよいですか。三つに○をつけましょう。


ア（　）自分が知りたいことを明確にし、それに合った相手を選んで話を聞く。

イ（　）話を聞く目的や話題はあらかじめ決めず、相手の話を聞きながら考えるようにする。

ウ（　）目的や話題に応じて、相手に必ず聞きたいことと、必要に応じて聞きたいことを整理しておく。

エ（　）聞きたい話題にはこだわらず、相手が自由に話をすることをより大事にする。

オ（　）相手の話を聞くなかで、分からないことやくわしく聞きたいことがあれば質問する。

敬語

5

次の文の――線の敬語の種類を、あとのア～ウから選びましょう。

① あちらは田中さんのご両親だそうです。（　　）
② 家族にご飯をよそう。（　　）
③ このスリッパはお客様がお使いになる。（　　）
④ この学校について町のみなさんにごしょうかいする。（　　）
⑤ あなたのおっしゃるとおりだと思います。（　　）
⑥ わたしたちは小学五年生です。（　　）

ア 尊敬語　イ けんじょう語　ウ ていねい語

6

次の文の――線の部分を、相手をうやまう言い方になるように書きかえましょう。

① 先生が来る。（　　）
② お客様がケーキを食べる。（　　）

7

次の文の――線の部分を、自分に関わることを低める言い方になるように書きかえましょう。

① 校長先生にお礼を言う。（　　）
② お礼の品物をあげる。（　　）

ぴったり3 確かめのテスト①

人物の心情を音読で伝えよう

集めよう、よいところ ～ 敬語

時間 20分 ／100 合格80点

学習日 月 日

教科書 14～43ページ

答え 4ページ

文章を読んで、答えましょう。　思考・判断・表現

次の日の放課後、五年二組のみんなは、おにぎり石さがしを中だんし、一成の家に集まった。おにぎり石だらけの庭を見ると、みんな、あっけにとられてとまどいながら、それでもやっぱりよろこんでいた。

「おにぎり石パラダイスだ！」

「最高すぎる！」

「一つもらってもいい？」

「じゃあぼくは二つ。」

「ぼくは三つ！」

だけどぼくは、タイミングを見計らって、わざと水を差すようなことを言った。

「でもさ、こんなにたくさんあると思うと、何だかかちが下がるような気がしないか？」

ちょっとどきどきした。空気を読めないやつだって、言われてしまうかもしれない。だから、そう言われる前に、ぼくは一成に目くばせした。一成はうなずいて、

「おいおい、勝手にやってきて、失礼なやつだなあ。」

と、計画どおりに、おどけてせりふを言った。

「確かに、こんな石のどこがいいんだろうって、ぼくは思っちゃうけどね。」

一成の冷静な一言を聞いて、みんなはそれぞれ顔を見合わせた。

よく出る

1 「五年二組のみんな」とありますが、このときのみんなはどのような気持ちでしたか。文章から書きぬきましょう。　一つ5点(10点)

あっけにとられて［　　　］ながらも、［　　　］いる気持ち。

できたらスゴイ！

2 「わざと水を差すようなことを言った。」について、次の問題に答えましょう。

① 「わざと水を差すようなことを言った」のは、なぜですか。文章から書きぬきましょう。　一つ10点(20点)

おにぎり石のせいででき始めた［　　　］を、［　　　］必要があると思ったから。

② このときの「ぼく」はどのような気持ちでしたか。一つに○をつけましょう。　10点

ア（　）みんながおにぎり石をたくさんほしがってくれるので、わくわくする気持ち。

イ（　）おにぎり石がたくさんあるので、かちが下がってしまうとがっかりする気持ち。

ウ（　）みんなに空気を読めないやつだと言われるのではないかと、どきどきする気持ち。

するど、様子をうかがうような、いっしゅんの間の後で、だれかが言ったんだ。

「真の気持ち、分かるよ。めったに見つけられないってところが、よかったんだよな。」

そうしたら不思議なことに、みんなも口々に同じことを言い始めた。いっせいに色が変わるみたいに、気持ちが伝染していった。すごいいきおいだった。最終的に、

「ああ、がっかりだよ。」

なんて言い合って、かたを落としながら、みんなでえがおになったんだ。おにぎり石の庭で、ぼくたちはそろってくすくす笑っていた。こんなのって久しぶりだった。

「一つずつなら、持って帰ってもいいよ。」

一成は言ったけど、おどろいたことに、持ち帰ろうとするやつは、もう一人もいなかった。むしろ、今までに見つけたおにぎり石を、一成の庭に「返きゃく」するやつが出てきた。

おにぎり石のせいで、クラス内でびみょうな上下関係ができ始めていることに、きっとみんなも気がついていたんだと思う。このゲームを終わらせるには、何か強力なパワーかアイテムが必要だったんだ。

新たな気持ちになって見てみると、おにぎり石は、やっぱりとてもきれいで、すごくユニークな石だった。

戸森　しるこ「おにぎり石の伝説」より

3 「こんな石のどこがいいんだろう」とありますが、このときの一成はどのような気持ちでしたか。一つに○をつけましょう。　10点

ア（　）勝手にやってきた失礼なみんなに、おにぎり石をあげたくないとはらを立てる気持ち。

イ（　）真との計画どおりに、前もって決めてあったことを口にしている、冷静な気持ち。

ウ（　）おにぎり石なんて庭にたくさんあるのに、どうしてみんなほしがるのかと、不思議な気持ち。

4 「気持ちが伝染していった。」とありますが、どのような気持ちですか。文章から書きぬきましょう。　一つ10点(20点)

［　　　　　　　　］ところがよかったのにと、［　　　　］する気持ち。

5 「ぼくたちはそろってくすくす笑っていた。」とありますが、なぜですか。一つに○をつけましょう。　10点

ア（　）めずらしくもない石をさがしまわっていた自分たちがおかしく、もうさがさなくてよいと安心したから。

イ（　）すごいいきおいで気持ちが伝染していく様子が、いっせいに色が変わるみたいで不思議だったから。

ウ（　）今までに見つけたおにぎり石を、一成の庭に「返きゃく」すればよいと思いついたから。

考えを書こう

6 「ぼく」は最終的に、おにぎり石をどのような石だと思っていますか。　20点

ふりかえり　5が分からないときは、3ページの 3分でワンポイント にもどってかくにんしてみよう。

ぴったり3 確かめのテスト②
人物の心情を音読で伝えよう 集めよう、よいところ ～ 敬語

1 読みがなを書きましょう。 一つ2点(20点)

① 個体（　）の差が大きい。
② 複合（　）機でコピーを取る。
③ 悪夢（　）にうなされる。
④ 持久力（　）をきたえる。
⑤ 巨大な石像（　）。
⑥ 会社に出資（　）する。
⑦ 所在（　）をつきとめる。
⑧ 新聞で報道（　）される。
⑨ 上質（　）な服を着る。
⑩ 店が移転（　）する。

2 □に漢字を、（　）に漢字と送りがなを書きましょう。 一つ2点(20点)

① □□(かくじつ)な方法。
② □□(げんば)に向かう。
③ □□(ぜつぼう)するのは早い。
④ 文章に□□(くてん)を打つ。
⑤ 原因を□□(ちょうさ)する。
⑥ □□(こくさい)交流を進める。
⑦ 漢字の□□(そうかく)数。
⑧ 立体の□□(ようせき)。
⑨ （なさけ）をかける。
⑩ 期待に（こたえる）。

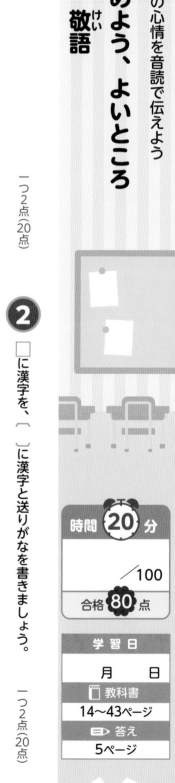

時間 20分

／100

合格 80点

学習日　月　日

教科書 14～43ページ

答え 5ページ

3 次の言葉を使って短い文を作りましょう。　一つ4点(12点)

① 絶句

② 口々に

③ せいぜい

4 次の資料は、どのようなことを調べるときに役立ちますか。あとのア～ウから選びましょう。　一つ3点(9点)

① 年鑑（　）

② インターネット（　）

③ 事典（　）

ア　より新しい情報を知りたいとき。
イ　数量や数値を知りたいとき。
ウ　特定の分野についてくわしく知りたいとき。

5 ――線の敬語の種類を、あとのア～ウから選びましょう。　一つ3点(15点)

① 先生が校外学習について話される。（　）

② これから話し合いを始めます。（　）

③ お客様を職員室までご案内する。（　）

④ 地いきの人に手紙を差しあげる。（　）

⑤ 先生のお席はこちらでございます。（　）

ア　尊敬語　イ　けんじょう語　ウ　ていねい語

6 次の――線の言葉を、正しい敬語に直しましょう。　一つ4点(24点)

① みなさま、ぜひ食べてください。（　）

② お客様の荷物を持つ。（　）

③ これは先生から聞いた話だ。（　）

④ 向こうから校長先生が来た。（　）

⑤ 父が先生にお礼を言った。（　）

⑥ 先生から手紙をもらった。（　）

ぴったり1 準備

要旨をまとめ、自分の考えを伝えよう
インターネットは冒険だ
漢字を使おう2
事実と考え

藤代 裕之

めあて
★文章の構成を確かめ、要旨をとらえよう。
★事実と自分の考えを区別しよう。

学習日 月 日
教科書 44〜57ページ
答え 5ページ

新しい漢字

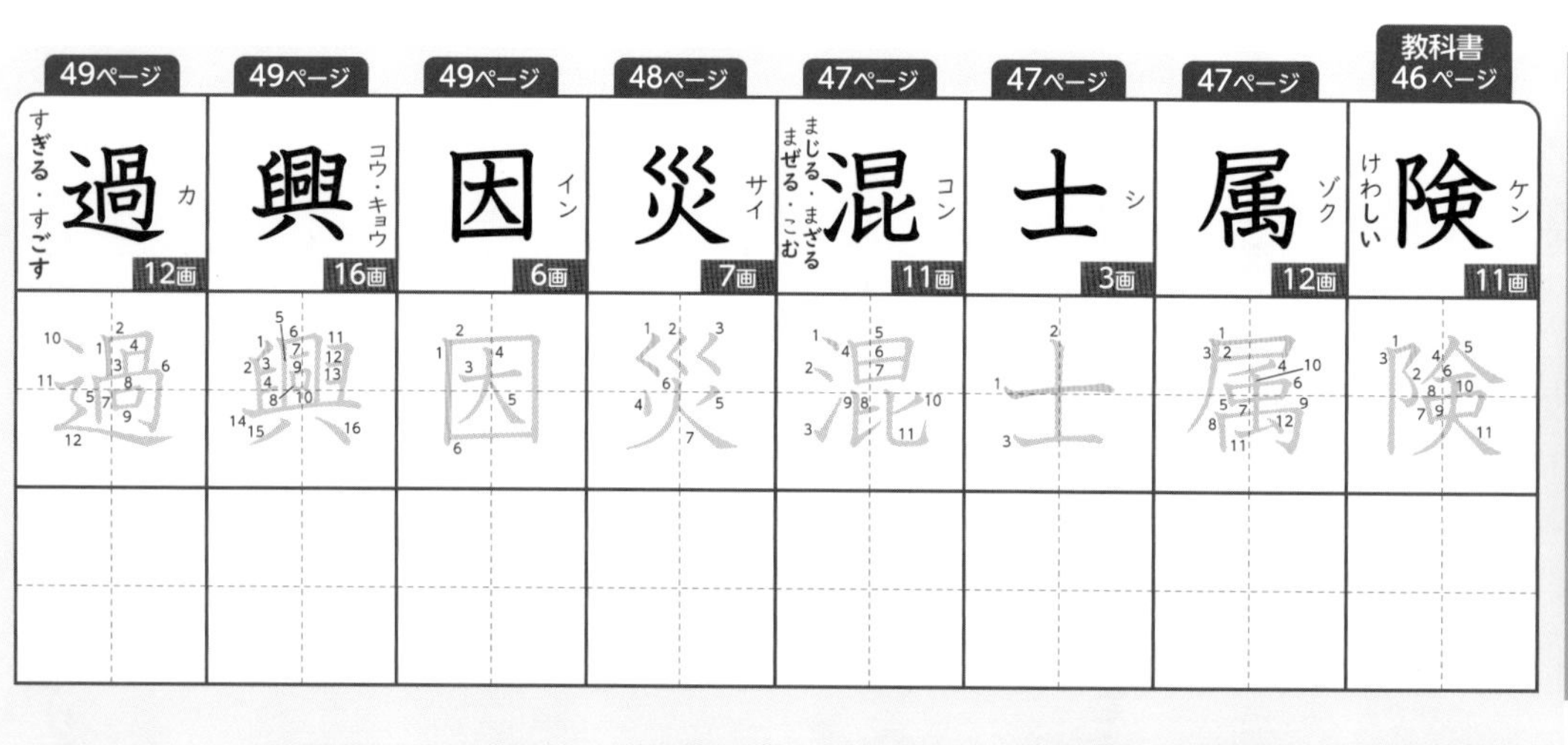

教科書	漢字	音	訓	画数
46ページ	険	ケン	けわしい	11画
47ページ	属	ゾク		12画
47ページ	士	シ		3画
47ページ	混	コン	まじる・まざる・まぜる・こむ	11画
48ページ	災	サイ		7画
49ページ	因	イン		6画
49ページ	興	コウ・キョウ		16画
49ページ	過	カ	すぎる・すごす	12画
51ページ	性	セイ		8画
52ページ	接	セツ		11画
53ページ	講	コウ		17画
55ページ	示	ジ	しめす	5画
55ページ	禁	キン		13画
55ページ	雑	ザツ・ゾウ		14画
55ページ	酸	サン		14画
55ページ	独	ドク	ひとり	9画
55ページ	快	カイ	こころよい	7画

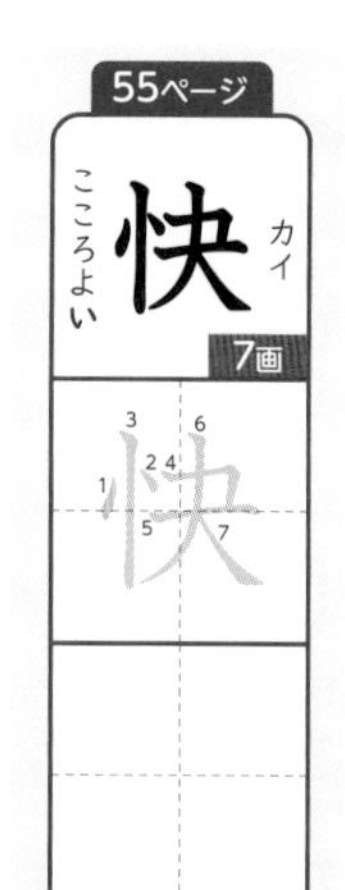

1 （ ）に読みがなを書きましょう。

① 話の 構成 を考える。（ ）
② 絵の具を 混ぜる。（ ）
③ 過去 の記録。（ ）
④ 興 ふんしてさけぶ。（ ）

2 □に漢字を、（ ）に漢字と送りがなを書きましょう。

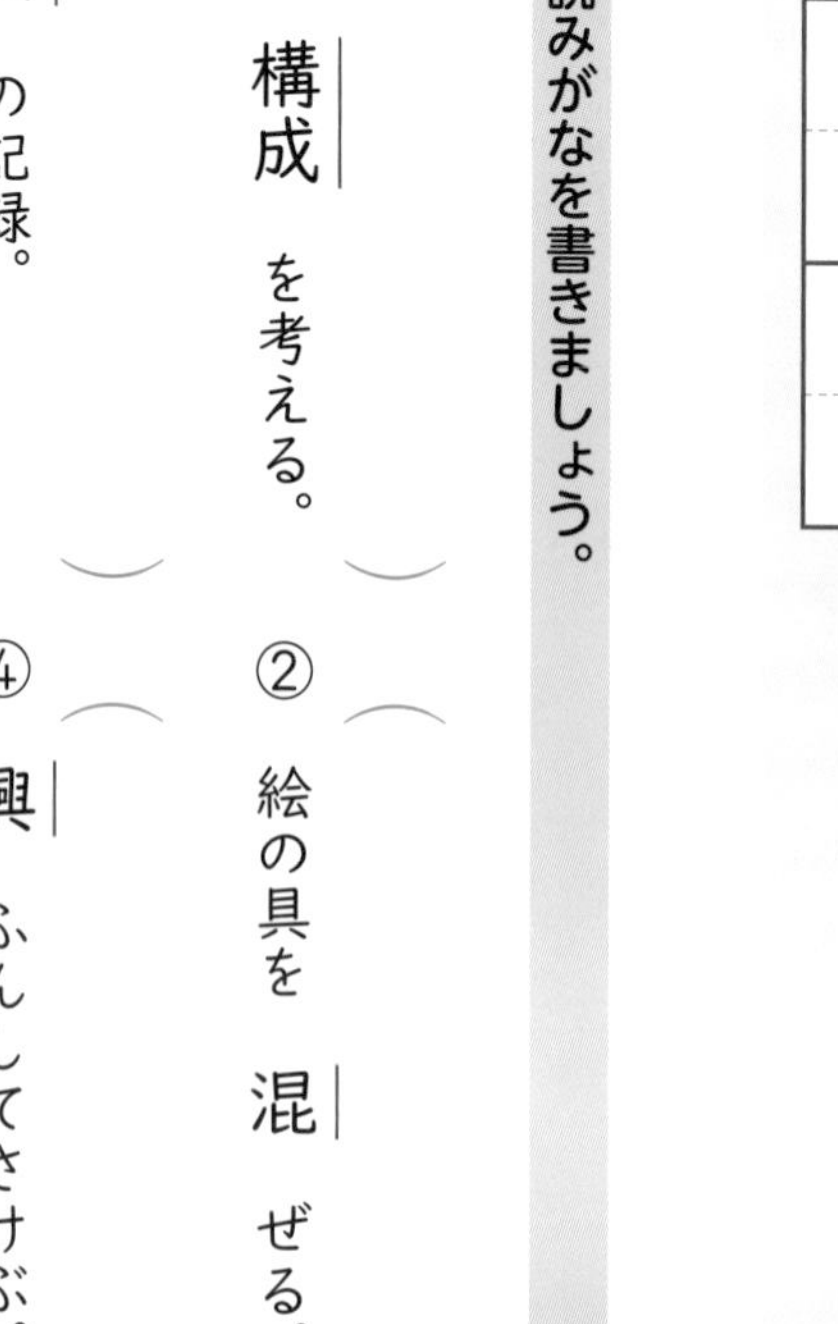

① 防□（さい）訓練を行う。
② □□（へいし）が列をなす。
③ コードを□□（せつぞく）する。
④ □□（どくとく）な意見。
⑤ 道のりが（けわしい）。
⑥ 考えを（しめす）。

3 正しい意味に○をつけましょう。

① タンポポの特徴を調べる。
ア（　）他とはちがう目立った点。
イ（　）二つ以上の物にある似た点。

② ホースの水が拡散する。
ア（　）伝えとどけること。
イ（　）広がって散ること。

③ 過激な思想や運動に注意をうながす。
ア（　）はなやかで人目を引くさま。
イ（　）度をこしていてはげしいさま。

4 次の文は、「事実」と「考え」のどちらの内容ですか。（　）に書きましょう。

① 五年一組のクラスの人数は、三十三人です。（　）

② 新一年生とも、交流していきたいです。（　）

「事実」は、「だれが見ても同じ、本当のこと」という意味だね。

3分でワンポイント

文章の構成を考え、要旨をとらえよう。

★①～③に当てはまる言葉を［　］の中から選んで、記号を書きましょう。

序論 インターネットは楽しいが危険もあるため、じゅんびが必要だ。

本論① 特徴1：だれもが情報を発信できる。危険1：うそや大げさな情報が混じる。

本論② 特徴2：情報が広がるのが速い。危険2：事実かどうか不確かな情報でも「①（　）」されて広がる。

本論③ 特徴3：読み手の一人一人にとどく情報がちがう。危険3：「②（　）」におちいり見方や考え方がせまくなる。

結論 インターネットは、その危険性を③（　）しておけば、わくわくした冒険になるはずだ。

ア 仕組み　イ シェア　ウ 節約　エ 理かい
オ フィルターバブル

ぴったり2 練習

要旨をまとめ、自分の考えを伝えよう

インターネットは冒険だ

文章を読んで、答えましょう。

　インターネットの大きな特徴は、だれもが情報を発信できるということだ。これまで世の中で起きた出来事を伝えてきたのは、主にテレビや新聞だった。テレビや新聞は、そこに所属する記者が取材して確かめたものを、番組や記事にしてとどけている。インターネットでは、記者でなくても、スポーツ選手や宇宙飛行士などの有名人、そしてわたしたち自身まで、さまざまな人が情報を発信することができるようになった。そのおかげで、わたしたちが知ることができる世界は大きく広がった。

　しかし、だれもが情報を発信できるために、記者が取材したニュースから、自治体や企業、そして個人が発信したものまで、さまざまな情報が入り混じってしまっている。人がおぼれたという事故も、その場にいた人ならだれでも、すぐに発信でき

1 「これまで世の中で起きた出来事を伝えてきたのは、主にテレビや新聞だった。」とありますが、テレビや新聞は、どのように出来事を伝えていますか。文章から書きぬきましょう。

（　　　　　　　　　　）伝えている。

2 「わたしたちが知ることができる世界は大きく広がった。」とありますが、それはなぜですか。文章から書きぬきましょう。

インターネットによって、有名人から［　　　　　　　　］もふくめて、さまざまな人が［　　　　　　　　］ことができるようになったから。

「そのおかげで」という言葉の前に注目しよう。

3 インターネットにはどのような危険があると筆者は述べていますか。文章から書きぬきましょう。

さまざまな情報の中に、

（　　　　　　　　　　）という危険。

学習日　月　日

教科書 44～54ページ

答え 6ページ

る。テレビや新聞では報じていない情報もあるが、うそや大げさなものも混じるという危険がある。

だからこそ、「インターネットの話題」をだれが発信しているのかを確かめることが大切なのだが、インターネットでニュースを見るときに出所を「気にする」人は、二十代以下では半分にも満たない。ふだんの生活では、だれだか分からない人の話を真に受ける人は少ないが、インターネットの情報になると、だれが話しているか確かめない人が多くなるのは不思議なことだ。

藤代　裕之「インターネットは冒険だ」より

4 インターネットの危険におちいらないために大切なこととして、筆者はどのようなことを挙げていますか。一つに○をつけましょう。

ア（　）数ある情報の中で、スポーツ選手や芸能人などの有名な人が話したものだけを信用すること。

イ（　）正しい内容かどうかをすぐに判別できるように、身近な話題を中心に情報を集めておくこと。

ウ（　）その話題がだれによって伝えられたものなのかという、情報の出所を自分でおさえること。

エ（　）書かれた情報が、新聞の記事や本の内容を参考にしたものかどうかをつねに確かめること。

第三段落の内容に注目しよう。

5 「不思議なことだ。」とありますが、どのようなことが不思議なのですか。文章の最後の段落から書きぬきましょう。

ふだんの生活では、知らない人の話を［　　　　　　］は少ないのに、［　　　　　　　　］の場合は、だれが話しているかを［　　　　　　］が多くなること。

ヒント　筆者が「ふだんの生活」と何を比べているかを考えよう。

ぴったり1 準備

3分でまとめ

地域のみりょく（いき）を伝えよう
漢字の成り立ち
いにしえの言葉に親しもう

めあて
★伝えたいことの中心を考え、情報を整理しよう。
★情報に合った文章の構成を考えよう。
★漢字の成り立ちについて知ろう。

学習日 月 日
教科書 58〜71ページ
答え 6ページ

かきトリ 新しい漢字

教科書61ページ	65ページ	65ページ	65ページ	65ページ	65ページ	68ページ
識 シキ 19画	潔 ケツ 15画	比 ヒ くらべる 4画	河 カ かわ 8画	精 セイ 14画	版 ハン 8画	勢 セイ いきおい 13画

70ページ	70ページ	70ページ	71ページ
織 シキ おる 18画	紀 キ 9画	永 エイ ながい 5画	志 シ こころざす こころざし 7画

1 （　）に読みがなを書きましょう。

① 勢力をのばす。
② 明暗を識別する。
③ 二者を比べる。
④ 身の潔白をうったえる。
⑤ 大きな河が流れる。
⑥ おつりの精算をする。

2 □に漢字を、（　）に漢字と送りがなを書きましょう。

① □（はんが）の作品を見る。
② □（きこう）文をつづる。
③ □（えいぞく）的に発展（てん）する。
④ （おり）物をする。
⑤ チームに（いきおい）がある。
⑥ 医者を（こころざす）。

地域のみりょくを伝えよう

3 正しい意味に○をつけましょう。

① 自分が書いた報告文を推敲(すいこう)する。
ア（　）別のものと比べること。
イ（　）何度も練り直すこと。

② 何万年も前の化石を発くつする。
ア（　）大切なものであると見直すこと。
イ（　）地中にあるものをほり起こすこと。

③ 地元のみりょくを伝え合う。
ア（　）人を引きつけて夢中にさせるところ。
イ（　）長い間受けつがれてきた決まりや風習。

漢字の成り立ち

4 次の漢字の成り立ちとして、正しいものはどれですか。あとのア～エから選びましょう。

① 三（　）
② 晴（　）
③ 山（　）
④ 休（　）

ア 物の形をかたどって表したもの。
イ 事がらを印などによって表したもの。
ウ 漢字を組み合わせて新しい意味を持たせたもの。
エ 音(おん)を表す漢字と意味を表す漢字を組み合わせてできたもの。

5 漢字の成り立ちは、次の四つに分けられます。それぞれの種類の名前と、その説明を線で結びましょう。

① 指事(しじ)文字 ・
② 形声(けいせい)文字 ・
③ 象形(しょうけい)文字 ・
④ 会意(かいい)文字 ・

・ 具体的な物の形を線で書き表した文字。
・ 漢字を組み合わせて、新しい意味を表すようにした文字。
・ 数や位置関係など、具体的な形に表しにくい事がらを、点や線などを使って表した文字。
・ 音を表す漢字と意味を表す漢字を組み合わせた文字。大半の漢字はこの方法で作られている。

いにしえの言葉に親しもう

6 「かぐやひめ」のお話についての説明として正しいものはどれですか。すべてに○をつけましょう。

ア（　）現代から千年以上も前に書かれた物語である。
イ（　）筆者である兼好法師(けんこうほうし)の考えがえがかれている。
ウ（　）絵本や映画などで今まで長く親しまれている。
エ（　）旅先の出来事に関する俳(はい)句を織り交ぜている。
オ（　）実際に起こった戦いなどがもとになっている。
カ（　）竹の中にいた小さな女の子が主役の話である。

いにしえの言葉に親しもう

文章を読んで、答えましょう。

竹取物語

今は昔、竹取のおきなといふ者ありけり。野山にまじりて竹を取りつつ、よろづのことに使ひけり。名をば、さぬきのみやつことなむいひける。

その竹の中に、もと光る竹なむ一筋ありける。あやしがりて、寄りて見るに、つつの中光りたり。それを見れば、三寸ばかりなる人、いとうつくしうてゐたり。

「竹取物語」より

昔、竹取のおじいさんという人がいました。野山に分け入って竹を切り取っては、いろいろなことに使っていました。名前を、「さぬきのみやつこ」といいました。

ある日のこと、竹林の中に、根元の光っている竹が一本ありました。おじいさんが不思議に思って、近寄って見ると、竹の中が光っています。その中を見ると、手のひらほどの小さな人が、たいへんかわいらしい様子ですわっています。

「いにしえの言葉に親しもう」より

1 「竹取のおきな」とありますが、名前は何ですか。文章から書きぬきましょう。

（　　　　）

2 「よろづのことに」「あやしがりて」とありますが、どのような意味ですか。それぞれ現代の言葉で書きぬきましょう。

よろづのことに…（　　　　）

あやしがりて　…（　　　　）

ヒント 文脈に気をつけながら、読み比べてみよう。

3 「竹取のおきな」はどのような竹を見つけましたか。

（　　　　）の、（　　　　）いる竹。

4 「三寸ばかりなる人」についての説明としてふさわしいものはどれですか。一つに○をつけましょう。

ア（　）竹林の中央に、かわいらしい様子ですわっている。

イ（　）根元が光っている竹の中に、ぽつんと一人ですわっている。

ウ（　）光っている竹の中に、かわいらしい様子ですわっている。

徒然草

つれづれなるままに、日暮らし、すずりに向かひて、心にうつりゆくよしなしごとを、そこはかとなく書きつくれば、あやしうこそものぐるほしけれ。

兼好法師「徒然草」より

何もすることがないまま、一日中、すずりに向かって、心にうかんでは消えてゆくとりとめのないことを、何という当てもなく書きつけていると、みょうに変な感じがしてくることです。

「いにしえの言葉に親しもう」より

おくのほそ道

月日は百代の過客にして、行きかふ年もまた旅人なり。舟の上に生涯をうかべ、馬の口とらへて老いをむかふる者は、日々旅にして、旅をすみかとす。

松尾芭蕉「おくのほそ道」より

月日は永遠にとどまることのない旅人のようなもので、やってきては去ってゆく年もまた旅人のようなものです。（船頭として）舟の上で一生を過ごす人や、（馬方として）馬で人や荷物を運びながら年を取っていく人は、毎日の生活が旅であって、旅の中にくらしているのです。

「いにしえの言葉に親しもう」より

5 「つれづれなるままに」「よしなしごと」とありますが、どのような意味ですか。それぞれ現代の言葉で書きぬきましょう。

つれづれなるままに…（　　　　）

よしなしごと…（　　　　）

6 作者は、どのような気持ちで「徒然草」を書いていますか。一つに○をつけましょう。

ア（　）ぼんやりと目的もなく思いついたことを書いている。

イ（　）一日にあった記録をつけようと思って書いている。

ウ（　）好きな人へ思いを伝えるために書いている。

7 現代の言葉で「永遠にとどまることのない旅人」とありますが、「おくのほそ道」では、どのように書いてありますか。「おくのほそ道」から五字で書きぬきましょう。

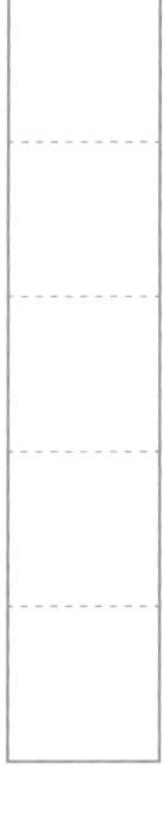

8 「おくのほそ道」で、「月日」や「年」は何にたとえられていますか。

（　　　　）

「〜のような」という表現に注目しよう。

要旨をまとめ、自分の考えを伝えよう
インターネットは冒険だ
～いにしえの言葉に親しもう

時間 20分

／100

合格 80点

学習日 月 日

教科書 44～71ページ

答え 8ページ

文章を読んで、答えましょう。 思考・判断・表現

情報が広がるのは、インターネットのもう一つの仕組みにも原因がある。それは、多くの人が情報を見れば、その情報を発信している人にお金が入るという仕組みである。情報が正しいかまちがっているかに関係なく、多くの人の興味を引くために、おもしろかったり過激だったりする情報がつくられているかもしれないのだ。事実かどうかが不確かなものだとしても、そういった情報ほど「シェア」されて広まってしまうという危険がある。

次の日友達と話すと、だれが助けたのかという話題になった。友達は動画サイトの有名人が「ヒーローの小学生」をさがしていると教えてくれた。いつしか助けたのは「小学生」と決めつけられていた。動画サイトには「自分も小学生を見た。」といったコメントが多く書きこまれていて、友達は、助けたのは小学生にちがいないと信じこんでいた。

インターネットのもう一つの特徴は、読み手の一人一人にとどく情報がちがうということだ。それは、読み手に合わせた情報をコンピューターが選ぶことができる仕組みがあるためだ。インターネットにはたくさんの情報があるため、コンピューターが自動で自分に合わせたものを選んでくれることは時間の節約にもなり、とても便利である。

しかし、この仕組みにより、わたしたちは知らず知らずのうちに「フィルターバブル」というものにおちいる危険がある。これは、

よく出る

1 「インターネットのもう一つの仕組み」について、次の問題に答えましょう。

① 「もう一つの仕組み」とは、どのような仕組みですか。「～という仕組み。」に続くように、文章から三十字でさがし、初めと終わりの五字を書きぬきましょう。 10点

［　　　　　］～［　　　　　］という仕組み。

② 「もう一つの仕組み」には、どのような危険がありますか。文章から書きぬきましょう。 10点

［　　　　　　］が不確かな情報が、［　　　　　］されて広まってしまうという危険。

2 「読み手の一人一人にとどく情報がちがう」とありますが、それは情報を得るにあたってコンピューターがどのようにしてくれるからですか。文章から書きぬきましょう。 10点

（　　　　　　　　　　）から。

3 「時間の節約にもなり、とても便利である。」とありますが、このような長所とは反対に、インターネットにはどのような短所がありますか。一つに〇をつけましょう。 10点

自動的に情報が選ばれることで、自分の興味がある情報、自分がそうだと思いやすい情報にかこまれてしまうことだ。この「フィルターバブル」に、自分で気づくことはむずかしい。かぎられた情報にしかふれなくなることで、広い世界を見ているつもりでも、いつのまにか見方や考え方がせまくなってしまうのだ。

自分がふれる情報だけが「正しい」と思いこまないようにするためには、友達や家族などの周りの人たちと話してみることが大切だ。そうすると、ほかの人が見ている情報が少しずつちがっていることに気づくかもしれない。そのちがいに気づくことで、新たな発見を得ることもできるだろう。

このように、インターネットには危険がひそんでいる。うそや大げさな情報、お金のために情報を拡散する仕組み、知らない間に「フィルターバブル」におちいる罠。これらの危険に気づきにくいのは、気軽で便利に使えるための仕組みが、同時に危険を生み出してもいるからだ。

あなたが知っておどろいたニュースも実は、思わぬところから生まれ、インターネットをかけめぐり、たどり着いたものかもしれない。その危険性を理解しておけば、おどろきのニュースや新しい出来事に満ちたインターネットは、いろいろなものに出会う、わくわくできる冒険になるはずだ。

藤代　裕之「インターネットは冒険だ」より

ア（　）そくざに情報が選ばれることで、どの情報を選べばよいかを考える時間が短くなる。

イ（　）自分がふれる情報にかたよりが生まれることで、ものの見方や考え方が限定される。

ウ（　）コンピューターが読み手をまちがえることで、時にあやまった情報がとどけられる。

4 「『フィルターバブル』に、自分で気づくことはむずかしい。」とありますが、気づくためには、どのようにすることが大切ですか。文章から書きぬきましょう。 20点

（　　　　）

できたらスゴイ!

5 インターネットにひそむ危険に気づきにくいのは、なぜですか。文章から書きぬきましょう。 20点

インターネットの危険は、（　　　　）から生まれているから。

考えを書こう

6 筆者は結論として、インターネットについてどのような主張を述べていますか。 20点

インターネットは、

（　　　　）

ふりかえり ❻が分からないときは、13ページの 3分でワンポイント にもどってかくにんしてみよう。

ぴったり3 確かめのテスト②

要旨をまとめ、自分の考えを伝えよう

インターネットは冒険だ
～いにしえの言葉に親しもう

時間 20分

／100

合格 80点

学習日 月 日

教科書 44～71ページ

答え 9ページ

1 読みがなを書きましょう。 一つ2点(20点)

① 天性（　　）の能力。
② 禁止（　　）事項に目を通す。
③ 雑草（　　）を引きぬく。
④ 少し酸味（　　）がする。
⑤ 災害（　　）から身を守る。
⑥ ボールが接近（　　）する。
⑦ 武士（　　）の文化を調べる。
⑧ 独自（　　）の意見を述べる。
⑨ 全学年混合（　　）のチーム。
⑩ 金属（　　）でできた食器を使う。

2 □に漢字を、（　）に漢字と送りがなを書きましょう。 一つ2点(20点)

① □□（げんいん）をつきとめる。
② □□（きょうみ）を持つ。
③ □□（きがる）に声をかける。
④ □□（しゅざい）に出かける。
⑤ 新聞で□□（じょうほう）を得る。
⑥ 気持ちが□□（へんか）する。
⑦ 電力を□□（せつやく）する。
⑧ 時間が（　　）（すぎ）去る。
⑨ （　　）（けわしい）顔つき。
⑩ 場所を（　　）（しめす）。

3 文の意味に合うほうの言葉を○でかこみましょう。 一つ4点(16点)

① 最近のロボットは能力が高く、読み書きや計算に、人との会話（から・まで）こなすと言われている。

② 友人はサッカーがとても上手で、そのうわさはとなりの町にも伝わっている（ようだ・からだ）。

③ 油断ばかりしてのんきにかまえていると、思わ（ず・ぬ）ところでいたい目を見るから気をつけよう。

④ たとえつらい時期で（あっても・あったら）、自分を信じてがんばり続ければ乗りこえられるはずだ。

4 正しい意味に○をつけましょう。 一つ3点(9点)

① メディア

ア（　）新聞やテレビから情報を受け取る人々。

イ（　）情報を伝えるために用いられるもの。

② 真に受ける

ア（　）まじめな様子で正面から話を聞く。

イ（　）言葉どおりに本当のことだと思う。

③ かけめぐる

ア（　）あちこちを走り回る。

イ（　）体中にいきとどく。

5 思考・判断・表現 ある地域について、次の事実から考えられるみりょくを書きましょう。 10点

・山にかこまれており、町の中心に大きな川が流れている。

・百年以上も前の日本家屋がならび、多くの観光客がおとずれる。

（　　　　　　　　　　）

6 次の作品についての説明を、あとのア～ウから選びましょう。 一つ3点(9点)

① 竹取物語（　）

② 平家物語（　）

③ おくのほそ道（　）

ア 今から三百年ほど前に、松尾芭蕉が、旅の中での出来事などを俳句を織り交ぜながら書いた紀行文。

イ 竹を取りに行ったおじいさんが、竹の中に小さなかわいらしい女の子を見つけるところから始まる、今から千年以上前に書かれた物語。「かぐやひめ」のお話として知られている。

ウ 実際に起こった戦いなどをもとにした、今から八百年ほど前に作られた物語。始まりの部分で、全てのものは移り変わり、勢いのある人も必ずおとろえるという真理を表している。

7 次の漢字の成り立ちを、あとのア～エから選びましょう。 一つ2点(16点)

① 目（　）　② 二（　）

③ 林（　）　④ 版（　）

⑤ 門（　）　⑥ 下（　）

⑦ 校（　）　⑧ 森（　）

ア 象形文字
イ 指事文字
ウ 会意文字
エ 形声文字

物語の組み立てについて考えよう
世界でいちばんやかましい音
漢字を使おう3
思考に関わる言葉

ベンジャミン・エルキン 文
松岡 享子 訳

めあて
★物語の山場で起こる変化について考えよう。
★文末の表現や述語による意味のちがいを考えよう。

学習日
月 日
📖教科書
72〜91ページ
📘答え
9ページ

がきトリ
新しい漢字

教科書 79ページ	79ページ	80ページ	80ページ	82ページ	84ページ	89ページ
歴 レキ 14画	史 シ 5画	喜 キ よろこぶ 12画	賛 サン 15画	職 ショク 18画	任 ニン まかせる・まかす 6画	仏 ブツ ほとけ 4画

90ページ	90ページ	90ページ	89ページ	89ページ	89ページ	89ページ
判 ハン・バン 7画	断 ダン ことわる 11画	仮 カ かり 6画	態 タイ 14画	殺 サツ ころす 10画	状 ジョウ 7画	招 ショウ まねく 8画

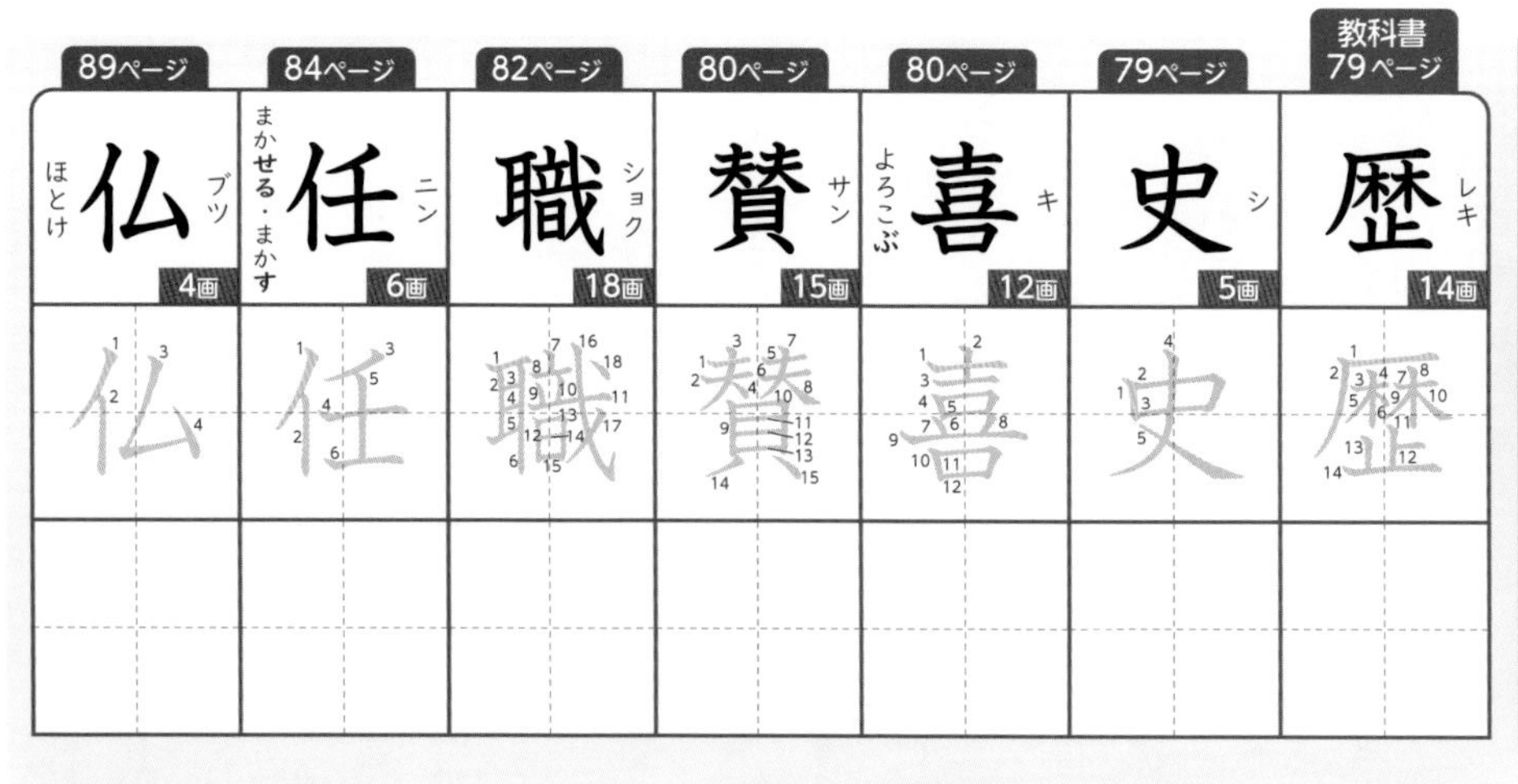

91ページ
測 ソク はかる 12画

91ページ
条 ジョウ 7画

1 ◯に読みがなを書きましょう。

●読み方が新しい字

① 思いの 外 楽しかった。

② ほめられて 喜 ぶ。

③ 自分の 任務 を果たす。

④ 仏 の顔も三度までだ。

⑤ 仮 の話をする。

⑥ この辺りは 殺風景 だ。

⑦ 家に 招待 する。

⑧ 道路を 横断 する。

⑨ 息を 殺 して待つ。

⑩ 大事な役目を 任 せる。

2

□に漢字を、（　）に漢字と送りがなを書きましょう。

① □□（れきし）の勉強をする。　② 多くの人が□□（さんせい）する。

③ 新しい□□（しょくば）に行く。　④ 今の□□（じょうたい）。

⑤ きっぱりと（　　）（ことわる）。　⑥ 家庭に幸せを（　　）（まねく）。

思考に関わる言葉

3

次の文を、事実を判断する度合いが強い順になるようにならべかえて、記号で書きましょう。

ア　この試合はこちら側が勝利するにちがいない。
イ　この試合はこちら側が勝利するだろう。
ウ　この試合はこちら側が勝利するかもしれない。

（　　）←（　　）←（　　）

世界でいちばんやかましい音

3分でワンポイント

物語の山場をとらえよう。

★①～④に当てはまる言葉を［　］の中から選んで、記号を書きましょう。

始まり	山場に向かう場面	山場	終わり
・世界でいちばんやかましいガヤガヤという都に、やかましい音が大好きな王子様がいた。	・王子様の誕生日に全世界の人が同時にさけび、「世界でいちばんやかましい音」をおくることになった。 ・人々は、自分たちも「世界でいちばんやかましい音」を聞いてみたくなった。	・約束のしゅんかんが近づき、人々は①（　　）。 ・約束のしゅんかん、「世界でいちばんやかましい音」を聞こうと、みんな声を出さずに静まり返った。 ・人々は、王子様に②（　　）と思った。 ・王子様がうれしそうなのを見て、人々は③（　　）。 ・王子様は、静けさや落ち着きを④（　　）。	・ガヤガヤは世界でいちばん静かで平和な町になった。

ア　気に入った　イ　興奮した　ウ　申しわけない　エ　意外に思った

ぴったり2 練習

物語の組み立てについて考えよう

世界でいちばんやかましい音

学習日　月　日
教科書 72〜88ページ
答え 10ページ

文章を読んで、答えましょう。

さあ、それから、ガヤガヤの町は、いそがしくなりました。何百人もの使いが、世界のあちこちへ送り出されました。暑い暑いジャングルから、寒い寒い氷の国まで。毎日、毎日、何千というお知らせが、あらゆる場所へ送られました。電報で、トムトムで、伝書バトで。車で、飛行機で、犬ぞりで。

そして、間もなく、その返事がとどき始めました。だれもかれも、

「この思いつきはおもしろい。喜んで協力しましょう。」

と言ってきました。全世界の人が同じ時刻にいっせいにさけぶという考えに、全世界の人が賛成したようでした。

日がたち、王子様の誕生日が近づくにつれて、興奮は、どんどん高まっていきました。どこの国でも、ギャオギャオ王子の誕生日のことで、話は持ちきりでした。世界中どこへ行っても、どんな小さな村へ行っても、このことでポスターの出ていない国はありませんでした。そして、ポスターには、その国の言葉で、正確に、何月何日、何時何分にさけぶかということが書いてありました。その時刻が来たら、みんな、ありったけの声で、

「ギャオギャオ王子、お誕生日おめでとう！」

と、さけぶことになっていました。

ある日のことでした。ガヤガヤからずっとずっとはなれた、ある小さな町で、一人のおくさんがだんなさんに話をしていました。

1 「暑い暑いジャングルから、寒い寒い氷の国まで。」と同じ意味を表す言葉を、文章から七字で書きぬきましょう。

2 「この思いつき」は、どのような内容ですか。文章から十九字で書きぬきましょう。

という内容。

全世界の人が賛成したことだよ。

3 「その国の言葉」の「その国」とは、どの国のことですか。一つに○をつけましょう。

ア（　）ギャオギャオ王子の国。
イ（　）ポスターに書かれている国。
ウ（　）ポスターが出ている国。
エ（　）とても小さな村がある国。

4 「その時刻」とは、いつのことですか。一つに○をつけましょう。

ア（　）誕生日になる直前の時刻。
イ（　）王子様が生まれる時刻。
ウ（　）世界中から返事がとどく時刻。
エ（　）みんながいっせいにさけぶ時刻。

「ねえ、あなた。わたしはね、わめくのはいいと思うのよ。でも、ちょっと気になるのはね、自分がありったけの声でさけんでしまったら、ほかの人の声が聞こえないってことなの。だって、そうでしょう。自分の声しか聞こえませんもの。だけど、わたし、世界でいちばんやかましい音というのを、ちょっと聞いてみたい気がするの。」

「おまえの言うとおりだ。」

と、だんなさんは言いました。そして、しばらく考えてから、こう言いました。

「どうだろう、そのとき、ほかの人といっしょに口だけは開けて、声は出さないでいたら？　そうすれば、ほかの連中の出す声が、いったいどんなものか聞けるわけだ。」

おくさんは、これはすばらしい考えだと思いました。そして、別に悪気はなかったのですが、近所のおくさんたちにこの話をしました。

別に悪気はなかったのですが、近所のおくさんたちは、だんなさんにこの話をしました。

別に悪気はなかったのですが、だんなさんたちは、職場で、同りょうにこの話をしました。

別に悪気はなかったのですが、その人たちは、友達にこの話をしました。

友達はその友達に話しました。

ベンジャミン・エルキン　文／松岡　享子　訳「世界でいちばんやかましい音」より

5 「ちょっと気になる」とありますが、おくさんはどのようなことが気になっているのですか。文章から書きぬきましょう。

（　　　　）というものを聞いてみたいのに、自分がありったけの声でさけんだら、（　　　　）こと。

6 「すばらしい考え」とは、どのような考えですか。文章から書きぬきましょう。

約束の時刻が来たら、

（　　　　）

という考え。

7 だんなさんが考えたことは、なぜ広まったのですか。一つに○をつけましょう。

ア（　）王子様の誕生日を祝いたくない人が、まわりの人に話を広めたから。

イ（　）ガヤガヤの町からの命令を守らないとどうなるか、みんな知りたかったから。

ウ（　）話を聞いてきょうみを持った人が、何となくまわりの人に伝えていったから。

人々には「悪気はなかった」と書かれているよ。

物語の組み立てについて考えよう

世界でいちばんやかましい音 ～思考に関わる言葉

時間 20分
／100
合格80点

学習日 月 日

教科書 72～91ページ
答え 11ページ

文章を読んで、答えましょう。　思考・判断・表現

さて、いよいよギャオギャオ王子の誕生日がやってきました。世界中いたる所で、人々は、広場や、集会場に集まっていました。人々の目は、じいっと時計に注がれていました。カチッカチッと時計の秒針が動き、約束のしゅんかんが近づきます。息づまるような興奮が、電気のように世界中をかけめぐりました。

もちろん、ガヤガヤの町では、興奮は、その極に達していました。人々は、宮殿の前の広場に集まっていました。王子様は、宮殿のバルコニーから身を乗り出して、世界でいちばんやかましい音が始まるのを、今か今かと待っていました。

十五秒前……十秒前……五秒前……

三、二、一、それっ！

何百万、何千万、何億という人が、世界でいちばんやかましい音を聞くために耳をすましました。そして、その何億という人の耳に聞こえたのは、全くのちんもくでした。だれもかれもが、ほかの人の声を聞こうとして、声を出さなかったからです。だれもかれもが、仕事は人に任せて、自分はその結果だけを楽しもうとしたからです。

さて、かんじんのガヤガヤの町では、どうだったでしょう？この町の歴史が始まって以来、初めて、ガヤガヤの町は、しい

1 「興奮は、その極に達していました。」とは、どのような様子ですか。一つに○をつけましょう。　10点

ア（　）世界中の人々の興奮が、やっと伝わってきた様子。
イ（　）興奮がおさまり、今までどおり静かになった様子。
ウ（　）これ以上ないくらいに、興奮が高まっている様子。

よく出る

2 約束のしゅんかん、どのようなことが起きましたか。文章から書きぬきましょう。　一つ5点(10点)

世界中の人々が、世界でいちばんやかましい音を聞こうとして（　　　）ので、人々の耳には全くの（　　　）だけが聞こえたこと。

できたらスゴイ！

3 「申しわけなさとはずかしさ」について、答えましょう。

① 人々は、なぜ「申しわけなさ」を感じたのですか。文章から書きぬきましょう。　15点

（　　　）ことができなかったから。

② 人々は、どのようなことに「はずかしさ」を感じたのですか。文章から書きぬきましょう。　15点

んと静まり返りました。世界でいちばんやかましい音で、王子様の誕生日をお祝いするはずだったのに……。
　人々は、王子様に悪いことをしたと思いました。申しわけなさとはずかしさで、人々は、頭をたれ、こそこそと家に帰りかけました。
　ところが、急に、足を止めました。あれは、何でしょう？　宮殿のバルコニーから聞こえてくる、あの音は？
　まさかと思いましたが、まちがいありません。王子様です。王子様がうれしそうに手をたたいているのです！　王子様は、しきりにはしゃいで、とんだりはねたりしながら、庭の方を指差していました。
　生まれて初めて、王子様は、小鳥の歌を聞いたのです。木の葉が風にそよぐ音を、小川を流れる水の音を聞いたのです。生まれて初めて、王子様は、人間の立てるやかましい音ではなく、自然の音を聞いたのです。生まれて初めて、王子様は、静けさと落ち着きを知ったのです。そして、王子様は、それがすっかり気に入りました。

ベンジャミン・エルキン　文／松岡　享子　訳「世界でいちばんやかましい音」より

さけぶことを人に任せて、（　　　　）を楽しもうとしたこと。

よく出る

4 「あの音」とは何ですか。文章から書きぬきましょう。 20点

（　　　　）音。

5 「まさかと思いました」とありますが、なぜ人々はそう思ったのですか。一つに○をつけましょう。 10点

ア（　）宮殿の前の広場は静まり返っていたのに、急に音が聞こえてきたから。

イ（　）がっかりしていると思っていた王子様が、うれしそうにしていたから。

ウ（　）家に帰りかけた自分たちを、王子様がよびとめていると分かったから。

考えを書こう

6 「自然の音を聞いた」とありますが、自然の音を聞いて王子様はどうなりましたか。 20点

（　　　　）

ふりかえり　6が分からないときは、25ページの 3分でワンポイント にもどってかくにんしてみよう。

ぴったり3 確かめのテスト②

物語の組み立てについて考えよう

世界でいちばんやかましい音
～ 思考に関わる言葉

時間 20分

／100

合格 80点

学習日　月　日

教科書 72〜91ページ

答え 12ページ

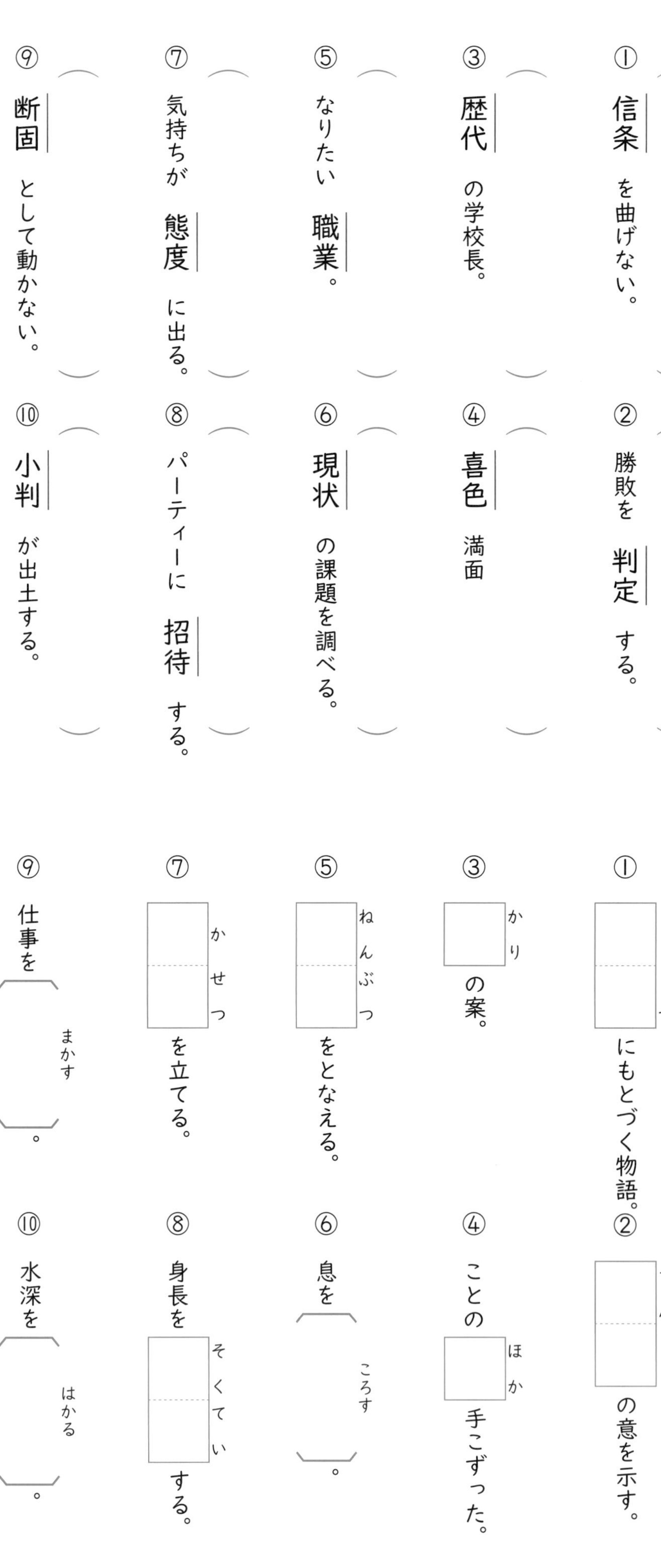

1 読みがなを書きましょう。　一つ2点(20点)

① 信条（　　）を曲げない。

② 勝敗を判定（　　）する。

③ 歴代（　　）の学校長。

④ 喜色（　　）満面

⑤ なりたい職業（　　）。

⑥ 現状（　　）の課題を調べる。

⑦ 気持ちが態度（　　）に出る。

⑧ パーティーに招待（　　）する。

⑨ 断固（　　）として動かない。

⑩ 小判（　　）が出土する。

2 □に漢字を、〔　〕に漢字と送りがなを書きましょう。　一つ2点(20点)

① □□（しじつ）にもとづく物語。

② □□（さんどう）の意を示す。

③ □（かり）の案。

④ ことの□（ほか）手こずった。

⑤ □□（ねんぶつ）をとなえる。

⑥ 息を〔　　〕（ころす）。

⑦ □□（かせつ）を立てる。

⑧ 身長を□□（そくてい）する。

⑨ 仕事を〔　　〕（まかす）。

⑩ 水深を〔　　〕（はかる）。

3 次の文のうち、事実を判断する度合いが弱い順になるように、それぞれ数字を書きましょう。
一つ5点(15点)

①
ア( )この様子だと午後は雨になるだろう。
イ( )この様子だと午後は雨になるかもしれない。
ウ( )この様子だと午後は雨になるはずだ。

②
ア( )今から言うことはみんなに共通するにちがいない。
イ( )今から言うことはみんなに共通するかもしれない。
ウ( )今から言うことはみんなに共通するだろう。

③
ア( )祭りの当日は電車が混むのではないだろうか。
イ( )祭りの当日は電車が混むにちがいない。
ウ( )祭りの当日は電車が混むかもしれない。

4 次の二つの文の一部を変えて、判断する度合いが強くなるように、文全体を書き直しましょう。
一つ5点(10点)

① 次の角を曲がれば、図書館に着くだろう。

( )

② わたしの余計(よ)な一言で、兄はおこったのかもしれない。

( )

5 次の言葉の使い方が正しいものを一つ選んで、○をつけましょう。
一つ5点(15点)

① けたたましい
ア( )兄はけたたましい声で、静かに話し始めた。
イ( )けたたましい笛の音に、おどろいてふり返った。
ウ( )けたたましい話を聞いて、みんななみだを流した。

② とびきり
ア( )その画家がかいた絵は、とびきり美しかった。
イ( )わたしはその公園に、とびきり通っていた。
ウ( )とびきりの差しかないから、どちらでもよい。

③ 持ちきり
ア( )学級会の話し合いは、これで持ちきりにします。
イ( )みんなで持ちきりした考えの中から選ぶことにした。
ウ( )世の中は、新しい総理大臣の話で持ちきりだった。

6 次の言葉を使って短い文を作りましょう。
一つ10点(20点)

① ありったけ

( )

② とりわけ

( )

ぴったり1 準備

書き手の意図を考えよう

新聞記事を読み比べよう
すてきなこと

3分でまとめ

◎めあて
★記事の書き手の意図を読み取ろう。
★読書を通して本の世界に親しもう。

学習日　月　日
教科書 92～109ページ
答え 12ページ

かきトリ 新しい漢字

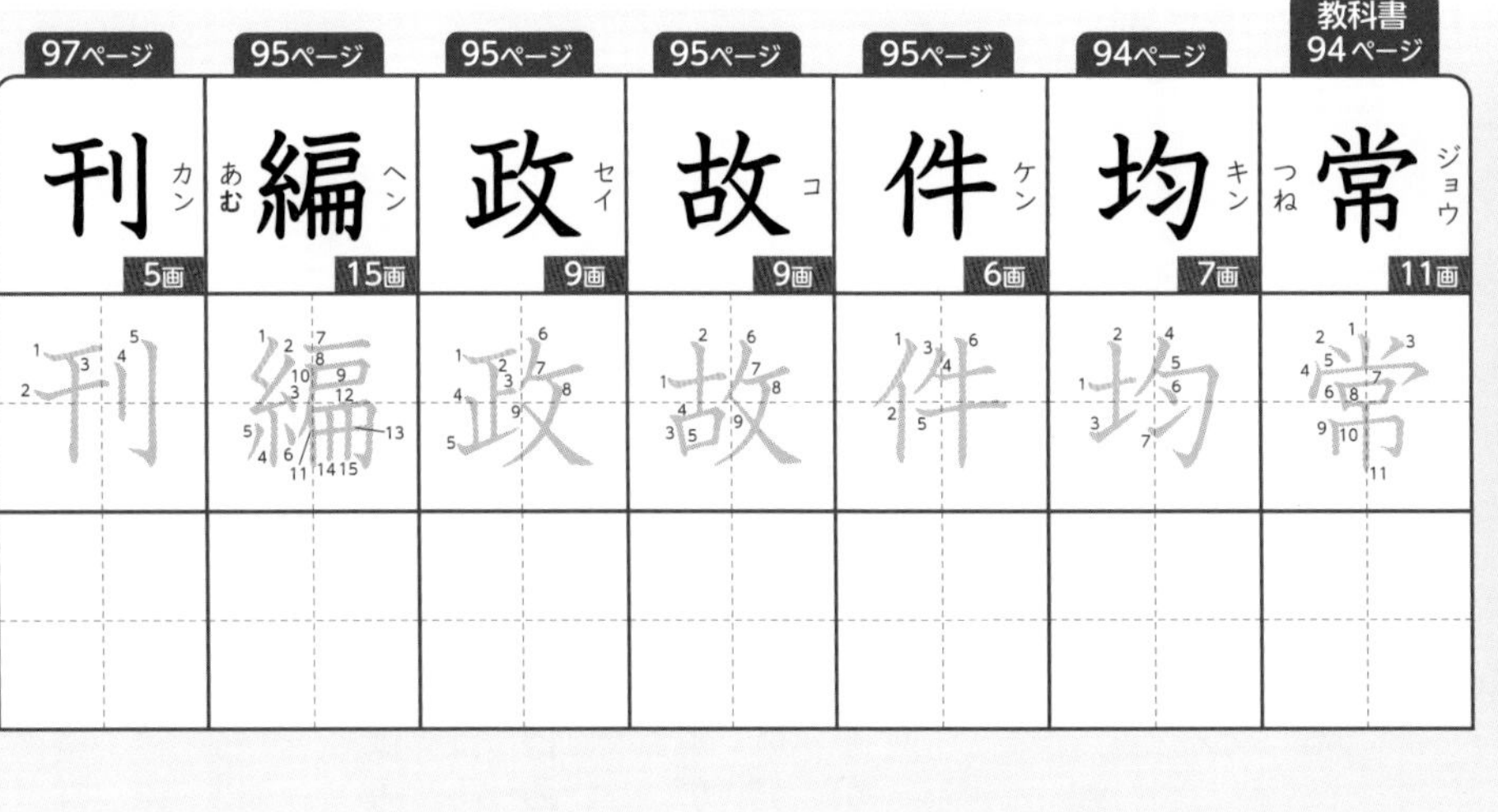

教科書94ページ	94ページ	95ページ	95ページ	95ページ	95ページ	97ページ
常 ジョウ つね 11画	均 キン 7画	件 ケン 6画	故 コ 9画	政 セイ 9画	編 ヘン あむ 15画	刊 カン 5画

1 （　）に読みがなを書きましょう。

① 日常の出来事。（　）
② 均等に分ける。（　）
③ 良い物件をさがす。（　）
④ 故意にぶつかる。（　）
⑤ 行政の仕組みを学ぶ。（　）
⑥ ざっしを刊行する。（　）

2 □に漢字を、（　）に漢字と送りがなを書きましょう。

① □(つね)に心がける。
② □□(へいきん)を下まわる。
③ □□(ようけん)をたずねる。
④ □□(じこ)をふせぐ。
⑤ □□(せいじ)に関心をもつ。
⑥ 手ぶくろを（あむ）。

3 正しい意味に○をつけましょう。

① メディアの意見を参考にする。
ア（　）宣伝や広告。
イ（　）情報を伝える手段。

② 報道記事を読む。
ア（　）出来事などを知らせること。
イ（　）多くの情報を得ること。

③ ざっしに小説がけいさいされる。
ア（　）他の人に直してもらうこと。
イ（　）文章や写真をのせること。

④ 新聞を編集する。
ア（　）記事などを整理し、まとめること。
イ（　）たくさん集めて積み上げること。

⑤ 弟は毎日遊びほうけている。
ア（　）夢中になっている。
イ（　）すべてわすれている。

⑥ 作者のメッセージが心にせまる。
ア（　）強くうったえかけて感動させること。
イ（　）はく力のあまり気がひきしまること。

4 次の新聞記事の①～④を表す言葉をあとのア～エから選びましょう。

クラス対こうの熱戦、もり上がる

クラス対こうのドッジボール大会が熱戦をはくした。優勝チームは、一年は二組、二年は三組、三年は一組となった。

▲優勝してだきあう三年一組の生徒ら

中学校の校庭がおおいにもり上がりを見せた。中学校ドッジボール大会が熱戦をくり広げたのだ。

試合では、見事な投球や考えぬかれたフォーメーションがてん開され、観客席からはかん声が飛びかった。試合終りょう後、優勝したクラスのメンバーは高ぶる気持ちをおさえながら、語った。「団結力が勝利をもたらしました。ありがとう！」

①（　）　②（　）　③（　）　④（　）

ア 見出し　イ 本文　ウ リード　エ キャプション

ぴったり2 練習

書き手の意図を考えよう

新聞記事を読み比べよう

学習日　月　日

教科書 92～102ページ

答え 13ページ

文章を読んで、答えましょう。

わたしたちは毎日の生活の中で、さまざまな情報に接しています。新聞、テレビ、インターネットなど、情報を伝えるための手段のことをメディアといいます。メディアは、常に、受け手に送り手からのメッセージを伝えようとします。そのため、メディアから情報を受け取るときには、そこにどのような送り手のメッセージがあるのかを考えることが大切です。

メディアの中でも新聞は、みなさんにとって身近なものの一つといえるでしょう。実際に新聞を読んだり学級新聞を作ったりした経験のある人も、多いのではないでしょうか。

新聞は、社会の出来事を速く多くの人に知らせるための印刷物です。

全国に向けて発行されている新聞の一ページに入る文字の量は、平均すると約一万八百字になるといわれ、これは、四百字づめの原こう用紙約二十七枚分に当たります。

新聞には、国内外の事件や事故などの出来事につい

1 「メディア」について、次の問題に答えましょう。

① 「メディア」の例として、どのようなものがありますか。文章から三つ書きぬきましょう。

(　　　)(　　　)(　　　)

② 「メディア」は受け手に何を伝えようとしていますか。文章から書きぬきましょう。

[　　　]からの[　　　]。

③ 「メディア」から情報を受け取るときに大切なことは何ですか。文章から書きぬきましょう。

(　　　)を考えること。

2 「新聞は、みなさんにとって身近なものの一つといえるでしょう。」について、次の問題に答えましょう。

① 「新聞」とはどのようなものですか。文章から書きぬきましょう。

て伝える報道記事のほか、社説、コラム、解説、投書など、いろいろな種類の文章がけいさいされています。報道記事は、事実を伝えることが中心ですが、それに加え、その出来事が起きた原因や背景、また、これからどうなるかという見通しや、社会におよぼすえいきょうなど、解説も書かれています。

新聞の紙面は、社会、経済、政治、産業、国際、教育、文化、スポーツなど、話題の分野別に構成されています。読者の興味や関心に応じて、どの紙面からでも、どの記事からでも読めるように編集されているのも、新聞の特徴の一つといえるでしょう。

「新聞記事を読み比べよう」より

[　　　　　　] を速く [　　　　　　] に知らせるための印刷物。

ヒント 後の部分の説明に注目しよう。

② 「みなさんにとって身近なものの一つといえる」とありますが、なぜですか。一つに○をつけましょう。

ア（　）たくさんの情報が書かれているから。
イ（　）実際に読んだ人が多くいるから。
ウ（　）いろいろな文章がけいさいされているから。

3 「報道記事」にはどのようなことが書かれていますか。二つに○をつけましょう。

ア（　）国内外の事件や事故。
イ（　）社説、コラム、投書など。
ウ（　）事件や事故が起きた原因や背景。
エ（　）記事を書いた人の感想。

4 「新聞の特徴の一つ」とは、どのようなことですか。文章から書きぬきましょう。

[　　　　　　] にまとめられていて、どの紙面や [　　] からでも読めること。

ヒント 直前の部分に注目しよう。

ぴったり3 確かめのテスト

書き手の意図を考えよう

新聞記事を読み比べよう
すてきなこと

時間 20分
／100
合格 80点

学習日 月 日
教科書 92〜109ページ
答え 13ページ

教科書の「新聞記事を読み比べよう」を読んで、答えましょう。

思考・判断・表現

教科書98ページ【記事A（エー）】から
↓
教科書99ページ【記事B（ビー）】まで

1 （　）に読みがなを、□に漢字を書きましょう。 一つ5点(10点)

① 動画の 編集（　　） を行う。　② 事故の □□（けんすう） がへる。

2 教科書（98ページ）【記事A】と教科書（99ページ）【記事B】の「見出し」の部分には、どのような意図が感じられますか。二つに○をつけましょう。 10点

ア（　）記事Aは、「13歳（さい）が大逆転（ぎゃく）して金メダル」という、意外な結果を強調している。

イ（　）記事Aは、「頂点（ちょう）」と「最下位」という、正反対の結果に終わった選手のことを表している。

ウ（　）記事Bは、「もみじが夏空に咲（さ）く」という、現実的ではない出来事を伝えている。

エ（　）記事Bは、「スマイル」「夏空」「楽しく」という、明るいふんい気が感じられる。

よく出る

3 教科書（98ページ）【記事A】と教科書（99ページ）【記事B】の「リード」の部分に共通して書かれている事実はどのようなことですか。一つに○をつけましょう。 10点

ア（　）西矢椛（にしやもみじ）選手がスケートボード女子ストリートで、7月26日に金メダルに輝いたこと。

イ（　）西矢椛選手がスケートボード女子ストリートで、優（ゆう）勝して「もみじスマイル」を見せたこと。

ウ（　）西矢椛選手がスケートボード女子ストリートで、日本勢史上最年少記録で優勝したこと。

4 教科書（98ページ）【記事A】の「本文」に書かれている事実はどのようなことですか。文章から書きぬきましょう。 一つ5点(15点)

① □□□□□□□□ からの決勝だったが、□□□□□□□ に果敢（かん）に挑（ちょう）戦して逆転優勝したこと。

② 「□□□□□□ に挑戦し続けたい。」と、西矢椛選手が語ったこと。

5 教科書（99ページ）【記事B】の「本文」に書かれている事実はどのようなことですか。文章から書きぬきましょう。 1つ5点(15点)

① 金メダルが決まると、［　　　　　］をうかべ、［　　　　　　］を流したこと。

② 「次の五輪でも［　　］をねらいたい。」と、西矢椛選手が語ったこと。

できたらスゴイ！

6 教科書（99ページ）【記事B】の「本文」に書かれていて、教科書（98ページ）【記事A】の「本文」に書かれていない事実はどのようなことですか。一つに〇をつけましょう。 10点

ア（　）西矢椛選手が「楽しく滑ること」をいつもだいじにしていること。

イ（　）西矢椛選手は安定感やバランス感覚がよく、板に乗る感覚は群をぬいていること。

ウ（　）西矢椛選手が2歳上の兄のえいきょうで、6歳のときに競技を始めたこと。

7 教科書（98ページ）【記事A】の「写真」を見て、次の問題に答えましょう。

① この写真は、記事の意図を伝えるために、どのようなとり方をしていますか。一つに〇をつけましょう。 5点

ア（　）アップ
イ（　）ロング

② 写真のふんい気は、どの「見出し」の言葉と結びついていますか。一つに〇をつけましょう。 10点

ア（　）金メダル
イ（　）大技
ウ（　）最下位

8 教科書（99ページ）【記事B】の「写真」を見て、次の問題に答えましょう。

① この写真は、記事の意図を伝えるために、どのようなとり方をしていますか。一つに〇をつけましょう。 5点

ア（　）アップ
イ（　）ロング

考えを書こう

② なぜ書き手は①のようなとり方をしたのでしょうか。理由を考えて書きましょう。 10点

この本の終わりにある「夏のチャレンジテスト」をやってみよう！

詩を読もう

未知へ
心の動きを短歌で表そう

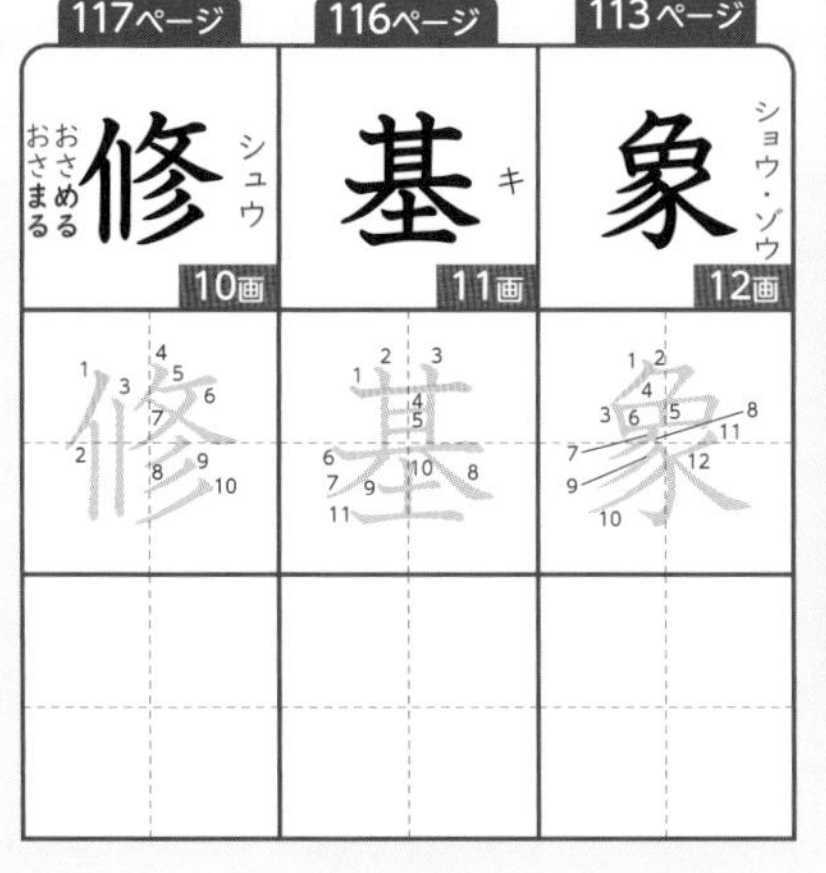

かきトリ 新しい漢字

象	基	修
ショウ・ゾウ 12画 教科書113ページ	キ 11画 116ページ	シュウ おさめる おさまる 10画 117ページ

適	序
テキ 14画 117ページ	ジョ 7画 117ページ

1 （　）に読みがなを書きましょう。

① 良い 印象 をいだく。（　　）
② 基本 を学ぶ。（　　）
③ 建物を 改修 する。（　　）
④ 適切 に答える。（　　）
⑤ 序列 にしたがう。（　　）

2 □に漢字を、（　）に漢字と送りがなを書きましょう。

① □（ぞう）の鼻は長い。
② □□（きち）を出発する。
③ 勉強に□（てき）した部屋。
④ □□（じゅんじょ）を守る。
⑤ 学問を（　　　）（おさめる）。

心の動きを短歌で表そう

3 次の□に合う言葉は何ですか。一つに○をつけましょう。

① 短歌は、生活の中で心が動いた出来事などを□の三十一音で表現した短い詩です。

ア（　）五・五・七・七・七
イ（　）七・五・七・七・五
ウ（　）五・七・五・七・七

② できあがった短歌は、友達と読み合い、□とよい。

ア（　）表現のうまさでいちばんを決める
イ（　）おもしろい点や感想を伝え合う
ウ（　）声には出さずだまって読み合う

めあて
★詩の表現を読み取ろう。
★表現をくふうして短歌を作ろう。

学習日
月　日

教科書 112～117ページ

答え 14ページ

4 詩を読んで答えましょう。

未知へ　　木村信子

わたしが響いている
透明な殻の中で響いている
ありったけ響いている
外はもうすぐ春らしい

わたしが響いている
痛いほど響いている
あふれるほど響いている
もうすぐわたしは割れるのだ

わたしが響いている
おもてへこだまして響いている
まだ見たこともない山へ胸をときめかせて
わたしが響いている

(1) この詩は、いくつの連からできていますか。漢数字で書きましょう。

（　　）連

(2) この詩は、どのような形式で書かれていますか。一つに○をつけましょう。

ア（　）昔の話し言葉を用いて、自由な音数で書かれている。
イ（　）今の話し言葉を用いて、決まった音数で書かれている。
ウ（　）今の話し言葉を用いて、自由な音数で書かれている。

(3) 「わたし」はどこにいますか。一つに○をつけましょう。

ア（　）透明な殻の中。
イ（　）透明な殻の外。
ウ（　）まだ見たこともない山。

(4) 「わたしは割れる」とありますが、どのようなことを表していると考えられますか。一つに○をつけましょう。

ア（　）わたしが今までの自分をこえること。
イ（　）わたしが力つきてしまうこと。
ウ（　）わたしが全てをこわすこと。

(5) 「まだ見たこともない山」は何を表していると考えられますか。詩の中から書きぬきましょう。

わたしにとって［　　］の世界。

ぴったり1 準備

問題を解決するために話し合おう
漢字を使おう4

めあて
★話し合いを計画的に進める方法を学ぼう。

学習日 月 日
教科書 118〜123ページ
答え 14ページ

がきトリ 新しい漢字

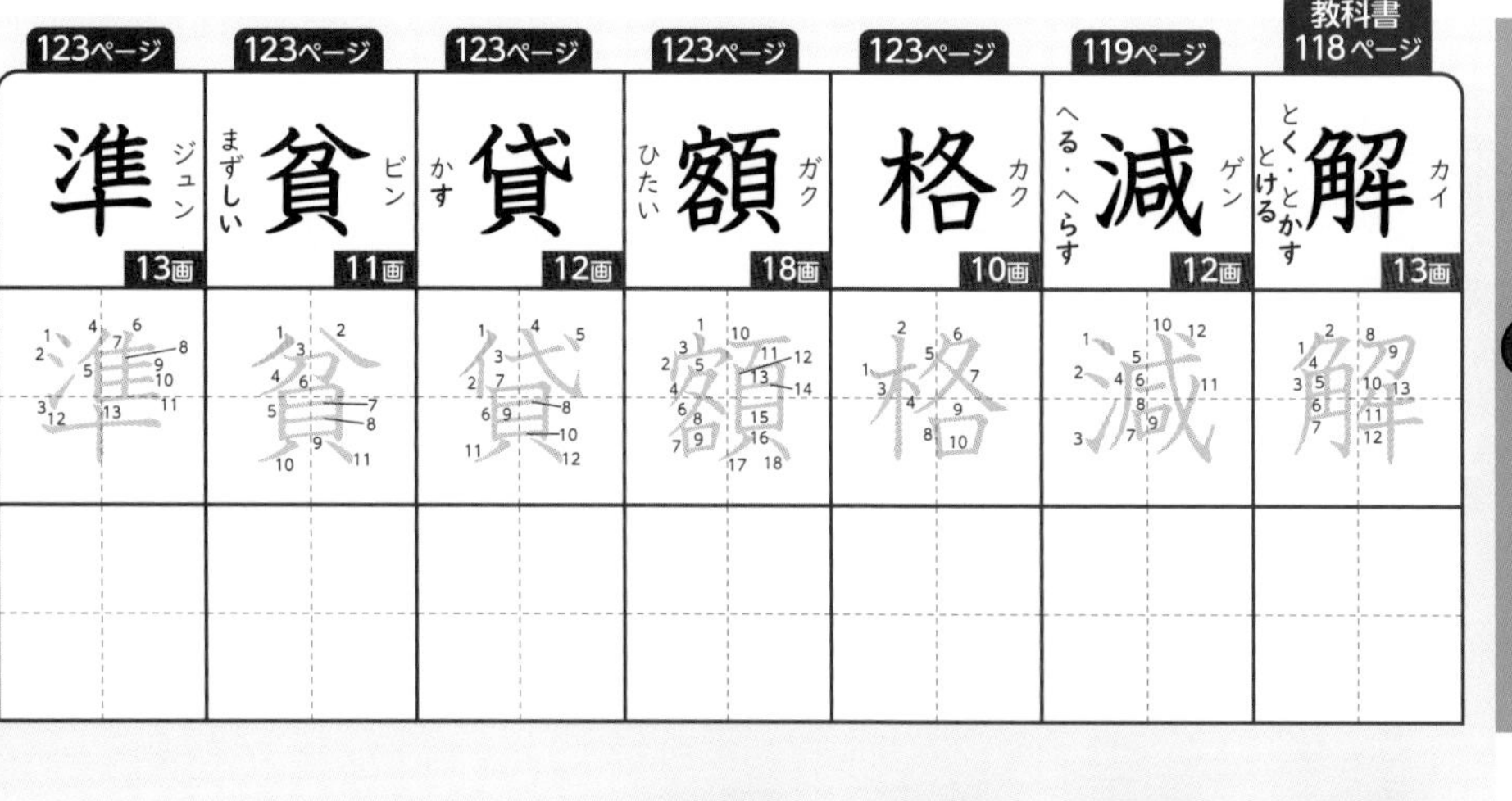

教科書118ページ	119ページ	123ページ	123ページ	123ページ	123ページ	123ページ
解 カイ と く・と かす とける 13画	減 ゲン へる・へらす 12画	格 カク 10画	額 ガク ひたい 18画	貸 かす 12画	貧 ビン まずしい 11画	準 ジュン 13画

123ページ	123ページ	123ページ	123ページ
墓 ボ はか 13画	祖 ソ 9画	迷 まよう 9画	述 ジュツ のべる 8画

1 （　）に読みがなを書きましょう。

① ◆迷子（　　）になる。

② この料理は格別（　　）だ。

③ 基準（　　）をつくる。

④ 本を貸（　　）す。

⑤ 絵を額（　　）ぶちに入れる。

◆特別な読み方の言葉

2 □に漢字を、（　）に漢字と送りがなを書きましょう。

① 事件を□□（かいけつ）する。

② お□（はか）に行く。

③ 意見を（　　）（のべる）。

④ お金が（　　）（へる）。

⑤ 道に（　　）（まよう）。

⑥ （　　）（まずしい）生活を送る。

3 正しい意味に○をつけましょう。

① 未来を見通す。

ア（　）今後どうなるか考える。

イ（　）昔からずっと見ている。

② 考えを明確にする。

ア（　）はっきりしていること。

イ（　）光りかがやいていること。

③ 議題を決める。

ア（　）作品につける題名。

イ（　）話し合いのテーマ。

④ 短編集を読む。

ア（　）うすくて小さな本。

イ（　）短い作品を集めた本。

⑤ 方向性を定める。

ア（　）めざすところ。

イ（　）正しい答え。

⑥ 情報を共有する。

ア（　）みんなのものとする。

イ（　）大切に集めて使う。

4 話し合って意見をまとめる正しい手順になるように、1〜3の番号をつけましょう。

ア（　）意見を分類したり比べたり、組み合わせたりして整理する。

イ（　）問題の原因や解決方法について、それぞれ意見を出し合う。

ウ（　）みんなの意見について質問したり、考えを広げたりする。

5 問題を解決するために話し合うことについて、次の問題に答えましょう。

① 話し合う前に注意することは何ですか。一つに○をつけましょう。

ア（　）考えを広げるのか、一つにまとめるのか、話し合いの進め方を確かめておくこと。

イ（　）ほかの人の意見を聞き入れやすいように、前もって何も考えないでおくこと。

ウ（　）話し合う内容のほうが大事なので、話し合いの進め方は決めないでおくこと。

② 話し合って考えをまとめるときに、注意することは何ですか。一つに○をつけましょう。

ア（　）話し合う目的や条件を気にせずに、全ての意見を取り入れること。

イ（　）よりよい意見を選んだり、よいところを組み合わせたりすること。

ウ（　）一つの正しい意見を決めて、ほかの意見はみとめないようにすること。

ぴったり3 確かめのテスト

詩を読もう

未知へ ～ 漢字を使おう4

時間 20分

／100

合格 80点

学習日 月 日

教科書 112～123ページ

答え 15ページ

1 「高学年の読書量を増やすためにクラスで取り組むこと」についての話し合いを読んで、答えましょう。

思考・判断・表現

(1) 問題の原因と解決のための取り組みについて、意見を出し合う。

わたしは、習い事でいそがしく読書に関心が向かないことが原因だと考えます。習い事などの興味があることと関係する本をしょうかいするのがいいと思います。興味があって、役立つ本ならば読むと思うからです。 …坂本さん

高学年向けにしょうかいされている本は、文章が長くてむずかしそうなものが多いと思いませんか。わたしはそれが原因だと思います。そこで、短編集などの読みやすそうな本をポスターでしょうかいしてはどうでしょうか。 …池田さん

(2) 意見をもとに、考えを広げる。

・ほかの人の意見をくわしく知るために質問する。

坂本さんに質問です。興味があることに関係する本をしょうかいするということですが、例えばどんなテーマで本をしょうかいしますか。 …大野さん

・ほかの人の意見を手がかりに、新たな考えを持つ。

坂本さんの意見を聞いて、いそがしい中で本をたくさん読んで

(1) 「習い事でいそがしく読書に関心が向かないことが原因」について答えましょう。

① 坂本さんは、どのような解決方法を提案していますか。文章から書きぬきましょう。 一つ10点(20点)

[　　　　] に関係のある本を [　　　　] のがいい。

② 坂本さんは、なぜ①のように提案しているのですか。文章から書きぬきましょう。 10点

(　　　　) と思うから。

よく出る

(2) 「それが原因だと思います。」とありますが、「それ」とは何を指していますか。文章から書きぬきましょう。 一つ10点(20点)

[　　　　] の本は、[　　　　] ものが多いこと。

できたらスゴイ！

(3) 「どんなテーマで本をしょうかいしますか。」とありますが、坂本さんはどう答えると考えられますか。一つに○をつけましょう。 15点

ア(　)どんなテーマの本であっても、その人が読みたいものを読

いる人がどのように時間を作っているのかをしょうかいしたらおもしろいと思いました。　…池田さん

(3) 意見を整理して、考えをまとめる。

・意見を分類する。

取り組みについては、大きく三つに分けられそうです。一つ目は……、二つ目は……、三つ目は……です。　…大野さん

・意見を比べたり組み合わせたりする。

興味があることに関係する本をしょうかいすることと短編の本をしょうかいすることは、しょうかいする本のちがいがありますが、一つの取り組みとしてまとめることができると思います。　…池田さん

・目的や条件に合っているか考える。

わたしたちのクラスでできることにしぼるとよいと思います。そうすると、三つ目の図書館に新しい本を増やすことは、その条件に当てはまらないのではないでしょうか。　…坂本さん

「問題を解決するために話し合おう」より

2 読みがなを書きましょう。　5点

墓には 祖先（　　　）がまつられている。

むのがいいと思います。

イ（　）わたしは犬が大好きなので、犬が登場する物語をおすすめしたいと思います。

ウ（　）スポーツをしている人なら、そのスポーツに関係する本がいいと思います。

(4) 「一つの取り組みとしてまとめることができる」とありますが、なぜですか。一つに○をつけましょう。　10点

ア（　）本の種類はちがっても、本をしょうかいするということに変わりはないから。

イ（　）興味があることに関係する短編集をしょうかいすれば、どちらの人にもあてはまるから。

ウ（　）短編の本をしょうかいすれば、習い事に関係のない本でも興味をもってもらえるから。

考えを書こう

(5) 「図書館に新しい本を増やすことは、その条件に当てはまらない」とありますが、なぜですか。　15点

図書館に新しい本を増やすことは、（　　　　　　　　）

3 漢字を書きましょう。　5点

昔はとても［ひんそう］な身なりをしていた。

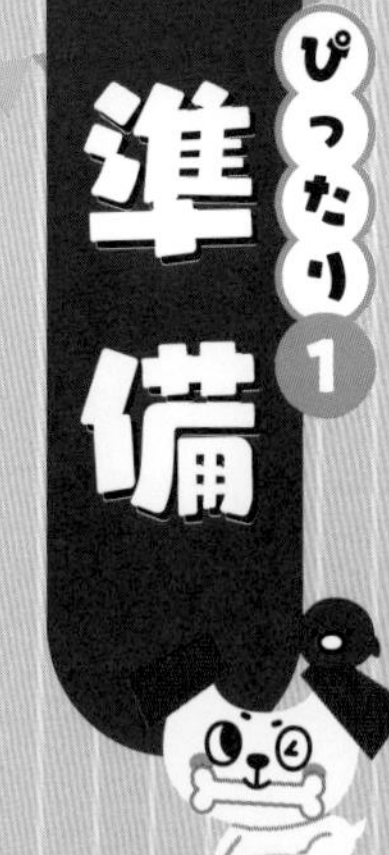

物語のおもしろさを解説しよう

注文の多い料理店

漢字を使おう5

どうやって文をつなげればいいの？

宮沢（みやざわ）賢治（けんじ）

めあて

★物語の表現や構成、題名のくふうを見つけよう。

★文と文の関係を考えながらつなごう。

学習日　月　日

教科書　124〜147ページ

答え　15ページ

かきトリ　新しい漢字

教科書ページ	漢字	音読み	訓読み	画数
127ページ	損	ソン		13画
128ページ	造	ゾウ	つくる	10画
132ページ	寄	キ	よる・よせる	11画
135ページ	非	ヒ		8画
135ページ	防	ボウ	ふせぐ	7画
136ページ	毒	ドク		8画
138ページ	責	セキ	せめる	11画
140ページ	破	ハ	やぶる・やぶれる	10画
140ページ	枝		えだ	8画
141ページ	師	シ		10画
145ページ	圧	アツ		5画
145ページ	営	エイ	いとなむ	12画
145ページ	価	カ		8画
145ページ	制	セイ		8画
145ページ	肥	ヒ	こえる・こえ・こやす・こやし	8画
145ページ	旧	キュウ		5画
147ページ	逆	ギャク	さか・さからう	9画

1 （　）に読みがなを書きましょう。

① ●西洋（　　）料理を食べる。

② ◆眼鏡（　　）をかけて読む。

③ ●新米（　　）をたき上げる。

④ 損得（　　）を見きわめる。

⑤ 機械を改造（　　）する。

⑥ 事業の寄付（　　）をつのる。

●読み方が新しい字　◆特別な読み方の言葉

2 □に漢字を、（　）に漢字と送りがなを書きましょう。

① □□（ひじょう）口を確かめる。

② 畑に□□（ひりょう）をまく。

③ （こころよく）引き受ける。

④ ミスの発生を（ふせぐ）。

3 正しい意味に○をつけましょう。

① どちらの道を進めばよいのか、見当がつかない。
ア（　）だいたいの予想。
イ（　）ほかの人との連らく。

② 副委員長と書記をかねる。
ア（　）二つのものを、一つにまとめる。
イ（　）一つのものが、二つ以上の働きをする。

③ 兄はいつも用意周とうだ。
ア（　）十分に用意をしていること。
イ（　）用意が不十分で心配なこと。

4 次の文を、意味を変えることなく、つなぐ言葉を用いて二つの文に分けましょう。

① 広い場所がないから、サッカーができない。
←
広い場所がない。（　　　　）、サッカーができない。

② 試合はできないが、パスの練習ならできる。
←
試合はできない。（　　　　）、パスの練習ならできる。

3分でワンポイント 物語のおもしろさをとらえよう。

★①～⑥に当てはまる言葉を□の中から選んで、記号を書きましょう。

戸の言葉の内容	しんしたちの考え	本当の意味
当軒（けん）は、注文の多い料理店である。	①（　）	②（　）
ぼうしや外とうなどを取ってほしい。	③（　）	食べられない物や、あぶない物をはずしてほしい。
金物類、特にとがったものをはずしてほしい。	④（　）	
クリームをぬってほしい。	⑤（　）	⑥（　）

ア 電気を使うからあぶない。
イ 客にやってもらうことが多い。
ウ えらい人が来店している。
エ 寒い外から来た客のためだ。
オ はやっている店である。
カ 料理の味つけをしたい。

ぴったり2

練習①

物語のおもしろさを解説しよう

注文の多い料理店

学習日　月　日

教科書 124〜144ページ

答え 16ページ

文章を読んで、答えましょう。

二人は戸をおして、中へ入りました。そこはすぐろう下になっていました。そのガラス戸のうら側には、金文字でこうなっていました。

【ことに太ったおかたやわかいおかたは、大かんげいいたします。】

二人は大かんげいというので、もう大喜びです。

「君、ぼくらは大かんげいに当たっているのだ。」

「ぼくらは両方かねてるから。」

ずんずんろう下を進んでいきますと、今度は水色のペンキぬりの戸がありました。

「どうも変なうちだ。どうしてこんなにたくさん戸があるのだろう。」

「これはロシア式だ。寒いとこや山の中はみんなこうさ。」

そして二人はその戸を開けようとしますと、上に黄色な字でこう書いてありました。

【当軒（けん）は注文の多い料理店ですから、どうかそこはご承知（しょう）ください。】

「なかなかはやってるんだ。こんな山の中で。」

「それあそうだ。見たまえ、東京の大きな料理屋だって大通りには少ないだろう。」

二人は言いながら、その戸を開けました。すると、そのうら側に、

1 二人が「大喜び」した理由を、文章から書きぬきましょう。

自分たちは（　　　）人にも（　　　）人にも当てはまるので、（　　　）されると思ったから。

2 「ずんずんろう下を進んでいきます」は、二人のどのような様子を表していますか。一つに○をつけましょう。

ア（　）失礼な行動をしないよう、気を配っている様子。
イ（　）料理を食べられると思い、わくわくしている様子。
ウ（　）どんな店なのか分からず、おびえている様子。
エ（　）自分たちが一番えらい客なのだと、いばっている様子。

3 「こう」が指していることを、文章から書きぬきましょう。

うちの中に（　　　）こと。

4 「注文の多い料理店」とあるのを見て、二人はどのように考えましたか。一つに○をつけましょう。

ア（　）客は店に対して、いろいろな注文ができるのだ。
イ（　）客に対して、店がさまざまな注文をしてくるのだ。
ウ（　）料理がおいしくて、料理を注文しすぎてしまうのだ。
エ（　）客が多く、たくさんの料理が注文されているのだ。

【注文はずいぶん多いでしょうが、どうかいちいちこらえてください。】

「これはぜんたいどういうんだ。」

一人のしんしは顔をしかめました。

「うん、これはきっと注文があまり多くて、したくが手間取るけれどもごめんくださいと、こういうことだ。」

「そうだろう。早くどこか部屋の中に入りたいもんだな。」

「そしてテーブルにすわりたいもんだな。」

ところが、どうもうるさいことは、また戸が一つありました。そしてそのわきに鏡がかかって、その下には長いえの付いたブラシが置いてあったのです。

戸には赤い字で、

【お客様がた、ここでかみをきちんとして、それからはき物のどろを落としてください。】

と書いてありました。

「これはどうももっともだ。ぼくもさっきげんかんで、山の中だと思って見くびったんだよ。」

「作法のきびしいうちだ。きっと、よほどえらい人たちが、たびたび来るんだ。」

そこで二人は、くつのどろを落としました。

宮沢　賢治「注文の多い料理店」より

5 「どうかいちいちこらえてください。」とありますが、二人は何をこらえてほしいのだと考えましたか。文章から書きぬきましょう。

注文が多いので料理の（　　　　）こと。

ヒント　これを見たあとの二人の会話に注目しよう。

6 「どうもうるさいこと」とありますが、ここから二人のどのような様子が分かりますか。一つに○をつけましょう。

ア（　）むずかしい注文ばかりされて、つかれている様子。

イ（　）店から何度も指示をされて、腹が立っている様子。

ウ（　）戸が多くて中へなかなか入れず、不満に思う様子。

エ（　）戸の言葉を読むのが、めんどうになっている様子。

ヒント　たくさん戸があると感じたあとも戸が続いているね。

7 「えらい人たちが、たびたび来る」とありますが、二人がそのように考えたのはなぜですか。文章から書きぬきましょう。

身だしなみについても注文されるような、（　　　　）店だと思ったから。

8 この場面で二人は、何をしたいと思っていますか。文章から二つ書きぬきましょう。

（　　　　）

（　　　　）

注文の多い料理店

学習日
月　日
教科書
124〜144ページ
答え
16ページ

文章を読んで、答えましょう。

二人はつぼのクリームを顔にぬって手にぬって、それからくつ下をぬいで足にぬりました。それでもまだ残っていましたから、それは二人ともめいめいこっそり顔へぬるふりをしながら食べました。

それから大急ぎで戸を開けますと、そのうら側には、

【クリームをよくぬりましたか、耳にもよくぬりましたか。】

と書いてあって、小さなクリームのつぼがここにも置いてありました。

「そうそう、ぼくは耳にはぬらなかった。あぶなく耳にひびを切らすとこだった。ここの主人は実に用意周とうだね。」

「ああ、細かいとこまでよく気がつくよ。ところで、ぼくは早く何か食べたいんだが、どうも、こう、どこまでもろう下じゃしかたないね。」

すると、すぐその前に次の戸がありました。

【料理はもうすぐできます。十五分とお待たせはいたしません。すぐ食べられます。早くあなたの頭にびんの中のこう水をよくふりかけてください。】

そして戸の前には、金ぴかのこう水のびんが置いてありました。

二人はそのこう水を、頭へパチャパチャふりかけました。

ところが、そのこう水は、どうもすのようなにおいがするのでした。

1 「ここの主人は実に用意周とうだね。」とありますが、こう思ったのはなぜですか。一つに○をつけましょう。

ア（　）戸の一つひとつに、ていねいに指示を書いているから。
イ（　）客が見落とすことにも、きちんと気がついているから。
ウ（　）あまるほどたくさんのクリームを用意しているから。
エ（　）細かいことを言って、店の中に入れてくれないから。

2 「どうもすのようなにおいがする」とありますが、二人はなぜだと考えましたか。文章から八字で書きぬきましょう。

下女が中身を［　　　　　　　　］から。

3 「今度という今度は、二人ともぎょっとして」について、次の問題に答えましょう。

① 「今度という今度は」とは、「何度も同じようなことがあったが、今度こそは」という意味です。「今度」とは、いつですか。一つに○をつけましょう。

ア（　）顔や手足にクリームをぬらされたとき。
イ（　）青い瀬戸の塩つぼを見たとき。
ウ（　）注文についての言葉を読んだとき。
エ（　）こう水を頭へふりかけたとき。

二人が「おかしい」と感じ始めたきっかけは何かな。

「このこう水は変にすくさい。どうしたんだろう。」

「まちがえたんだ。下女がかぜでも引いてまちがえて入れたんだ。」

二人は戸を開けて中に入りました。

戸のうら側には、大きな字でこう書いてありました。

【いろいろ注文が多くてうるさかったでしょう。お気の毒でした。もうこれだけです。どうか、体中に、つぼの中の塩をたくさんよくもみこんでください。】

なるほどりっぱな青い瀬戸の塩つぼは置いてありましたが、今度という今度は、二人ともぎょっとして、おたがいにクリームをたくさんぬった顔を見合わせました。

「どうもおかしいぜ。」

「ぼくもおかしいと思う。」

「たくさんの注文というのは、向こうがこっちへ注文してるんだよ。」

「だからさ、西洋料理店というのは、ぼくの考えるところでは、西洋料理を、来た人に食べさせるのではなくて、来た人を西洋料理にして、食べてやるうちと、こういうことなんだ。これは、その、つ、つ、つ、つまり、ぼ、ぼ、ぼくらが……。」

がたがたがたがたふるえだして、もうものが言えませんでした。

宮沢 賢治「注文の多い料理店」より

② 「ぎょっと」した二人は、おたがいに何を見ましたか。文章から書きぬきましょう。

（　　　　　　　　）

4 「注文」について、次の問題に答えましょう。

① 「注文」について、どのようなことが分かったのですか。あとの□の中からそれぞれ選んで書きましょう。

（　　）が（　　）に対してする注文だと考えていたが、本当は（　　）が（　　）に対してする注文だったということ。

客　店

ヒント 「向こう」と「こっち」は、それぞれ何を指しているかな。

② 二人がこれまで「注文」の本当の意味に気がつくことができなかったのはなぜですか。一つに○をつけましょう。

ア（　）店に入れるか不安で、考えるよゆうがなかったから。

イ（　）理由を何も考えずに、ただ指示にしたがったから。

ウ（　）指示の内容を自分たちに都合のいいように考えたから。

5 「西洋料理店」は、本当はどのようなところでしたか。文章から書きぬきましょう。

（　　　　　　　　）

物語のおもしろさを解説しよう

注文の多い料理店
～どうやって文をつなげればいいの？

時間 20分
／100
合格 80点

学習日 月 日
教科書 124～147ページ
答え 17ページ

文章を読んで、答えましょう。　思考・判断・表現

「へい、いらっしゃい、いらっしゃい。それともサラドはおきらいですか。そんならこれから火をおこしてフライにしてあげましょうか。とにかく早くいらっしゃい。」

二人はあんまり心をいためたために、顔がまるでくしゃくしゃの紙くずのようになり、おたがいにその顔を見合わせ、ぶるぶるふるえ、声もなく泣きました。

中では、フッフッと笑って、またさけんでいます。

「いらっしゃい、いらっしゃい。そんなに泣いては、せっかくのクリームが流れるじゃありませんか。へい、ただいま。じき持って参ります。さあ、早くいらっしゃい。」

「早くいらっしゃい。親方がもうナフキンをかけて、ナイフを持って、したなめずりして、お客様がたを待っていられます。」

二人は、泣いて泣いて泣いて泣いて泣きました。

そのとき、後ろからいきなり、

「ワン、ワン、グヮア。」

という声がして、あの白熊のような犬が二ひき、戸をつき破って部屋の中に飛びこんできました。かぎあなの目玉はたちまちなくなり、犬どもはウーとうなってしばらく部屋の中をくるくる回っていましたが、また一声、

「ワン。」

と高くほえて、いきなり次の戸に飛びつきました。戸はガタリと

よく出る

1 「顔がまるでくしゃくしゃの紙くずのようになり」について、次の問題に答えましょう。

① 二人はこのときどのような気持ちでしたか。一つに○をつけましょう。　10点

ア（　）とてもおどろいて、あきれかえっている。
イ（　）勝手なことを言われて、悲しくなっている。
ウ（　）あまりにもおそろしくて、おびえている。

② そのような気持ちになったのはなぜですか。考えて五字で書きましょう。　10点

自分たちが□□□□□と分かったから。

2 「へい、ただいま。じき持って参ります。」について、次の問題に答えましょう。

① この発言は、前後の発言とちがう点があります。何がちがうのですか。文章から書きぬきましょう。　10点

（　　　　）に対して言った発言であるという点。

② 「持って参ります」とは、何をどのようにして持っていくということですか。　10点

（　　　　）を（　　　　）にして持っていくということ。

開き、犬どもはすいこまれるように飛んでいきました。

その戸の向こうの真っ暗やみの中で、

「ニャアオ、クヮア、ゴロゴロ。」

という声がして、それからガサガサ鳴りました。

部屋はけむりのように消え、二人は寒さにぶるぶるふるえて、草の中に立っていました。

見ると、上着やくつやさいふやネクタイピンは、あっちの枝にぶら下がったり、こっちの根元に散らばったりしています。風がどうとふいてきて、草はザワザワ、木の葉はカサカサ、木はゴトンゴトンと鳴りました。

犬がフーとうなってもどってきました。

そして後ろからは、

「だんなあ、だんなあ。」

とさけぶ者があります。

二人はにわかに元気がついて、

「おうい、おうい、ここだぞ、早く来い。」

とさけびました。

みのぼうしをかぶった専門(せん)のりょう師が、草をザワザワ分けてやってきました。

そこで二人はやっと安心しました。

宮沢　賢治「注文の多い料理店」より

よく出る

3 二人が助かったきっかけは、どのようなことでしたか。 10点

（　　　　）

4 「安心しました。」とありますが、二人が安心したのはなぜですか。 15点

（　　　　）

できたらスゴイ!

5 この文章の場面の変化について、次の問題に答えましょう。

① 文章の中で、場面はどのように変化していますか。一つに○をつけましょう。 10点

ア（　）一つ目の場面は二人がおそれている世界だが、二つ目の場面は二人があこがれている世界である。

イ（　）一つ目の場面は二人がまきこまれた不思議な世界だが、二つ目の場面は現実の世界である。

ウ（　）一つ目の場面は二人が本当に体験している世界だが、二つ目の場面は二人の想像による世界である。

② 二つ目の場面の初めの五字を書きぬきましょう。 5点

□□□□□

考えを書こう

6 二人がたいへんな目にあったのは、二人の行動のどのようなところに問題があったからですか。 20点

（　　　　）

ふりかえり　6が分からないときは、45ページの 3分でワンポイント にもどってかくにんしてみよう。

物語のおもしろさを解説しよう

注文の多い料理店
～どうやって文をつなげればいいの？

時間 20分
／100
合格 80点

学習日
月　日
教科書 124～147ページ
答え 18ページ

1 読みがなを書きましょう。　一つ2点（20点）

① 気の毒に思う。
② 強く責任を感じる。
③ 枝が折れる。
④ 教師を目指して勉強する。
⑤ 空気の圧力をはかる。
⑥ 商品の価格が下がる。
⑦ 制度をあらためる。
⑧ 畑の作物に肥料をまく。
⑨ かれとは旧知の仲だ。
⑩ 試合に逆転する。

2 □に漢字を、（　）に漢字と送りがなを書きましょう。　一つ2点（20点）

① □□（かいそく）の電車に乗る。
② □□（そんがい）を最小にする。
③ □□（ぞうせん）所を見学する。
④ 機械で□□（せいまい）する。
⑤ □□（ひどう）な行いをせめる。
⑥ かぜを□□（よぼう）する。
⑦ アメリカの□□（せいぶ）に行く。
⑧ かたを（よせ）合う。
⑨ しょうじを（やぶる）。
⑩ 新事業を（いとなむ）。

3 次の文を、意味を変えずに二つの文に分けたとき、（　）に合う言葉を、あとのア～エから選びましょう。　一つ6点(18点)

①
・雨がふったので、遠足は中止になった。
・雨がふった。（　）遠足は中止になった。

②
・雨がふったが、遠足は行われた。
・雨がふった。（　）遠足は行われた。

③
・雨がふったら、遠足は中止だ。
・雨がふるかもしれない。（　）遠足は中止だ。

ア　しかし　　イ　ところで
ウ　だから　　エ　そうなれば

4 次の二つの文を、意味を変えることなく一つの文にまとめましょう。　一つ10点(20点)

① 母が料理を作った。ぼくはその料理を食べた。
（　　　　）

② わたしは本を買った。これはその本だ。
（　　　　）

5 次の言葉を使って短い文を作りましょう。　一つ6点(18点)

① とほうもない
（　　　　）

② ～するやいなや
（　　　　）

③ 見くびる
（　　　　）

6 正しい意味に○をつけましょう。　一つ2点(4点)

① かってないほど痛快(つうかい)な気分だ。
ア（　）とても気持ちがよいこと。
イ（　）むねがいたむほど悲しいこと。

② 先ほどお願いされたことについて、承知(しょうち)しました。
ア（　）ゆるしてあげること。
イ（　）聞き入れること。

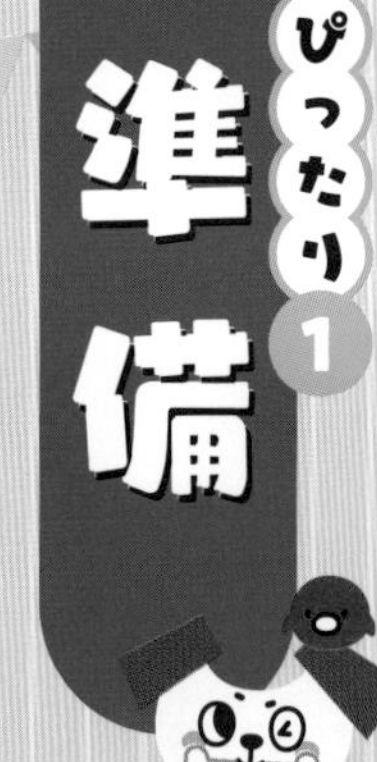

「文化を受けつぐ」ことについて考えよう

和の文化を受けつぐ――和菓子（がし）をさぐる

文章と図表

中山（なかやま） 圭子（けいこ）

◎めあて
★情報を重ね合わせて読もう。
★情報の関係を考え、くわしく述べている点やちがっている点を確かめよう。

学習日 月 日

教科書 148～163ページ

答え 18ページ

かきトリ 新しい漢字

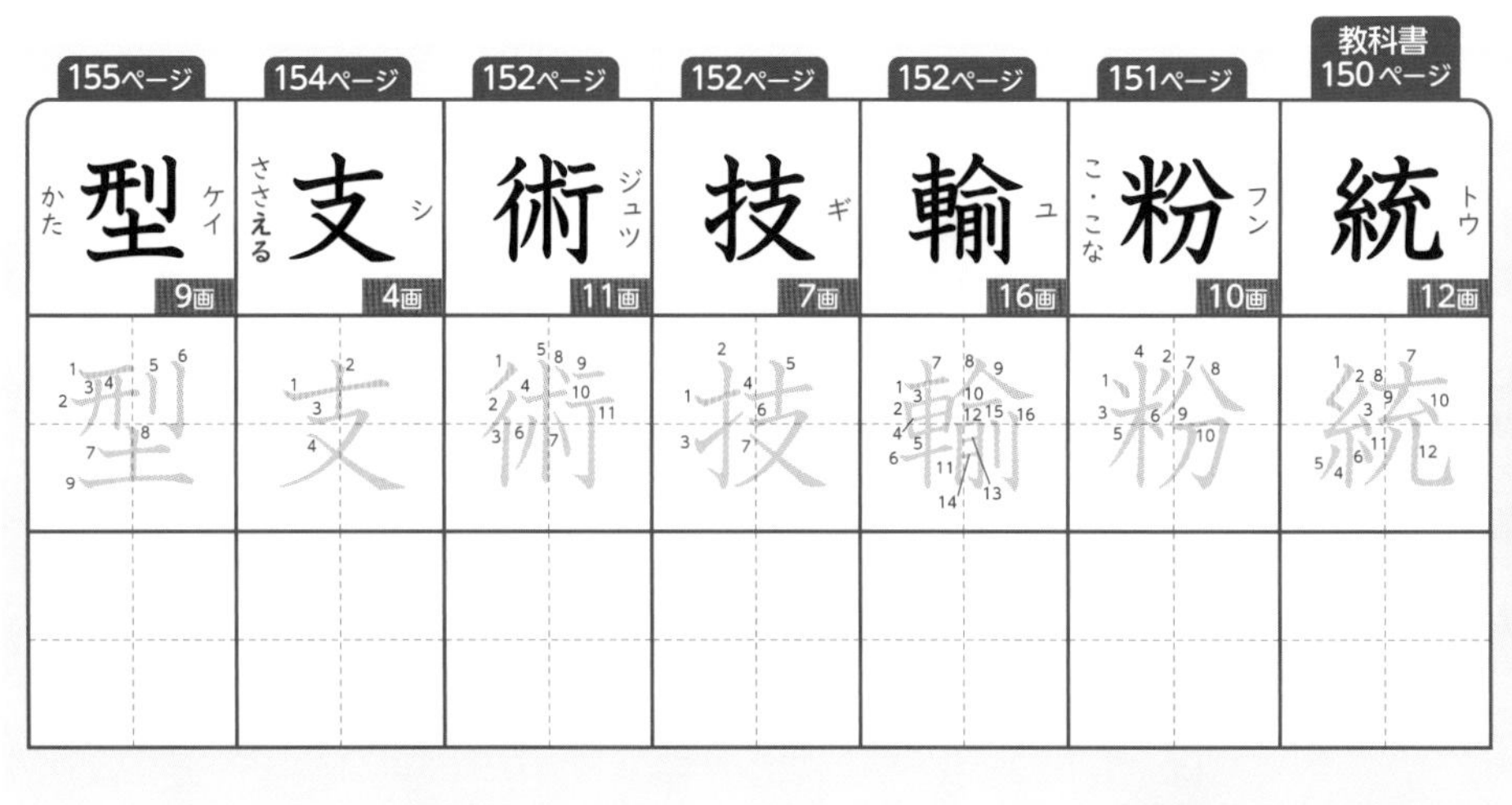

教科書150ページ 統 トウ 12画
151ページ 粉 フン こ・こな 10画
152ページ 輸 ユ 16画
152ページ 技 ギ 7画
152ページ 術 ジュツ 11画
154ページ 支 シ ささえる 4画
155ページ 型 ケイ かた 9画

156ページ 再 サイ・サ ふたたび 6画

156ページ 限 ゲン かぎる 9画

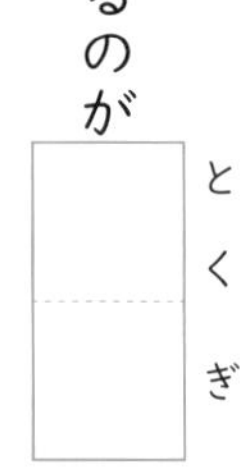

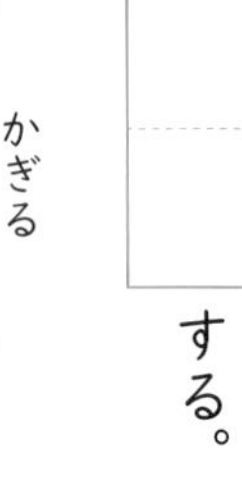

1 （　）に読みがなを書きましょう。

① データを 統合 する。（　）

② 粉薬 を飲む。（　）

③ 外国に 輸出 する。（　）

④ 手術 を受ける。（　）

⑤ 国を 支配 する。（　）

⑥ 限界 をこえる。（　）

2 □に漢字を、（　）に漢字と送りがなを書きましょう。

① □□（かふん）がまう。

② 走るのが □□（とくぎ）だ。

③ □（かた）にはめる。

④ 友人と □□（さいかい）する。

⑤ 両手で（ささえる）。

⑥ 人数を（かぎる）。

3 正しい意味に○をつけましょう。

① 伝統の祭りに参加する。
ア（　）昔から受けつがれている物事。
イ（　）当たり前だと思われている物事。

② 作品をたくみに仕上げる。
ア（　）強調しすぎている様子。
イ（　）上手になしとげる様子。

③ 風情（ふぜい）のある庭。
ア（　）風通しのよさ。
イ（　）しみじみとした味わい。

④ 日本の年中（ねんちゅう）行事について調べる。
ア（　）毎年決まった時期に行われる行事。
イ（　）一年じゅういつでも行われる行事。

⑤ するどい感性を持つ。
ア（　）いつも落ち着いている心。
イ（　）物事を感じ取る心の働き。

⑥ この物語はおくが深い。
ア（　）深い意味がある。
イ（　）深くておそろしい。

3分でワンポイント

構成をとらえ、筆者の考えを確かめよう。

★①～③に当てはまる言葉を［　］の中から選んで、記号を書きましょう。

序論（じょろん） 和菓子は、伝統的に受けつがれてきた日本の文化の一つである。

本論① 和菓子の①（　）＝いくつかの時代に、外国からの食べ物が伝わり、和菓子にえいきょうをあたえた。

本論② 和菓子とほかの②（　）との関わり＝年中行事や茶道と深く関わっている。

本論③ 和菓子の文化を支える③（　）＝和菓子作りに関わる職人や、和菓子を味わう人たち。

結論 和の文化の歴史や文化との関わり、支える人について考えることで、和の文化を受けついでいくことができる。

［ア みりょく　イ 文化　ウ 歴史　エ 人］

「文化を受けつぐ」ことについて考えよう

和の文化を受けつぐ——和菓子をさぐる

● 文章を読んで、答えましょう。

かつて、「菓子」という言葉は木の実や果物のことを意味していました。あまい物が少なかったため、今のわたしたちが菓子を食べるように、木の実や果物を食べていたのでしょう。その一方で、もちやだんごのようなものは、ほぞんのためや野山に持っていくために作られていたと考えられています。こうした日本古来の食べ物に、外国から来た食べ物がえいきょうをあたえることで、和菓子の歴史に変化が生まれます。

えいきょうをあたえたものの一つ目は、飛鳥から平安時代に、中国に送られた使者が伝えた唐菓子です。唐菓子の多くは、米や麦の粉のきじをさまざまな形に作り、油であげたものでした。二つ目は、鎌倉から室町時代に、中国に勉強に行った僧が伝えた点心です。点心とは、食事の間にとる軽い食べ物のことですが、この中に、まんじゅうやようかんなどの原形となるものがありました。三つ目は、戦国

1 「かつて、『菓子』という言葉は木の実や果物のことを意味していました。」とありますが、なぜだと考えられますか。文章から書きぬきましょう。

昔の人たちにとって［　　　］はめずらしく、代わりに［　　　］を食べていたから。

2 「和菓子の歴史に変化が生まれます。」について、次の問題に答えましょう。

① 一つ目の変化で外国から伝わったお菓子は、どのようなものでしたか。文章から書きぬきましょう。

米や麦の粉のきじを［　　　］もの。

② 二つ目の変化は、どの時代に生まれましたか。文章から書きぬきましょう。

［　　　］から［　　　］。

③ 三つ目の変化は、どの国からもたらされましたか。文章から二つ書きぬきましょう。

学習日　月　日
教科書 148〜160ページ
答え 19ページ

時代から安土桃山時代を中心に伝わった南蛮菓子です。ポルトガルやスペインから、カステラやコンペイトー、ボーロなどの菓子が伝わりました。これらの食べ物のせい法などが、日本の菓子に応用されていったのです。

江戸時代になると、さとうが広く使われるようになり、菓子作りは大きく発展します。中国やオランダから輸入されるものに加え、日本国内でもさとうが作られるようになりました。さとうが多く使われるようになると、さとうの特性を生かした菓子作りの技術が進み、だれもが気軽に食べられるような菓子から、おくり物などに使われるような上等な菓子まで、多くの菓子が作られることになります。

中山　圭子「和の文化を受けつぐ――和菓子をさぐる」より

（　　　　）

（　　　　）

（　　　　）

④ 戦国時代から安土桃山時代には、どのような菓子が伝わりましたか。一つに○をつけましょう。

ア（　）まんじゅうやようかんなどの原形となるもの。
イ（　）カステラやコンペイトー、ボーロなど。
ウ（　）おくり物などに使われるような上等な菓子。

「三つ目」の内容に注目しよう。

3 「菓子作りは大きく発展します。」について、次の問題に答えましょう。

① なぜ大きく発展したのですか。一つに○をつけましょう。

ア（　）中国に勉強に行った僧が伝えたから。
イ（　）安土桃山時代から江戸時代になったから。
ウ（　）さとうが広く使われるようになったから。

② どのように発展したのですか。一つに○をつけましょう。

ア（　）中国やオランダから輸入されるようになった。
イ（　）日本国内でも菓子が作られるようになった。
ウ（　）さとうの特性を生かした菓子作りの技術が進んだ。

後の内容に注目しよう。

ぴったり1 準備

和の文化を発信しよう
熟語(じゅく)の構成と意味

めあて
★目的に応じて情報を関係づける力をつけよう。
★熟語の構成と意味について学ぼう。

学習日 月 日
教科書 164〜171ページ
答え 19ページ

かきトリ 新しい漢字

漢字	読み	画数	教科書
効	コウ・きく	8画	166ページ
保	ホ・たもつ	9画	170ページ
護	ゴ	20画	170ページ
妻	サイ・つま	8画	170ページ
往	オウ	8画	170ページ
復	フク	12画	170ページ
耕	コウ・たがやす	10画	170ページ
講	コウ	17画	170ページ
罪	ザイ・つみ	13画	170ページ
燃	ネン・もえる・もやす・もす	16画	171ページ

「復」を「福」や「副」、「複」と間違えないよう気をつけよう！

1 （　）に読みがなを書きましょう。

① 効力 を失う。
② 料理を 保温 する。
③ 妻子 を養う。
④ 人が 往来 する。
⑤ 講習 に参加する。
⑥ 燃料 を加える。

2 □に漢字を、（　）に漢字と送りがなを書きましょう。

① 動物 □□(あいご) の団体。
② □(つま) と夫。
③ 理科の □□(ふくしゅう) をする。
④ □(つみ) をおかす。
⑤ 畑を（　　）(たがやす)。
⑥ 火が（　　）(もえる)。

3 正しい意味に○をつけましょう。

① キャッチコピーを考える。
ア（　）写し取られた文字。
イ（　）情報などを効果的に伝える言葉。

② 目を引く絵をかざる。
ア（　）目立ちやすい。
イ（　）見たくない。

4 調べた情報を発信するときの説明として、正しいものはどれですか。二つに○をつけましょう。

ア（　）情報を調べるときはテーマを決めないでおく。
イ（　）文章だけでなく、表やグラフなどの資料も適切に使う。
ウ（　）図表はどこに置いても効果や印象は変わらない。
エ（　）情報は整理して、目的に合ったものを選ぶ。

5 □に当てはまる漢字を［　］の中から選んで書きましょう。

① □安　② □完　③ □理
④ □常　⑤ □利　⑥ □色

［不　無　非　未］

6 正しいほうに○をつけましょう。

① 風車で発電する。
ア（　）ふうしゃ
イ（　）かざぐるま

② 絵の大家に習う。
ア（　）たいか
イ（　）おおや

③ 夜の道は人気が少ない。
ア（　）にんき
イ（　）ひとけ

7 熟語の構成をあとのア～カから選びましょう。

① 県立（　）　② 未定（　）　③ 乗車（　）
④ 思考（　）　⑤ 青空（　）　⑥ 強弱（　）

ア　にた意味を表す漢字を組み合わせたもの
イ　意味が対になる漢字を組み合わせたもの
ウ　主語・述語の関係になっているもの
エ　上の漢字が下の漢字を修飾しているもの
オ　上の漢字が動作を、下の漢字がその対象を表すもの
カ　上の漢字が下の漢字を打ち消しているもの

ぴったり1 準備

提案します、一週間チャレンジ
和語・漢語・外来語

◎めあて
★聞き手の印象に残る話し方を考えよう。
★和語・漢語・外来語について学ぼう。

学習日
月　日

教科書 172〜177ページ
答え 20ページ

かきトリ 新しい漢字

教科書172ページ	173ページ	176ページ	176ページ	176ページ	176ページ	177ページ	177ページ
提 テイ 12画	賞 ショウ 15画	桜 さくら 10画	銅 ドウ 14画	貿 ボウ 12画	易 エキ・イ やさしい 8画	規 キ 11画	則 ソク 9画

「銅」や「鉄」、「銀」の部首は、全て「金」(かねへん)だよ。

1 （　）に読みがなを書きましょう。

① 宿題を 提出 する。
② 桜 がさく。
③ 遠い国との 貿易。
④ 規約 を定める。
⑤ 物理の 法則。

2 □に漢字を、（　）に漢字と送りがなを書きましょう。

① しょうきん を手に入れる。
② どう メダルを取る。
③ あんい に考えない。
④ 学校の きそく を守る。
⑤ （やさしい）問題。

3 正しい意味に○をつけましょう。

① イベントに参加する。
ア（　）もよおし物。

イ（　）急な出来事。

② 話の構成を考える。
ア（　）良いところ。

イ（　）組み立て。

③ 料理をオーダーする。
ア（　）注文。

イ（　）作成。

④ ソプラノの歌声。
ア（　）女性の高い声。

イ（　）男性の低い声。

⑤ オードブルを食べる。
ア（　）コースの最初の料理。

イ（　）最後に食べるあまい物。

⑥ 患者のカルテ。
ア（　）患者の情報を記した書類。

イ（　）患者の病気を治す薬。

和語・漢語・外来語

4 次の①～⑥は、何の特徴を説明したものですか。あとのア～ウから選びましょう。

①（　）古い時代に中国から日本に入ってきた言葉。
②（　）漢字で書いたときに訓で読む。
③（　）古いものはおよそ五百年前から四百年前にかけて、ポルトガル人などから伝えられた。
④（　）もともと日本語にあった言葉。
⑤（　）漢字で書いたときに音で読む。
⑥（　）漢語以外の、外国から入ってきた言葉。

ア　和語　イ　漢語　ウ　外来語

提案します、一週間チャレンジ

5 伝えたいことが印象に残るように話すには、どうすればよいですか。二つに○をつけましょう。

ア（　）話す順を入れかえたり、話の中で変化するところを強調したりするなど、全体の構成を考えて話す。

イ（　）聞き手が自由に受け取れるように、かんたんな言葉を使って始めから終わりまで一定の調子で話す。

ウ（　）特に伝えたい言葉は、話の中で一度だけ使うようにして、常に聞き手を集中させるようにする。

エ（　）大切な言葉について、聞き手に問いかけて反応を見たり、表現を変えてくり返し伝えたりする。

オ（　）身ぶりや手ぶりは、聞き手の気が散ってしまうので、できるだけ動かずに話す。

ぴったり3 確かめのテスト①

「文化を受けつぐ」ことについて考えよう

和の文化を受けつぐ——和菓子をさぐる

～和語・漢語・外来語

時間 20分

／100

合格 80点

学習日　月　日

教科書 148～177ページ

答え 21ページ

文章を読んで、答えましょう。　思考・判断・表現

このように、和菓子は、さまざまな外国の食べ物のえいきょうを受けるとともに、年中行事や茶道などの日本の文化に育まれながら、その形を確立してきました。では、その和菓子の文化は、どのような人に支えられ、受けつがれてきたのでしょうか。

まず挙げられるのは、和菓子を作る職人たちでしょう。和菓子作りの技術には、まんじゅうなどの「包む」、どら焼きなどの「焼く」、ようかんなどの「流す」など、さまざまなものがありますが、これらの技術は職人たちから職人たちへ受けつがれてきたものです。職人たちは技術をみがくだけでなく、季節ごとの自然の変化を感じ取ったり、ほかの日本文化に親しんだりすることで、和菓子作りに必要な感性を養います。

また、和菓子作りには、梅やきくの花びらなどの形を作るときに使う「三角べら」や「和ばさみ」、らくがんを作るときに使う「木型」など、さまざまな道具が必要です。さらに、あずきや寒天、くず粉などの上質な材料も和

よく出る

1 「その和菓子の文化は、どのような人に支えられ、受けつがれてきたのでしょうか。」とありますが、和菓子の文化を支えてきたのはだれですか。二つに○をつけましょう。　一つ10点(20点)

ア（　）外国の食べ物のえいきょうを受けた人たち。

イ（　）和菓子作りに関わる職人たち。

ウ（　）季節ごとの自然の変化を感じ取る人たち。

エ（　）和菓子を味わい楽しむ人たち。

2 「和菓子を作る職人たち」とありますが、職人たちにとって必要なことは何ですか。文章から二つ書きぬきましょう。　一つ10点(20点)

・［　　　　　　］こと。
・［　　　］を養うこと。

3 「和菓子作りに関わる道具や材料を作る人たちも、和菓子の文化を支えているのです。」とありますが、なぜそう言えるのですか。一つに○をつけましょう。　10点

ア（　）和菓子作りには「包む」「焼く」「流す」など、さまざまな技術が必要だから。

イ（　）和菓子作りにはさまざまな道具が必要で、さらにあずきや寒天などの上質な材料も欠かせないから。

ウ（　）作る人がいても、食べる人がいなければ、和菓子はいずれなくなってしまうから。

菓子作りには欠かせませんが、それらの多くは、昔ながらの手作業によって作られています。和菓子作りに関わる道具や材料を作る人たちも、和菓子の文化を支えているのです。

一方、和菓子を作る職人がいても、それを食べる人がいなければ、和菓子はいずれなくなってしまうのではないでしょうか。ですから、わたしたちが季節の和菓子を味わったり、年中行事に合わせて作ったりすることも、和菓子の文化を支えることだといえるでしょう。和菓子は、和菓子作りに関わる職人だけではなく、それを味わい楽しむ多くの人に支えられることで、現在に受けつがれているのです。

このように、和菓子の世界は、知るほどにおくが深いものです。長い時をへて、それぞれの時代の文化に育まれ、いく世代もの人々の夢や創意（そうい）が受けつがれてきた和菓子には、おいしさばかりでなく、伝統的な和の文化を再発見させてくれるようなみりょくがあるといえるでしょう。

わたしたちの毎日の生活の中には、和菓子に限らず、筆やろうそく、焼き物やしっ器、和紙、織物など、受けつがれてきた和の文化がたくさんあります。そこにどんな歴史や文化との関わりがあるのか、どんな人がそれを支えているのかを考えることで、わたしたちもまた、日本の文化を受けついでいくことができるのです。

中山 圭子「和の文化を受けつぐ――和菓子をさぐる」より

できたらスゴイ!

4 「それを味わい楽しむ」とありますが、何をどうすることですか。文章から三十字でさがし、初めと終わりの五字を書きぬきましょう。 10点

[　　　　　]～[　　　　　]。

5 「和菓子の世界は、知るほどにおくが深いものです。」とありますが、なぜそう言えるのですか。一つに○をつけましょう。 10点

ア（　）あずきや寒天、くず粉などの上質な材料を使うから。

イ（　）「三角べら」や「和ばさみ」などさまざまな道具が手作業で作られているから。

ウ（　）和菓子を作る職人だけでなく、材料や道具を作る人、味わい楽しむ人など、いく世代もの多くの人に支えられてきたから。

エ（　）梅やきくの花びらの形など、せんさいに作られているから。

6 「みりょくがある」とありますが、和菓子のみりょくとは何ですか。文章から書きぬきましょう。 一つ5点(10点)

[　　　　]に加えて、昔から伝わる[　　　　]を再び見いだすことができるところ。

考えを書こう

7 「日本の文化を受けついでいくことができるのです。」とありますが、どうすることで日本の文化を受けついでいくことができますか。 20点

ふりかえり ⑦が分からないときは、55ページの 3分でワンポイント にもどってかくにんしてみよう。

ぴったり3 確かめのテスト②

「文化を受けつぐ」ことについて考えよう

和の文化を受けつぐ――和菓子(がし)をさぐる
～和語・漢語・外来語

時間 20分

／100

合格 80 点

学習日 月 日

教科書 148～177ページ

答え 22ページ

1 読みがなを書きましょう。 一つ2点(20点)

① 小麦粉（　）でパンを焼く。

② 典型的（　）なパターン。

③ 首位を保（　）つ。

④ 人々を守護（　）する。

⑤ 農耕（　）がさかんな国。

⑥ 罪人（　）をばっする。

⑦ 三位に入賞（　）する。

⑧ 銅貨（　）を拾う。

⑨ 定規（　）で線を引く。

⑩ 校則（　）にしたがう。

2 □に漢字を、〔　〕に漢字と送りがなを書きましょう。 一つ2点(20点)

① 日本の□□(でんとう)。

② 石油を□□(ゆにゅう)する。

③ 高い□□(ぎじゅつ)をほこる。

④ 道を□□(おうふく)する。

⑤ ゼミを□□(じゅこう)する。

⑥ みんなに□□(ていあん)する。

⑦ □(さくら)が散る。

⑧ □□(ぼうえき)を行う。

⑨ 〔　　〕(ふたたび)選ばれる。

⑩ よく〔　　〕(きく)薬。

3 次の情報を分かりやすく伝えるためには、どのような図表を使うとよいですか。あとのア～ウから選びましょう。 一つ3点(9点)

① (　)好きな給食メニューに関する投票を行った、票数の結果一らんについて。

② (　)一週間の給食メニューに入っている、食塩量の曜日ごとの変化について。

③ (　)アンケートで高い人気を集めた、給食メニューの見た目について。

ア 絵（写真）　イ 表　ウ グラフ

4 熟(じゅく)語の構成をあとのア～カから選びましょう。 一つ3点(18点)

① 読書(　)　② 親友(　)　③ 行進(　)

④ 年上(　)　⑤ 明暗(　)　⑥ 不運(　)

ア にた意味を表す漢字を組み合わせたもの
イ 意味が対(つい)になる漢字を組み合わせたもの
ウ 主語・述語の関係になっているもの
エ 上の漢字が下の漢字を修飾(しょく)しているもの
オ 上の漢字が動作を、下の漢字がその対象を表すもの
カ 上の漢字が下の漢字を打ち消しているもの

5 正しい言葉に〇をつけましょう。 一つ3点(12点)

① 兄と弟は（対象・対照）的な性格だ。

② （保健・保険）室で休む。

③ （以外・意外）な結末の物語。

④ （機械・機会）を使って組み立てる。

6 和語・漢語・外来語を、□の中からすべて選びましょう。 一つ3点(9点)

① 和語（　　）

② 漢語（　　）

③ 外来語（　　）

海　カステラ　自由
太陽　赤い　ピアノ

7 次の——線の言葉を、下の【　】の言葉に書きかえましょう。 一つ4点(12点)

① どこへ出かけるか決定する。【和語】（　　）

② おだやかなくらしを望む。【漢語】（　　）

③ おどりの練習をする。【外来語】（　　）

人物像について考えたことを伝え合おう

大造(だいぞう)じいさんとがん
漢字を使おう6

椋(むく)鳩十(はとじゅう)

めあて
★心情や行動、会話や様子などから人物像をとらえよう。

学習日　月　日
教科書　178～197ページ
答え　22ページ

がきトリ　新しい漢字

教科書180ページ	180ページ	183ページ	183ページ	186ページ	187ページ	190ページ
率 リツ ひきいる 11画	領 リョウ 14画	張 チョウ はる 11画	導 ドウ みちびく 15画	略 リャク 11画	飼 シ かう 13画	弁 ベン 5画

191ページ	197ページ	197ページ	197ページ	197ページ
堂 ドウ 11画	婦 フ 11画	綿 メン わた 14画	留 リュウ・ル とめる・とまる 10画	犯 ハン 5画

1 （　）に読みがなを書きましょう。

●読み方が新しい字

① 一●糸（　）みだれぬ動き。
② 天下を 統●一（　）する。
③ 自分の 領地（　）を守る。
④ むねを 張（　）る。
⑤ 味方と 計略（　）を練る。
⑥ うさぎを 飼育（　）する。

2 □に漢字を、（　）に漢字と送りがなを書きましょう。

① □□（かべん）にそっとふれる。
② □□（こうどう）に集まる。
③ なかの良い □□（ふうふ）。
④ □□（わたげ）を飛ばす。
⑤ 仲間を（ひきいる）。
⑥ 勝利へと（みちびく）。

3 正しい意味に○をつけましょう。

① 試合で油断をして負けてしまった。

ア（　）軽く考えて不注意になること。

イ（　）緊張して実力が出せないこと。

② リーダーとしてのいげんを守る。

ア（　）堂々としておごそかな様子。

イ（　）つとめるべき最後の役目。

4 正しい意味を、あとのア～カから選びましょう。

① 花についた害虫をいまいましく思う。（　）

② 感たんの声をもらす。（　）

③ どんなあんばいですか。（　）

④ 案の定、昨年と同じ結果になった。（　）

⑤ 友だちは、会心のえみをもらした。（　）

⑥ あかつきの空で星が消えかけている。（　）

ア 具合、様子。
イ 感心すること。
ウ はらだたしく。
エ 思ったとおり。
オ 夜明けのうす明るくなるころ。
カ 満足に感じること。

3分でワンポイント

人物の心情の変化を読み取ろう。

★①～⑤に当てはまる言葉を□の中から選んで、記号を書きましょう。

大造じいさんの様子や行動	残雪に対する気持ち
残雪のせいでがんが手に入らなくなる。	①（　）。
がんをとらえようといろいろな作戦を立てるが、残雪に見ぬかれてしまい、うまくいかない。	りこうで知恵があることを思い知って、②（　）。
おとりのがんを使って、残雪の仲間をとらえようとする。	今度こそ③（　）ことができると期待する。
とつぜん現れたはやぶさからおとりのがんを救おうとし、堂々たる態度をとる残雪を見る。	④（　）。
はやぶさとの戦いでできたきずも治り、元気になった残雪を放す。	堂々と戦おうとちかい、⑤（　）気持ちになる。

ア とても感心する　イ 心を打たれる　ウ はればれとした
エ ひとあわふかせる　オ いまいましく思う

ぴったり2 練習①

人物像について考えたことを伝え合おう

大造じいさんとがん

文章を読んで、答えましょう。

翌日の昼近く、じいさんは、むねをわくわくさせながら、ぬま地に行きました。昨晩、つりばりをしかけておいた辺りに、何かばたばたしているものが見えました。

「しめたぞ！」

じいさんはつぶやきながら、夢中でかけつけました。

「ほほう、これはすばらしい！」

じいさんは、思わず、子どものように声をあげて喜びました。一羽だけであったが、生きているがんがうまく手に入ったので、じいさんはうれしく思いました。

さかんにばたついたとみえて、辺り一面に、羽が飛び散っていました。

がんの群れは、この危険を感じて、え場を変えたらしく、辺りには、一羽も見えませんでした。しかし、大造じいさんは、たかが鳥のことだ、一晩たてば、また、わすれてやってくるにちがいない、と考えて、昨日よりももっとたくさんのつりばりを、ばらまいておきました。

その翌日、昨日と同じころに、大造じいさんは出かけていきました。

秋の日が美しくかがやいていました。

じいさんがぬま地にすがたを現すと、大きな羽音とともに、がんの大群が飛び立ちました。じいさんは、はてな、と首をかしげ

1 「つりばりをしかけておいた辺り」には、何がいましたか。

（　　　　　　）

2 「しめたぞ！」について、次の問題に答えましょう。

① このときの大造じいさんはどのような気持ちですか。一つに○をつけましょう。

ア（　）初めてがんを見ることができて、大喜びしている。

イ（　）自分が考えた作戦がうまくいって、うれしくなっている。

ウ（　）たくさんのがんをつかまえることができて、満足している。

② このときの大造じいさんの様子を、たとえを使って表した一文を、文章から二十八字でさがし、初めの五字を書きぬきましょう。

□□□□□

ヒント：大造じいさんは、ようやくがんをつかまえたよ。

3 「昨日よりももっとたくさんのつりばりを、ばらまいておきました。」とありますが、大造じいさんが、そのようなことをしたのはなぜですか。

がんは、一晩たてば、また、

（　　　　　　）と考えたから。

学習日　月　日

教科書 178〜196ページ
答え 23ページ

ました。つりばりをしかけておいた辺りで、確かにがんがえさをあさった形跡があるのに、今日は、一羽もはりにかかっていません。いったい、どうしたというのでしょう。

　気をつけて見ると、つりばりの糸が、みな、ぴいんと引きのばされています。がんは、昨日の失敗にこりて、えさを、すぐには飲みこまないで、まず、くちばしの先にくわえて、ぐうっと引っ張ってみてから、異状なしとみとめると、初めて飲みこんだものらしいのです。これも、あの残雪が、仲間を指導してやったにちがいありません。

「ううむ！」

椋　鳩十「大造じいさんとがん」より

4 「はてな、と首をかしげました。」とありますが、なぜですか。一つに○をつけましょう。

ア（　）昨日、つりばりをしかけた場所を、わすれてしまったから。

イ（　）ぬま地に、たくさんのがんが、集まっている理由が分からなかったから。

ウ（　）つりばりにかかっていると思っていたがんが、一羽もかかっていないことを不思議に思ったから。

5 「今日は、一羽もはりにかかっていません。」とありますが、がんがはりにかからなかったのはなぜだと、大造じいさんは考えましたか。文章から書きぬきましょう。

がんの群れは、昨日の［　　　　　］にこりて、えさをすぐには飲みこまず、くちばしで［　　　　　］、［　　］がないことをたしかめてから、えさを飲みこんだから。

次の段落に注目しよう。

6 「ううむ！」とありますが、大造じいさんが、そのような声をもらしたのはなぜですか。一つに○をつけましょう。

ア（　）がんの群れがえさをたくさん食べてうれしかったから。

イ（　）残雪やがんの群れのかしこさに感心したから。

ウ（　）残雪が仲間を指導する力がうらやましかったから。

ぴったり2

練習②

人物像について考えたことを伝え合おう

大造じいさんとがん

文章を読んで、答えましょう。

大造じいさんは、夏のうちから心がけて、たにしを五俵ばかり集めておきました。そして、それを、がんの好みそうな場所にばらまいておきました。どんなあんばいだったかなと、その夜行ってみると、案の定、そこに集まって、さかんに食べた形跡がありました。

その翌日も、同じ場所に、うんとこさと、まいておきました。その翌日も、そのまた翌日も、同じようなことをしました。がんの群れは、思わぬごちそうが四、五日も続いたので、ぬま地のうちでも、そこがいちばん気に入りの場所となったようでありました。

大造じいさんは、会心のえみをもらしました。

そこで、夜の間に、え場より少しはなれた所に、小さな小屋を作って、その中にもぐりこみました。そして、ねぐらをぬけ出して、このえ場にやってくる、がんの群れを待っているのでした。

あかつきの光が、小屋の中に、すがすがしく流れこんできました。

1 「そこがいちばん気に入りの場所となった」のは、なぜですか。

（　　　　　　　　）

2 「会心のえみをもらしました。」とありますが、このときの大造じいさんはどのような気持ちですか。一つに○をつけましょう。

ア（　）自分が作ったえ場に、がんを集めることに成功したので、満足している。

イ（　）思っていたよりもたくさんのがんが集まっていたので、喜んでいる。

ウ（　）自分が用意したえさを、がんが好んで食べていたので、うれしくなっている。

3 「あかつきの光が、小屋の中に、すがすがしく流れこんできました。」には、大造じいさんのどのような気持ちが表れていますか。一つに○をつけましょう。

ア（　）がんをしとめることができるか、心配になっている。

イ（　）作戦がうまくいくという、自信や期待が高まっている。

ウ（　）がんが予想どおりやってきたので、うれしくなっている。

「すがすがしい」は、心が晴れわたった様子だよ。

学習日　月　日

教科書 178〜196ページ

答え 23ページ

ぬま地にやってくるがんのすがたが、かなたの空に、黒く点々と見えだしました。先頭に来るのが残雪（ざんせつ）にちがいありません。その群れはぐんぐんやってきます。

「しめたぞ！　もう少しのしんぼうだ。あの群れの中に一発ぶちこんで、今年こそは目にもの見せてくれるぞ。」

りょうじゅうをぐっとにぎりしめた大造じいさんは、ほおがびりびりするほど引きしまるのでした。

ところが、残雪は、油断なく地上を見下ろしながら、群れを率いてやってきました。そして、ふと、いつものえ場に、昨日までなかった、小さな小屋をみとめました。

「様子の変わった所に近づかぬがよいぞ。」

かれの本のうは、そう感じたらしいのです。ぐっと急角度に方向を変えると、その広いぬま地の、ずっと西側のはしに着陸しました。

もう少しで、たまのとどくきょりに入ってくるというところで、またしても、残雪のために、してやられてしまいました。大造じいさんは、広いぬま地の向こうをじっと見つめたまま、

「ううん。」

とうなってしまいました。

椋　鳩十「大造じいさんとがん」より

4 「ぐっと急角度に方向を変える」とありますが、残雪がそのような動きをしたのはなぜですか。文章から書きぬきましょう。

地上に昨日までなかった、小さな小屋があると気づき、（　　　　）には近づかないほうがよいと、（　　　　）で感じたから。

5 「うなってしまいました。」とありますが、このときの大造じいさんはどのような気持ちですか。一つに○をつけましょう。

ア（　）残雪がこの場所以外にもよいえ場を知っていたと分かり、感心している。

イ（　）せっかく立てた作戦も見破られ、残雪ののう力の高さを思い知らされている。

ウ（　）りょうじゅうのたまがわずかにとどかなかったので、くやしく思っている。

6 残雪は、どのようながんですか。一つに○をつけましょう。

ア（　）人間の力をあまく見ていて、思い切りよく行動できるがん。

イ（　）気が強くて、自分の仲間のがんたちを支配しているがん。

ウ（　）利口で、自分たちの安全のために用心深く行動するがん。

ヒント　残雪の行動が書かれている部分に注目しよう。

7 大造じいさんが、がんをとらえようときん張している様子が分かる一文を、文章からさがし、初めの五字を書きぬきましょう。

ぴったり2 練習③

人物像について考えたことを伝え合おう

大造(だいぞう)じいさんとがん

文章を読んで、答えましょう。

大造じいさんは、生きたどじょうを入れたどんぶりを持って、鳥小屋の方に行きました。じいさんが小屋に入ると、一羽のがんが、羽をばたつかせながら、じいさんに飛びついてきました。

このがんは、二年前、じいさんがつりばりの計略で生けどったものだったのです。今では、すっかり、じいさんになついていました。ときどき、鳥小屋から運動のために外に出してやるが、ヒュ、ヒュ、ヒュと口笛をふけば、どこにいても、じいさんの所に帰ってきて、そのかた先に止まるほどになれていました。

大造じいさんは、がんがどんぶりからえさを食べているのを、じっと見つめながら、

「今年は、ひとつ、これを使ってみるかな。」

と、独り言を言いました。じいさんは、長年の経験(けいけん)で、がんは、いちばん最初に飛び立ったものの後について飛ぶ、ということを知っていたので、このがんを手に入れたときから、ひとつ、これをおとりに使って、残雪(ざんせつ)の仲間をとらえてやろうと考えていたのでした。

さて、いよいよ、残雪の一群が今年もやってきたと聞いて、大造じいさんはぬま地へ出かけていきました。

がんたちは、昨年じいさんが小屋がけした所から、たまのとどくきょりの三倍もはなれている地点をえ場にしているようでした。そこは、夏の出水(しゅっすい)で大きな水たまりができて、がんのえさが十

---

1 「生きたどじょう」とありますが、大造じいさんはこれをどうするつもりですか。一つに○をつけましょう。

ア（　）残雪をとらえるための計略に使う。

イ（　）鳥小屋の中にいるがんに食べさせる。

ウ（　）ぬま地のがんにえさとしてあたえる。

2 「じいさんに飛びついてきました。」とありますが、これはがんのどのような様子を表していますか。文章から三字で書きぬきましょう。

大造じいさんに［　　　］いる様子。

3 「これをおとりに使って」について、次の問題に答えましょう。

① 「これ」とは、何を指しますか。

大造じいさんが（　　　　）がん。

② 何をするための「おとり」ですか。

（　　　　）ためのおとり。

③ これは、がんのある行動の特徴(ちょう)を利用した作戦です。どのような特徴ですか。「～という特徴。」に続くように、文章から二十二字でさがし、初めと終わりの五字を書きぬきましょう。

［　　　　　］～［　　　　　］という特徴。

学習日
月　日
教科書
178〜196ページ
答え
24ページ

分にあるらしかったのです。

「うまくいくぞ。」

大造じいさんは、青くすんだ空を見上げながら、にっこりとしました。

その夜のうちに、例のえ場に放ち、昨年建てた小屋の中にもぐりこんで、がんの群れを待つことにしました。

「さあ、いよいよ、戦とう開始だ。」

東の空が真っ赤に燃えて、朝が来ました。

残雪は、いつものように群れの先頭にたって、美しい朝の空を、真一文字に横切ってやってきました。

やがて、え場に下りると、ガー、ガーという、やかましい声で鳴き始めました。大造じいさんのむねはわくわくしてきました。しばらく目をつぶって、心の落ち着くのを待ちました。そして、冷え冷えするじゅう身を、ぎゅっとにぎりしめました。

じいさんは、目を開きました。

「さあ、今日こそ、あの残雪めに、ひとあわふかせてやるぞ。」

椋 鳩十「大造じいさんとがん」より

4 「例のえ場」は、小屋からどのくらいはなれていましたか。

5 「東の空が真っ赤に燃えて、朝が来ました。」には、大造じいさんのどのような気持ちが表れていますか。一つに○をつけましょう。

ア（　）残雪がなかなかやってこないことへのいらだち。

イ（　）今回の作戦はかんたんなものだという安心。

ウ（　）今度こそがんをしとめてやるという強い決意。

ヒント　直前の大造じいさんの言葉をふり返ろう。

6 「大造じいさんのむねはわくわくしてきました。」とありますが、なぜですか。一つに○をつけましょう。

ア（　）自分の作戦がきっとうまくいくだろうという期待で、落ち着かなくなったから。

イ（　）今回は失敗するわけにはいかないと思い、きんちょうが高まったから。

ウ（　）残雪たちが自分のわなにはまったと分かり、楽しみになってきたから。

7 「ぎゅっとにぎりしめました。」とありますが、このときの大造じいさんはどのような様子ですか。一つに○をつけましょう。

ア（　）残雪が何をするか心配で、冷静さを失っている。

イ（　）残雪との対決を前に、気持ちを集中させている。

ウ（　）作戦どおり行動できるように、自分をはげましている。

ヒント　わくわくする心を落ち着かせた直後の動作だよ。

心情を表す言葉
日本語と外国語
読書の世界を広げよう
漢字を使おう7

3分でまとめ

めあて
★人物の心情や様子を表す言葉を知ろう。
★外国語と比べて、日本語の特徴を知ろう。

学習日
月　日

教科書
198〜208ページ

答え
24ページ

かきトリ 新しい漢字

教科書208ページ	208ページ	208ページ
液（エキ）11画	提（テイ）12画	武（ブ・ム）8画

1 □に読みがなを書きましょう。

●読み方が新しい字　◆特別な読み方の言葉

① ◆博士（　　）の論文を読む。
② ●八重（　　）桜の花がさく。
③ ◆河原（　　）で魚をとる。

2 □に漢字を書きましょう。

① 金属が［えきたい］になる。
② 五分［ていど］かかる。
③ ［ぶし］の生活を調べる。

心情を表す言葉

3 正しい意味に○をつけましょう。

新しい作品を読んで感めいを受ける。
ア（　）ひどく共感すること。
イ（　）心に深くきざまれること。

4 正しい意味を、あとのア〜エから選びましょう。

① こんな所にごみがすててあるなんてなげかわしい。（　　）
② テスト前は教室のふんいきがぴりぴりしている。（　　）
③ リレーで一位を取った兄はずっとうかれている。（　　）
④ 毎回ちこくする友人にはいきどおりを感じる。（　　）

ア　喜ぶ
イ　情けない・悲しい
ウ　おこる
エ　緊張する

日本語と外国語

5 次の文は、日本語の特徴について説明したものです。□に合う言葉を、あとから選んで○をつけましょう。

① 日本語のかなは、「あ・い・う・え・お」と「ん」をのぞくと、□の組み合わせによる音を表します。

ア（　）アルファベットどうし
イ（　）母音と子音
ウ（　）母音とアルファベット
エ（　）子音とアルファベット

② 日本語にある外来語の多くは、書くときに□を使います。

ア（　）かたかな
イ（　）ひらがな
ウ（　）漢字

③ 「レモン」や「テニス」のように、日本語として定着した外来語は、もとの国の言葉とは□にちがいが生じます。

ア（　）ルール
イ（　）グループ
ウ（　）発音

「レモン」も外来語なんだね。

6 次の――のうち、順番を入れかえても文の内容が変わらないのはどれとどれですか。二つに○をつけましょう。

ア（　）石田さんが　イ（　）山内さんに　ウ（　）話しかける。

7 次の□にひらがな一文字を入れて、疑問を表す文にしましょう。

あなたはサッカーが得意です□。

読書の世界を広げよう

8 読んだ本とつながりのある本をさがします。どのような本をさがせばよいですか。二つに○をつけましょう。

ア（　）同じテーマについて書かれた本。
イ（　）同じぐらいのページ数の本。
ウ（　）同じ作者や筆者が書いている本。
エ（　）同じ書店や図書館に置いてある本。

作者や筆者は、同じテーマや似たテーマでふく数の本を書いていることがあるよ。

人物像について考えたことを伝え合おう
大造じいさんとがん ～漢字を使おう7

時間 20分　／100　合格 80点

学習日　月　日
教科書 178～208ページ
答え 25ページ

文章を読んで、答えましょう。　思考・判断・表現

一羽、飛びおくれたのがいます。大造じいさんのおとりのがんです。長い間飼いならされていたので、野鳥としての本のうがにぶっていたのでした。

はやぶさは、その一羽を見のがしませんでした。

じいさんは、ピュ、ピュ、ピュと、口笛をふきました。こんな命がけの場合でも、飼い主のよび声を聞き分けたとみえて、がんは、こっちに方向を変えました。

はやぶさは、その道をさえぎって、ぱあんと、一けりけりました。ぱっと、白い羽毛が、あかつきの空に光って散りました。がんの体は、ななめにかたむきました。もう一けりと、はやぶさがこうげきの姿勢をとったとき、さっと、大きなかげが空を横切りました。残雪です。

大造じいさんは、ぐっと、じゅうをかたに当てて、残雪をねらいました。が、何と思ったか、また、じゅうを下ろしてしまいました。

残雪の目には、人間もはやぶさもありませんでした。ただ救わねばならぬ、仲間のすがたがあるだけでした。いきなり、敵にぶつかっていきました。そして、あの大きな羽で、力いっぱい相手をなぐりつけました。

不意を打たれて、さすがのはやぶさも、空中でふらふらとよろめきました。が、はやぶさもさるものです。さっと体勢を整える

1 「その道」とありますが、何がどこへ向かう道ですか。　10点

2 「敵にぶつかっていきました。」とありますが、残雪がこのような行動をとったのはなぜですか。一つに○をつけましょう。　10点

ア（　）自分のほうが強いことを見せようとしたから。
イ（　）おそわれている仲間を救おうとしたから。
ウ（　）自分がねらわれるきけんがあると感じたから。
エ（　）おそわれている仲間は弱いと知っていたから。

3 「はやぶさもさるものです。」とは、どのようなことをいっているのですか。一つに○をつけましょう。　10点

ア（　）強い鳥でも、不意を打たれると弱いということ。
イ（　）自分より強い相手と戦うのは、りっぱだということ。
ウ（　）すぐにこうげきを返せて、さすがだということ。

4 「ぱっ／ぱっ」とは、どのような様子を表していますか。一つに○をつけましょう。　10点

ア（　）残雪とはやぶさが、戦いをくり返している様子。
イ（　）はやぶさが戦いをやめて、飛び去っていく様子。
ウ（　）残雪が一方的に、はやぶさに打たれている様子。

5 「くれないにそめて」とは、残雪のどのような様子を表していますか。一つに○をつけましょう。　10点

と、残雪のむなもとに飛びこみました。

ぱっ

ぱっ

羽が、白い花弁のように、すんだ空に飛び散りました。そのまま、はやぶさと残雪は、もつれ合って、ぬま地に落ちていきました。

大造じいさんはかけつけました。

二羽の鳥は、なおも地上ではげしく戦っていました。が、はやぶさは、人間のすがたをみとめると、急に戦いをやめて、よろめきながら、飛び去っていきました。

残雪は、むねの辺りをくれないにそめて、ぐったりとしていました。しかし、第二のおそろしい敵が近づいたのを感じると、残りの力をふりしぼって、ぐっと長い首を持ち上げました。そして、じいさんを正面からにらみつけました。それは、鳥とはいえ、いかにも頭領らしい、堂々たる態度のようでありました。

大造じいさんが手をのばしても、残雪は、もう、じたばたさわぎませんでした。最期のときを感じて、せめて、頭領としてのいげんをきずつけまいと努力しているようでもありました。大造じいさんは、強く心を打たれて、ただの鳥に対しているような気がしませんでした。

椋 鳩十「大造じいさんとがん」より

ア（　）おこって興奮している様子。
イ（　）けがをして血が出ている様子。
ウ（　）朝日に明るく照らされている様子。

よく出る

6 「第二のおそろしい敵」とありますが、残雪にとっての「第一の敵」「第二の敵」とは、それぞれ何を指していますか。文章から書きぬきましょう。 一つ5点(10点)

第一の敵…（　　）

第二の敵…（　　）

7 「残雪は、もう、じたばたさわぎませんでした。」とありますが、大造じいさんは、この様子をどのようにとらえましたか。 10点

（　　）

できたらスゴイ!

8 残雪のことをいまいましく思ってきた大造じいさんの気持ちが変化し始めたことが、大造じいさんの行動から読み取れる一文を文章からさがし、初めの五字を書きぬきましょう。 10点

考えを書こう

9 「ただの鳥に対しているような気がしませんでした。」とありますが、大造じいさんはこのとき、具体的にどのような気持ちでしたか。 20点

ふりかえり 9が分からないときは、67ページの 3分でワンポイント にもどってかくにんしてみよう。

人物像について考えたことを伝え合おう
大造（だいぞう）じいさんとがん ～ 漢字を使おう7

時間 20分
／100
合格 80点

学習日 月 日
教科書 178～208ページ
答え 26ページ

1 読みがなを書きましょう。 一つ2点（20点）

① 雨がふる 確率 は低い。〔　〕
② むれの 頭領 を見つける。〔　〕
③ まだ説明の 導入 だ。〔　〕
④ 文章を 中略 する。〔　〕
⑤ 弁解 する余地がない。〔　〕
⑥ アメリカに 留学 する。〔　〕
⑦ 犯行 を未然に防ぐ。〔　〕
⑧ 古い 仏堂 をおがむ。〔　〕
⑨ 婦人 雑誌（し）を読む。〔　〕
⑩ 伝統を 連綿 と受けつぐ。〔　〕

2 □に漢字を、〔　〕に漢字と送りがなを書きましょう。 一つ3点（30点）

① □（げんえき）をうすめる。
② □（どうてい）をふり返る。
③ □（むしゃ）ぶるいをする。
④ お天気□（はかせ）。
⑤ □（かわら）で語り合う。
⑥ 筆者の□（しゅちょう）を考える。
⑦ 牛に□（しりょう）をやる。
⑧ □（きんし）でしゅうする。

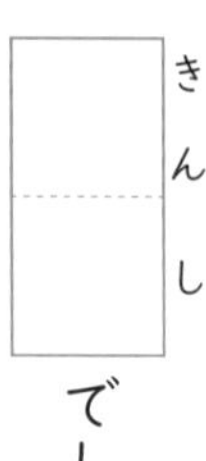

⑨ 池に氷が〔（はる）〕。
⑩ インコを〔（かう）〕。

3 日本語の特徴として正しいものに、○をつけましょう。　4点

ア（　）一つの文字を二つ以上の音で読むことがある。
イ（　）ちがう語順でも同じ内容を表すことがある。

4 次の意味の言葉を、あとのア〜エから選びましょう。　一つ3点(12点)

① 物事の具合。（　）
② あざやかなこい赤色。（　）
③ 夜明けのうす明るくなるころ。（　）
④ 堂々として重々しいこと。（　）

ア あんばい　イ あかつき　ウ いげん　エ くれない

5 次の言葉を使って短い文を作りましょう。　一つ7点(14点)

① 感たん
（　　　　　　　　　　）
② いまいましい
（　　　　　　　　　　）

6 次の言葉の使い方が正しいものはどれですか。一つに○をつけましょう。　一つ4点(20点)

① 案の定
ア（　）マラソンには自信がなかったが、案の定、完走した。
イ（　）友だちと久しぶりに会えて、案の定、うれしかった。
ウ（　）練習不足のまま試合に出場し、案の定、負けた。

② 会心
ア（　）転校した友だちに対する会心の気持ちでいっぱいだ。
イ（　）くふうを重ねた結果、会心の作にしあがった。
ウ（　）運動会に向けて、クラスのみんなで会心した。

③ ひとあわふかせる
ア（　）練りに練った作戦で相手チームにひとあわふかせた。
イ（　）心のこもった手紙はわたしたちにひとあわふかせた。
ウ（　）ごうかな料理に、みんながひとあわふかせた。

④ らんまんと
ア（　）校庭では下級生がらんまんと遊んでいた。
イ（　）朝から雨がらんまんとふりそそいでいた。
ウ（　）校門の横の桜がらんまんとさきほこっている。

⑤ たかが
ア（　）たかが一度の失敗だったが、大問題になった。
イ（　）たかが声だけでも聞きたいと思い、母に電話をした。
ウ（　）たかがあやまちをおかしたとしても、心配はない。

この本の終わりにある「冬のチャレンジテスト」をやってみよう！

いにしえの人のえがく世界

めあて
★千年前の文章を読んで、筆者の感じ方や考え方を比べよう。

学習日 月 日
教科書 210〜213ページ
答え 26ページ

新しい漢字

教科書212ページ
似（にる） 7画

1 （　）に読みがなを書きましょう。

① 着物が似（　　）合っている。
② 現代（　　）的な建物。
③ 景色（　　）をながめる。
④ 人通りの多い時間帯（　　）。

2 □に漢字を、（　）に漢字と送りがなを書きましょう。

① 場面を□□（そうぞう）する。
② 季節の□□（へんか）。
③ 顔が（　　）（にて）いる。
④ 意見を（　　）（のべる）。

3 次の文は、「枕草子（まくらのそうし）」について説明したものです。（　）に合う言葉を、あとのア〜オから選びましょう。

「枕草子」は、今から千年ほど前に、清少納言（せいしょうなごん）という（　）が書いた本です。書き出しの部分では、（　）ごとにそのよさを最も強く感じる時間帯を取り上げ、心ひかれる光景や様子を書いています。

ア 男性　イ 女性　ウ 季節　エ 行事　オ 場所

4 正しい意味に○をつけましょう。

① 自然の美しさに心ひかれる。
ア（　）どうしても手に入れたいと思うこと。
イ（　）みりょくを感じて好きになること。

② けむりが風にたなびいている。
ア（　）一面に満ちて広がっている様子。
イ（　）横に長くただよっている様子。

③ その画家の絵がすばらしいのは、言うまでもない。
ア（　）分かりきっていて、言う必要がないこと。
イ（　）たくみに言い表していること。

5 次は、古文と、古文を現代の言葉に直した文章です。――の言葉の意味を、それぞれ現代の言葉で書きぬきましょう。

春はあけぼの。やうやう（ようよう）白くなりゆく山際（やまぎわ）、少し明（あ）かりて、紫（むらさき）だちたる雲の細くたなびきたる。

春は明け方。だんだんと白（しら）んでいく山のすぐ上の空が、少し明るくなって、紫がかった雲が細くたなびいている様子。

清少納言（せいしょうなごん）「枕草子（まくらのそうし）」より
「いにしえの人のえがく世界」より

① あけぼの…（　　）
② やうやう…（　　）
③ 明かりて…（　　）
④ 紫だちたる…（　　）
⑤ 雲の…（　　）
⑥ たなびきたる…（　　）

6 次の古文と、古文を現代の言葉に直した文章を読んで、答えましょう。

冬はつとめて。雪の降（ふ）りたるは言ふ（う）べきにもあらず、霜（しも）のいと白きも、またさらでも、いと寒きに、火など急ぎおこして、炭持てわたるも、いとつきづきし。昼になりて、ぬるくゆるびもていけば、火桶（ひおけ）の火も、白き灰（はい）がちになりてわろし。

清少納言「枕草子」より

冬は早朝。雪が降り積もっているのはもちろん、しもが真っ白におりているのも、またそうでなくても、たいへん寒いときに、火などを急いでおこして、炭火を運んでいくのも、いかにも冬の早朝に似合っている。昼になって、だんだん寒さがゆるんでいくと、火ばちの炭火も、白く灰をかぶってしまってみっともない。

「いにしえの人のえがく世界」より

(1) 次の現代の言葉は、古文のどの言葉に当たりますか。それぞれ古文から書きぬきましょう。

① 早朝…（　　）
② たいへん…（　　）
③ 似合っている…（　　）

(2) 作者は、冬のどのような様子がよいと述べていますか。すべてに○をつけましょう。

ア（　）火をおこして、炭火を運んでいく様子。
イ（　）雪が降って積もっている様子。
ウ（　）火ばちの炭火が灰をかぶっている様子。

ぴったり1 準備

ロボットとの未来について考えよう

「弱いロボット」だからできること

漢字を使おう8

考えのちがい

岡田(おかだ) 美智男(みちお)

めあて

★テーマを多角的にとらえよう。

★複数の文章を読んで、考えのちがうときにどうすればよいかを考えよう。

学習日 月 日

教科書 214～229ページ

答え 27ページ

かきトリ 新しい漢字

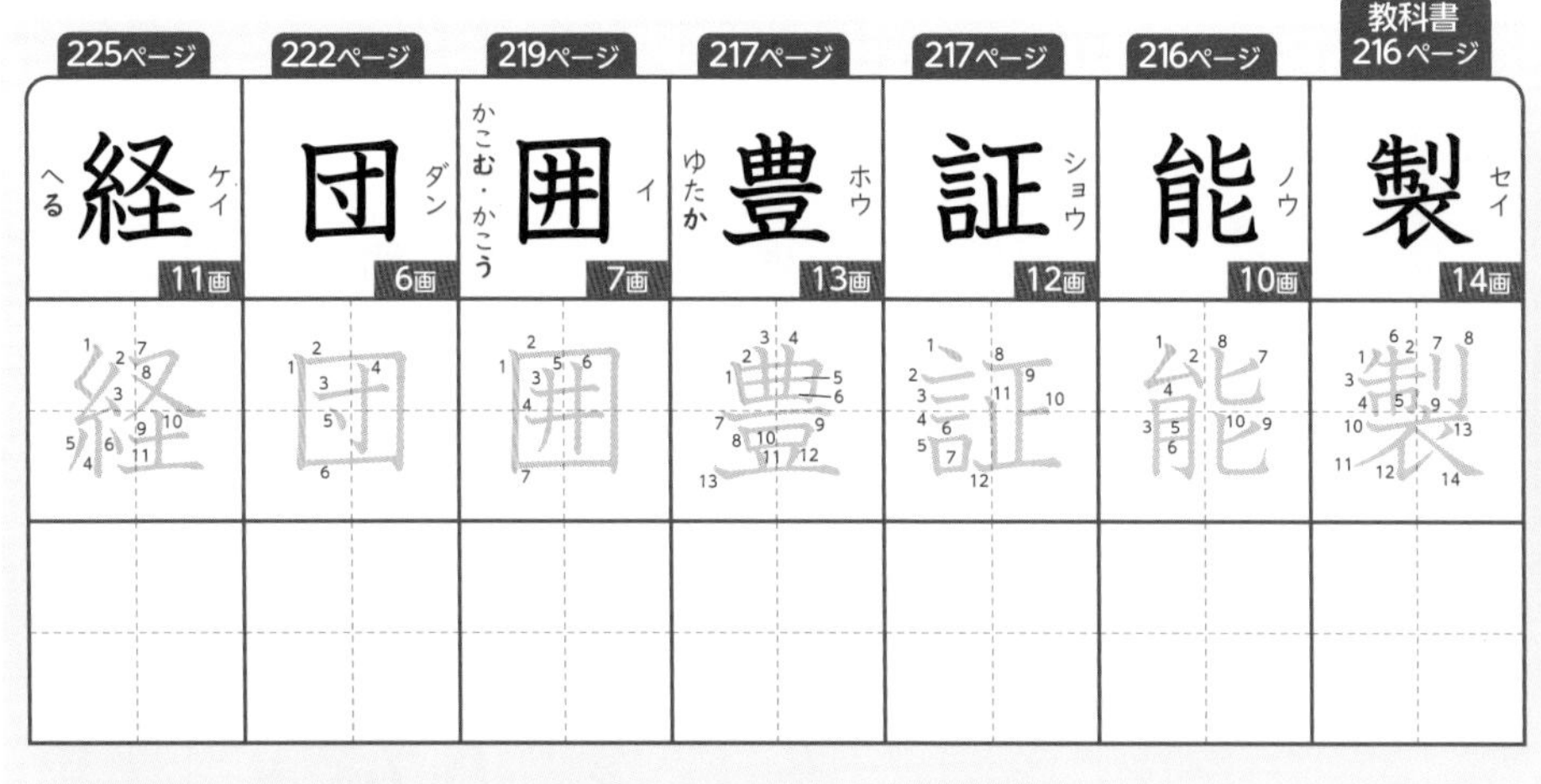

教科書216ページ 製 セイ 14画
216ページ 能 ノウ 10画
217ページ 証 ショウ 12画
217ページ 豊 ホウ ゆたか 13画
219ページ 囲 イ かこむ・かこう 7画
222ページ 団 ダン 6画
225ページ 経 ケイ へる 11画

227ページ 幹 カン みき 13画

227ページ 慣 カン なれる・ならす 14画

227ページ 検 ケン 12画

227ページ 築 チク きずく 16画

227ページ 鉱 コウ 13画

227ページ 脈 ミャク 10画

227ページ 航 コウ 10画

1 ＿に読みがなを書きましょう。

① とっさに●顔面を守る。（　）

② ●正夢になることを願う。（　）

③ 食料の豊富な国。（　）

④ 周囲を見回す。（　）

⑤ 経験を重ねる。（　）

⑥ 道具を製作する。（　）

●読み方が新しい字

2 □に漢字を、（　）に漢字と送りがなを書きましょう。

① 身分を□□（しょうめい）する。

② □□（だんたい）で予約する。

③ □□□（しんかんせん）に乗る。

④ 丸で（かこむ）。

⑤ 長い年月を（へる）。

⑥ （ゆたか）に実る。

3 正しい意味に○をつけましょう。

① 肉料理に特化したレストラン。
ア（　）ある特定の分野に重点を置くこと。
イ（　）特別なものとして変化させること。

② せん細な筆づかいでえがく。
ア（　）細やかで美しい。
イ（　）目に見えないほど細い。

③ 最新のテクノロジー。
ア（　）すぐれた技。
イ（　）科学技術。

④ 目まぐるしい変化をとげる。
ア（　）見たくもないほどつまらない。
イ（　）物事の移り変わりが非常に早い。

4 話し合いでおたがいの考えがちがうとき、注意することは何ですか。一つに○をつけましょう。

ア（　）まずは相手の考えを受け止め、どうしてそう考えるのかを確かめる。
イ（　）相手の考えを全てみとめて、自分の考えを述べないようにする。
ウ（　）相手が完全にみとめるまで、自分の考えを何度でもうったえ続ける。

3分でワンポイント　複数の文章を多角的にとらえよう。

★①～③に当てはまる言葉を□の中から選んで、記号を書きましょう。

ロボット開発は進む

近年、一つの機能に特化したロボット開発が進んでいる。
・組み立て作業を行う産業用
・そうじを行う家庭用
・手術支援を行う医療用など
↓
医療や製造業、かいごの現場など、さまざまな場所でロボットが活やくしている。
↓
ロボット開発が進むことで、より①（　）がやってくる。

「弱いロボット」だからできること

ロボットの高性能化が進む。
↓
より②（　）を求めるため「してもらって当然」という気持ちになってしまう場合がある。
↓
不完全な部分のある「弱いロボット」が生み出される。
↓
ロボットと人間、あるいは人間どうしが支え合う、③（　）が生まれる。

→「ロボットとともに過ごす未来のために大切なこと」について考えよう。

ア 心地よい関係　イ 豊かな未来　ウ 多くの機能や便利さ

ぴったり2 練習

ロボットとの未来について考えよう

「弱いロボット」だからできること

❶ 文章を読んで、答えましょう。

みなさんは、ロボットというと、どのようなものを思いうかべるでしょうか。人間の能力をこえた強い存在でしょうか。でも、ごみを見つけることはできるけれど、自分ではごみを拾えないロボットや、ただいっしょに手をつないで歩くだけのロボットがいたらどうでしょう。これらのロボットは、わたしが研究している「弱いロボット」とよばれるものです。一見、何の役に立つのか分からないこの「弱いロボット」は、わたしたちとテクノロジーの関係を考えるうえで、重要な視点を投げかけてくれます。

現在、わたしたちを取り囲むテクノロジーは、目まぐるしい進歩を続けています。インターネットから必要な情報をいつでも得られるスマートフォンやパソコンは、もはやわたしたちの生活の一部となりました。

❶ 「弱いロボット」とありますが、具体的にはどのようなロボットですか。文章から二つ書きぬきましょう。

・ごみを見つけることはできても、自分で［　　　］ロボット。

・いっしょに［　　　］だけのロボット。

❷ 「わたしたちを取り囲むテクノロジーは、目まぐるしい進歩を続けています。」とありますが、その背景にはどのような考えがありますか。文章から書きぬきましょう。

［　　　］を持つ製品ほど［　　　］だという考え。

❸ 「わたしたちの生活の一部となりました。」とありますが、どういうことですか。一つに○をつけましょう。

ア（　）わたしたちには、ぜいたくなものだということ。

イ（　）わたしたちには、なくてもよいものだということ。

ウ（　）わたしたちには、欠かせないものだということ。

ヒント 「〜という考え」という文章中の言葉に注目しよう。

学習日　月　日

教科書 214〜226ページ

答え 27ページ

かつては夢の技術であった自動車の自動運転機能も実用化が進んでいます。ロボットについても、医療の現場や家庭など、人と関わる際に使われるものが登場し、高性能化が進んでいます。

　テクノロジーが進歩し、次々に新しい製品が開発される背景には、「便利で高い性能を持つものほどよいものだ」という考えがあります。しかし、そうした「何かをしてくれる」製品が世の中にあふれることにより、わたしたちは、自分が「何かをしてもらう」存在であることをあたりまえのように感じるようになります。そうすると、わたしたちはますます多くの機能や便利さを求めるようになり、してくれないことにがまんができなくなったり、してもらって当然だという気持ちになったりすることが増えてしまいます。

岡田　美智男「『弱いロボット』だからできること」より

4 「『何かをしてくれる』製品」とありますが、具体的にはどのようなものですか。文章から二つ書きぬきましょう。

・□□□□の機能がついた自動車。

・□□□□□や家庭などで使われるロボット。

5 「自分が『何かをしてもらう』存在であることをあたりまえのように感じる」とありますが、そう感じると人々はどうなってしまいますか。文章から書きぬきましょう。

何かをしてくれないことに□□□□□□□なったり、□□□□□□□□□だという気持ちになってしまう。

6 「弱いロボット」に対して、筆者はどのようなことを期待していると考えられますか。一つに○をつけましょう。

ア（　）わたしたちとテクノロジーの関係を考えるうえで、重要な視点を投げかけること。

イ（　）わたしたちの生活を支えてくれるような、「強いロボット」に進歩していくこと。

ウ（　）わたしたちがロボットを使わなくても生きていけるように、もっと不便なものになること。

文章に書かれているものを選ぼう。

ぴったり1 準備

どう考える？　もしもの技術
方言と共通語

めあて
★反対意見を予想して意見文を書こう。
★方言と共通語について調べてみよう。

学習日　月　日
教科書 230〜237ページ
答え 28ページ

1 正しい意味に○をつけましょう。

① 材料の特性を調べる。
ア（　）そのものだけが持つ、すぐれた性質。

イ（　）特別なところのない、ありふれた性質。

② 情報がつつぬけになる。
ア（　）大切な部分が、すっぽりとぬけ落ちていること。

イ（　）話の内容などが、そのまま他の人に伝わること。

③ 説得力のある話をする。
ア（　）自分の意見を相手に納得させる力。

イ（　）無理やりに言うことをきかせる力。

④ 注文に対応する。
ア（　）まともに取り合おうとしないこと。

イ（　）周囲の状況に合わせて物事を行うこと。

⑤ 物事を客観的に考える。
ア（　）お客を見るように気を配ること。

イ（　）他人としての立場で物事を見ること。

2 意見文を書くために、自分の考えを整理するとき、注意することは何ですか。二つに○をつけましょう。

ア（　）自分の考えを整理することだけに集中して、反対意見については考えないようにする。

イ（　）自分の考えや、その理由を整理しながら、どのような反対意見が出るか予想しておく。

ウ（　）反対意見を予想して、どのように述べれば納得してもらえるか、対応を考えていく。

エ（　）反対意見が予想される場合は、相手の意見が正しいので、自分の意見を変えるようにする。

3 意見文を書くために、文章の構成を考えるとき、注意することは何ですか。二つに○をつけましょう。

ア（　）反対意見を取り入れないことで、自分の考えが伝わりやすいようにする。

イ（　）予想される反対意見と、その対応を取り入れて、自分の考えに説得力を持たせる。

ウ（　）自分の考えを印象づけられるように、同じ言葉を何度もくり返す構成にする。

エ（　）自分の考えが明確になるように、「始め」「中」「終わり」の構成にする。

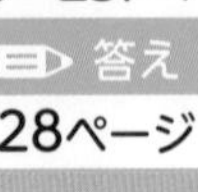

4 次の意見文の□に合う、予想される反対意見はどれですか。一つに○をつけましょう。

「あいさつ運動」は必要か

五年一組　田中　太郎

わたしは、児童会が毎朝みんなにあいさつをする「あいさつ運動」は必要だと思います。

なぜなら、「おはよう」とあいさつされることで、ふだんあいさつをしない人も、自然とあいさつを返せるようになると思うからです。

□

しかし、実際にあいさつを交わしてみることで、あいさつの大切さに気づくこともあると思います。そのため、あまりむずかしく考えすぎずに、まずはみんながあいさつをする機会をつくっていくことが大切だと考えます。

ア（　）確かに、児童会の運動で、みんなにあいさつをさせようという考え方は、根本的によくありません。

イ（　）みんなに強制的にあいさつをさせても、あまり意味がないだろうという考え方はまちがっています。

ウ（　）たとえ形式的な運動でも、相手に積極的にあいさつをうながそうとする考えのほうが正しいのです。

エ（　）中には、あいさつは自分からするもので、強制しても意味がないのではと考える人もいるでしょう。

方言と共通語

5 共通語とはどのような言葉ですか。一つに○をつけましょう。

ア（　）わたしたちのふだんの言葉とはちがう、めったに使われることのない言葉。

イ（　）テレビやニュースなどで用いられている、全国的に使われている言葉。

ウ（　）メディアを通じて広まった、どこの地域の人たちにも通じる言葉。

エ（　）細やかな感覚や気持ちを伝えることができる、方言よりもすぐれた言葉。

6 方言とはどのような言葉ですか。一つに○をつけましょう。

ア（　）近年になって、テレビなどで耳にするようになった、全国どこでも通じる言葉。

イ（　）共通語が広まったことにより、近年では全く使われなくなってしまった言葉。

ウ（　）わたしたちがふだん、身の回りの人と話すときに使う、その地域の言葉。

エ（　）それぞれの地域に住む人たちの中で、伝統的に使われてきた独特の言葉。

資料を見て考えたことを話そう　漢字を使おう9

めあて
★資料と自分の考えを結びつけて、話の構成を考えよう。

学習日　月　日
教科書 238〜245ページ
答え 28ページ

かきトリ　新しい漢字

費	ヒ	12画	教科書240ページ
績	セキ	17画	245ページ
設	セツ・もうける	11画	245ページ
居	キョ・いる	8画	245ページ
厚	あつい	9画	245ページ
暴	ボウ・あばれる	15画	245ページ
許	キョ・ゆるす	11画	245ページ
可	カ	5画	245ページ
謝	シャ	17画	245ページ

「厚い」はもののはばが大きいときに使うよ。「暑い」や「熱い」とまちがえないようにしよう。

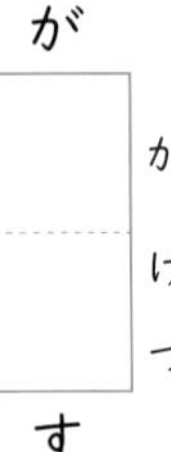

1 (　)に読みがなを書きましょう。

① 食費を節約する。(　)
② 急に成績がのびる。(　)
③ 人々が居住する。(　)
④ 外出の許可を出す。(　)
⑤ 月謝をしはらう。(　)
⑥ 暴力に反対する。(　)

2 □に漢字を、(　)に漢字と送りがなを書きましょう。

① □(ひょう)がかかる。
② 議案が□(かけつ)する。
③ □(いま)でくつろぐ。
④ ぶ(あつい)本を読む。
⑤ 休む小屋を(もうける)。
⑥ 馬が(あばれる)。

3 正しい意味に〇をつけましょう。

① 社会問題について考える。

ア（　）社会のテストによく出る問題。

イ（　）社会全体で取り組むべき問題。

② ごみをはいきする。

ア（　）すてること。

イ（　）集めること。

4 資料をもとに考えることについて、次の問題に答えましょう。

① 資料を見て考えるとき、注意することは何ですか。一つに〇をつけましょう。

ア（　）参考にする資料は一つだけに決めて、他の資料は見ないようにすること。

イ（　）一つの資料だけではなく、いくつかの資料を組み合わせて考えるようにすること。

ウ（　）内容について考えるよりも、とにかくたくさんの資料を集めること。

② 話すことの構成を考えるとき、注意することは何ですか。一つに〇をつけましょう。

ア（　）自分の考えではなく、資料にある事実だけを伝えること。

イ（　）自分の考えに合わない資料は、決して取り入れないこと。

ウ（　）参考にした資料と、最も伝えたいことを明確にすること。

5 資料をもとに考えることについて、次の問題に答えましょう。

① この資料から分かることは何ですか。当てはまる言葉を書きぬきましょう。

最も多くすてられているのが、（　　　　）だということ。

皮のむきすぎなど、食べられる部分まですてられたもの　57万トン　20.7%

食べ残し　123万トン　44.6%

消費期限切れなど、食べられないまますてられたもの　96万トン　34.7%

合計　276万トン

家庭における食品ロスの内訳

（平成30年度　環境省資料より）

② この資料から分かることは何ですか。当てはまる言葉を書きぬきましょう。

食品をすてる最も少ない理由が、（　　　　）だということ。

食べ残したから	57%
いたんでいたから	23%
賞味期限が切れていたから	6%
消費期限が切れていたから	5%
おいしくなかったから	3%
その他・無回答	6%

家庭における食品をすてた理由

（平成29年度　消費者庁資料より）

ぴったり3

確かめのテスト①

ロボットとの未来について考えよう

「弱いロボット」だからできること
～漢字を使おう9

時間 20分

／100

合格 80点

学習日 月 日

教科書 214～245ページ

答え 29ページ

文章を読んで、答えましょう。

思考・判断・表現

具体的に、「ごみ箱ロボット」の例を見てみましょう。「ごみ箱ロボット」は、その名前のとおり、ごみ箱の形をしたロボットです。見た目はほとんどごみ箱であり、車輪が付いて動けるようになっているものです。このロボットには、ごみを拾うための機能がありません。底に付いた車輪を使って、よたよたと歩きながらごみを見つけます。この歩く動きは、まるでたよりない生き物のように見えます。この「ごみ箱ロボット」の様子を見た人は、思わず、手にしたごみを投げ入れたり、落ちているごみを拾って入れたりします。すると、このロボットは、センサーによってごみが入れられたことを感知し、小さくおじぎをします。ごみを入れた人は、これを見て、何となくうれしい気持ちになるようです。こうやって周りの人の協力を得ながら、このロボットはその場をきれいにすることができるのです。

よく出る

1 「ごみ箱ロボット」とは、どのようなロボットですか。文章から書きぬきましょう。 全部できて20点

[　　]が付いた[　　　]のような見た目で、[　　　　　]ためのの機能がないロボット。

2 「この歩く動き」について、次の問題に答えましょう。

① 「この歩く動き」とは、どのような動きですか。文章から書きぬきましょう。 10点

[　　　　　　　　　　]ごみを見つける動き。

② 「この歩く動き」を見た人は、どのように反応しますか。一つに○をつけましょう。 10点

ア（　）手にしたごみを投げ入れたり、落ちているごみを拾って入れたりする。

イ（　）センサーによってごみが入れられたことを感知し、ほんの小さくおじぎをする。

ウ（　）周りの大人たちの関心や手助けを引き出す。

このように、「弱いロボット」には、周りの人の協力を引き出したり、行動をさそったりする力があります。「弱いロボット」と関わるわたしたちも、たがいの思いが伝わる気がしたり、手伝うことの喜びを感じたりすることができます。

この「弱いロボット」が持つ「弱さ」は、人間の赤ちゃんに似ているのではないでしょうか。生まれて半年ほどの赤ちゃんは、歩くこともできませんし、言葉を話すこともできません。一人で何もできないという意味では、「弱い」存(そん)在だと言えるでしょう。しかし赤ちゃんは、何もできないのに、周りの大人たちの関心と手助けを引き出します。赤ちゃんがぐずりだすと、大人たちは、「おなかがすいたのだろうか。」「遊んでほしいのかな。」などと考え、ミルクを用意したり、おもちゃで遊んだりします。「弱い」存在でありながら、周囲の人々の協力を引き出すことで、食事をとり、ほしいものを手にすることができるのです。

赤ちゃんは、自分と人々との関わりだけでなく、周囲の人どうしの協力関係も作り出します。赤ちゃんをともに世話する集団として、周りの大人たちは、赤ちゃんの力になることに喜びを感じることができます。

「ごみ箱ロボット」が、自分では十分な機能を持たずにその場所をきれいにすることができるのは、こうした関わり合いを、ロボットと人間の間に、あるいは、その場にいる人間どうしの間に作ることができるからなのです。それは、「何かをしてもらう」人間と「何かをしてくれる」ロボットのような関係ではなく、たがいに支え合う心地(ここち)よい関係だと言えるでしょう。

岡田　美智男「『弱いロボット』だからできること」より

3 「これを見て」とありますが、「これ」とは何を指していますか。文章から書きぬきましょう。　一つ10点(20点)

［　　　　　　　］が、［　　　］をする様子。

4 「弱いロボット」と関わることで、人はどのようなことを感じますか。文章から三十一字でさがし、初めの五字を書きぬきましょう。　10点

［　　　　　］

できたらスゴイ!

5 「人間の赤ちゃんに似ているのではないでしょうか。」とありますが、どのような点が似ているのですか。一つに○をつけましょう。　10点

ア（　）よたよたと歩いて、まるでたよりない生き物のように見える点。

イ（　）作られたばかりで、歩いたり、言葉を話したりすることができない点。

ウ（　）「弱い」存在でありながら、周囲の協力を引き出すことができる点。

考えを書こう

6 ロボットと人間について、筆者はどのような関係が理想だと考えていますか。　20点

ふりかえり　5が分からないときは、83ページの 3分でワンポイント にもどってかくにんしてみよう。

ぴったり3 確かめのテスト②

ロボットとの未来について考えよう

「弱いロボット」だからできること ～ 漢字を使おう9

時間 20分

／100

合格 80点

学習日 月 日

教科書 214～245ページ

答え 30ページ

1 読みがなを書きましょう。 一つ2点（20点）

① 裁（さい）判の 証人。（　　）

② 集団 で行動する。（　　）

③ 会費 をおさめる。（　　）

④ 板で 囲 う。（　　）

⑤ 百年を 経 る。（　　）

⑥ 身体 能力 が高い。（　　）

⑦ 歯の 検査 をする。（　　）

⑧ 人間関係を 構築 する。（　　）

⑨ 鉱山 を見学する。（　　）

⑩ 指で 脈 をはかる。（　　）

2 □に漢字を、（　）に漢字と送りがなを書きましょう。 一つ2点（20点）

① □□（せいひん）を作る。

② 高い □□（ちのう）を持つ。

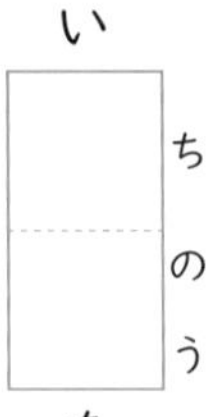

③ 今年の秋は □□（ほうさく）だ。

④ 城を □□（ほうい）する。

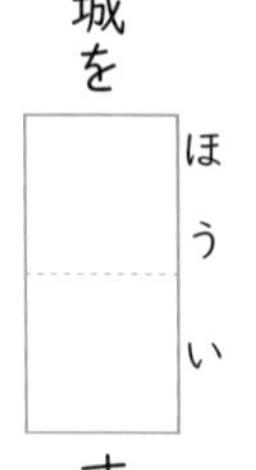

⑤ 目的地までの □□（けいろ）。

⑥ いっち □□（だんけつ）する。

⑦ □□（こんかん）にせまる。

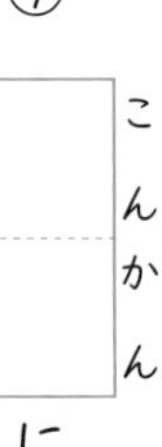

⑧ 太平洋を □□（こうかい）する。

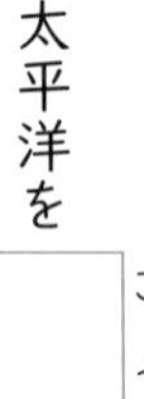

⑨ 体を寒さに（　　ならす　　）。

⑩ 一時代を（　　きずく　　）。

3 正しい意味に○をつけましょう。 一つ6点(18点)

① 赤ちゃんがぐずる。
ア（　）きげんが悪くなって泣き出す。

イ（　）ゆっくりと動き出す。

② 人間と動物が共存する。
ア（　）競い合って生きる。

イ（　）争わずにいっしょに生きる。

③ 多角的な事業を行う。
ア（　）むずかしいことが多いさま。

イ（　）多くの方面にわたっているさま。

4 （　）に合う言葉を、あとのア〜エから選びましょう。 一つ5点(15点)

① 意見文を書くときは、（　）を予想して、それに対してどう考えているかを書くことで、説得力が増します。

② 自分の考えだけでなく、ほかの人の考えや客観的な（　）も結びつけて考えることも大切です。

③ 自分の考えや理由などが明確になるよう、（　）を考えます。

ア 構成　イ 反対意見　ウ 事実　エ 題材

5 方言と共通語のちがいとして、正しいものはどれですか。二つに○をつけましょう。 一つ6点(12点)

ア（　）共通語は全国的に使われている言葉で、同じものがちがう名でよばれることがある。

イ（　）共通語は日本全国に広まっていて、どこに行っても通じないということはほとんどない。

ウ（　）方言は近年、メディアによって共通語が広まるあまり、すがたを消しつつある所もある。

エ（　）方言を使うことで、共通語と同じように、より細やかな感覚や気持ちを伝えることができる。

6 思考・判断・表現
次の二つの資料から、食品ロスを減らすための取り組みとして考えられることを書きましょう。 15点

野菜類	56.5%
調味料・油	13.4%
果物	11.3%
とうふ・なっとうなど	9.1%
つけもの・つくだに	8.8%
総菜類	8.5%
米・パンなど	8.4%
乳製品・たまご	7.2%
粉類（小麦粉など）	7.1%
菓子類	6.6%

家庭におけるすててしまいがちな食品・食材の割合

作ろうスープ!!
あまった食材を活用しよう

ふりかえり 6が分からないときは、89ページの5にもどってかくにんしてみよう。

ぴったり1 準備

伝記を読んで感想文を書こう
手塚治虫（てづかおさむ）
国松俊英（くにまつとしひで）

漢字を使おう10
わたしの文章見本帳

めあて
★伝記の出来事と、人物の生き方の関係を考えよう。
★書く目的や相手によって文章を書きかえよう。

学習日　月　日
教科書 246～267ページ
答え 30ページ

かきトリ 新しい漢字

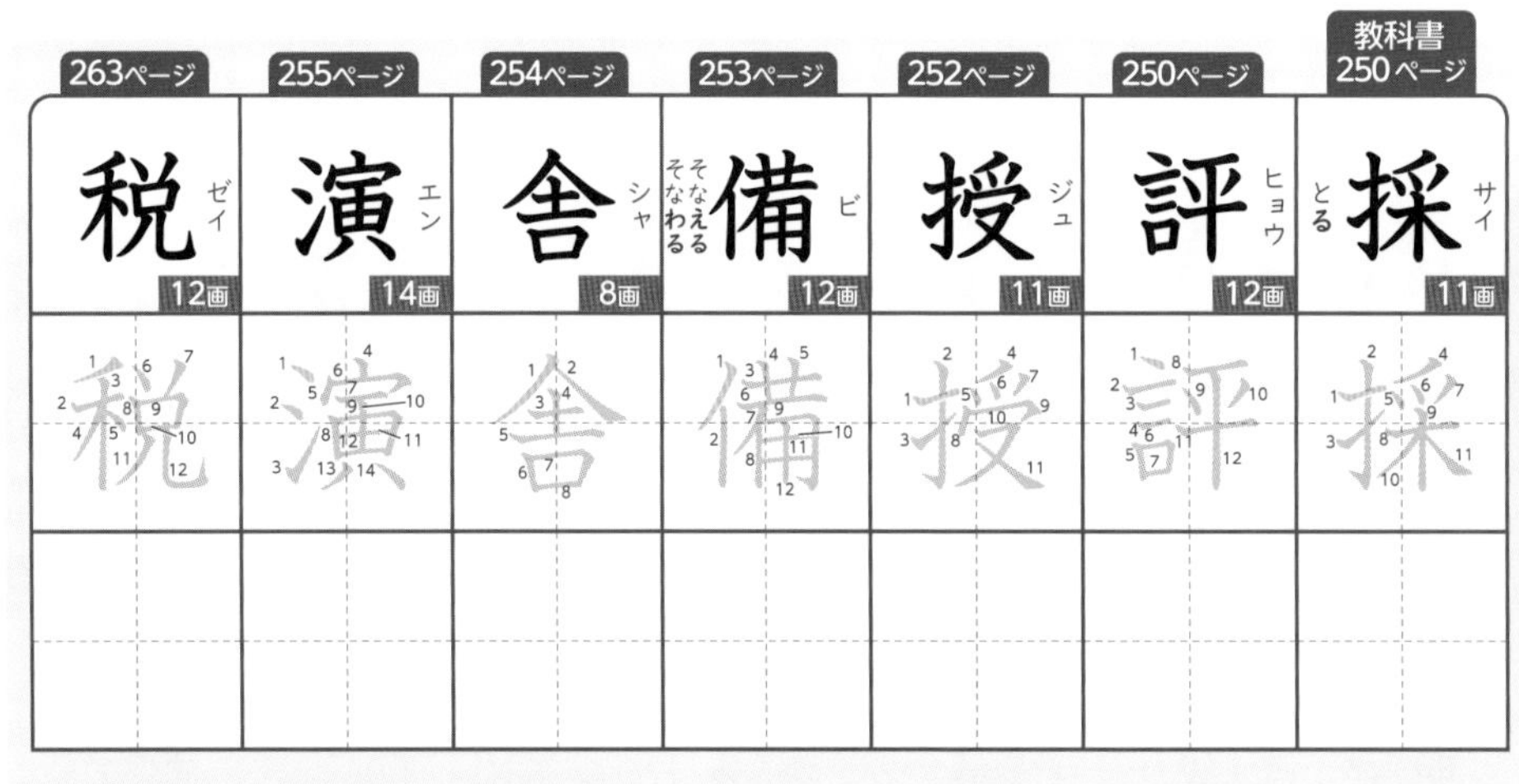

263ページ	263ページ	263ページ	263ページ	263ページ	265ページ	266ページ
余 ヨ あまる・あます 7画	素 ソ 10画	財 ザイ 10画	貯 チョ 12画	布 フ ぬの 5画	告 コク つげる 7画	務 ム つとめる つとまる 11画

1 （　）に読みがなを書きましょう。　●読み方が新しい字

① 小さな●社（　　）をたてる。
② ●組織（　　）に所属する。
③ 石を採集（　　）する。
④ いたる所で評判（　　）になる。
⑤ 大学の授業（　　）を受ける。
⑥ 余計（　　）な発言をつつしむ。

2 □に漢字を、（　）に漢字と送りがなを書きましょう。

① □□（えきしゃ）が新しくなる。
② 劇（げき）の□□（えんもく）を伝える。
③ □□（ぜいきん）をおさめる。
④ □□（しっそ）な生活を送る。
⑤ 非常時に（　　　）（そなえる）。
⑥ おかしが一つ（　　　）（あまる）。

手塚治虫

3 正しい意味に○をつけましょう。

① ちこくしたら、大目玉をくらうだろう。
ア（　）かんちがいされる。
イ（　）ひどくしかられる。

② つらい練習も、歯を食いしばってがんばった。
ア（　）必死でこらえて。
イ（　）うまく力をぬいて。

③ 小さな子どもがバスの車内でわめく。
ア（　）高らかな声で笑う。
イ（　）大きな声でさけぶ。

わたしの文章見本帳

4 次の①～④の場面で書く文章の種類を、あとのア～エから選びましょう。

① 本を読んで、感じたり思ったりしたことを伝えたいとき。（　）

② 学級文庫にまんがを置いてよいかについて、自分の考えを伝えたいとき。（　）

③ クラスで行ったボランティア活動について、他のクラスの人や先生たちに伝えたいとき。（　）

④ 学級園に植えた野菜を観察して、育つ様子を書き留めたいとき。（　）

ア 意見文　イ 記録文　ウ 報告文　エ 感想文

手塚治虫

3分でワンポイント　人物の生き方をとらえよう。

★①～⑤に当てはまる言葉を［　］の中から選んで、記号を書きましょう。

どんな人物か	・多くのまんが、アニメーションの作品を残した。 ・まんがは①（　）だと証明した。
小学生のころ	・まんがをかくのが得意だった。 ・どうしたらおもしろいまんがをかけるか考え、②（　）をくふうした。
戦争中	・まんがをかいて、戦争の③（　）にたえ、周囲の人をはげました。 ・戦争の体験は、④（　）をうったえる作品の源となった。
まんが家になる	・新聞でまんがの連載を始めた。 ・⑤（　）をまんがに応用した。
その後の功績	・アニメーションを作ることに成功した。 ・海外で日本のまんが文化について講演を行った。

ア おそろしさやつらさ　イ 映画の手法
ウ すばらしい芸術　エ 平和の大切さと命のとうとさ
オ 絵のかき方やストーリー

文章を読んで、答えましょう。

小学校での治は、いじめられっ子だった。「どうしたら、いじめられないようになるのかな。」と治は考えた。いじめっ子にはできなくて、自分にはできることを見つけ、やってみせればいい。「そうだ、まんがをかくことだったら、だれにも負けないぞ。」

治が得意のまんがをかいてみせると、いじめっ子たちはおどろいた。治はいじめっ子たちに、好きなまんがの主人公をかいてやり、ノートにかいたまんがの作品を見せた。その出来ばえに、だれもが感心して、いじめはなくなっていった。

どうしたらおもしろいまんがをかけるのか。絵のかき方やストーリーについてくふうしたので、治のまんがはどんどんうまくなっていった。そして前よりも、もっとまんがが好きになった。

三年生の二学期から、クラスの担任は乾秀雄先生になった。乾先生は作文に力を入れていたので、作文の時間が増えた。

治は、作文の時間が好きだった。題材が見つからないでこまっている子もいたが、治には書きたいことがたくさんあった。作文を書くのは楽しく、原こう用紙に十枚、二十枚書くのも平気だった。五十枚以上書いて、みんなをおどろかせたこともあった。

乾先生の指導で作文をたくさん書いたことは、大人になってから、まんがのストーリーを考えるときに役立った。

三年生のときには、星や宇宙に興味を持つようになり、昆虫採集も始めた。

1 「いじめはなくなっていった。」とありますが、なぜですか。

いじめっ子たちは、治に（　　　　）をかいてもらったり、治がかいた（　　　　）を見たりして、それらの（　　　　）から。

2 「教室で大評判になった。」とありますが、治のかいたまんがが大評判になったことには、どのような背景がありましたか。一つに○をつけましょう。

ア（　）戦争中で、まんが本を買うお金がなかったので、みんなは無料で手に入るものでがまんするしかなかった。

イ（　）戦争中で、まんが本を買うことができなかったので、みんなは代わりに楽しめるものを求めていた。

ウ（　）戦争中で、買ったまんが本を読むとおこられるが、友達がかいたまんがを読むことはゆるされていた。

3 「治はほっとした。」とありますが、なぜですか。一つに○をつけましょう。

ア（　）自分のまんがを読んだ子が、しかられなかったから。

イ（　）大人でも、自分のまんがを楽しめるのだと知ったから。

ウ（　）先生のいかりがすぐにおさまり、ゆるしてくれたから。

エ（　）これからも、まんがをかいてよいのだと分かったから。

学習日
月　日
教科書 246～262ページ
答え 31ページ

四年生になって、治のかいた「ピンピン生チャン」というまんがが、教室で大評判になった。そのころ、日本は戦争中で、本屋にもまんが本は売っていなかった。それでみんなは、治がノートにかいたまんがを回覧して楽しんでいたのである。

ある日、治のまんがを読んでいた女の子が先生に見つかり、ノートを取り上げられた。

「きっと大目玉をくらうぞ。二度とまんがをかいたらいけないと言われるんだろうな。」

治は覚ごを決めた。

ところが、乾先生はおこるどころか、よくできているとほめてくれたのだ。

「このまんがの続きをかいたら、わたしにも読ませてほしいな。」

先生の言葉に、治はほっとした。そして先生は続けて、こう言った。

「手塚は大人になったら、まんが家になれるかもしれないよ。」

治は、最初びっくりし、次には飛び上がりたいほど、うれしい気持ちになった。先生は、治のまんがをみとめてくれ、大きな自信と勇気をあたえてくれた。

国松　俊英「手塚治虫」より

4 「びっくりし」とありますが、治がおどろいたのはなぜですか。一つに○をつけましょう。

ア（　）まんが家になれるかもしれないと言うほど、自分のまんがをみとめてくれたから。

イ（　）自分のかいた作品の続きを楽しみにしてくれるほど、先生はまんがが好きだと分かったから。

ウ（　）まんが家になりたいという自分の夢をだれにも話したことがないのに、先生は知っていたから。

ヒント　乾先生のどんな発言にびっくりしたのかな。

5 小学生のころの治の様子として、当てはまらないものはどれですか。二つに○をつけましょう。

ア（　）作文の時間に長い文章を楽しんで書いていた。

イ（　）まんがの絵のかき方やストーリーをくふうしていた。

ウ（　）おもしろいまんがががけなくてこまっていた。

エ（　）まんがをかくことならだれにも負けないと思っていた。

オ（　）まんが以外のものにはあまり興味を持っていなかった。

6 乾先生は、治にどのようなえいきょうをあたえましたか。それが書かれている文を文章から二つさがし、それぞれ初めの五字を書きぬきましょう。

・□□□□□

・□□□□□

ヒント　乾先生の授業の特徴や発言に注目しよう。

文章を読んで、答えましょう。

　中学を卒業した後、治は、大学の附属医学専門部に入学した。医師になる勉強をしながら、まんがをかき続けた。自分のかいた作品を持っていくつかの新聞社をたずねると、ある新聞社が、治のまんがを採用してくれた。一九四六年（昭和二十一年）の一月四日から、四コマまんが「マアチャンの日記帳」の連載を始めた。ペンネームは、好きな虫であるオサムシからつけた「治虫」を使った。新人まんが家、手塚治虫の誕生である。

　しばらくして手塚治虫は、ベテランのまんが家、酒井七馬と二人でまんが本を作った。一九四七年（昭和二十二年）一月に刊行したまんが「新宝島」は、大ヒット作となった。この本がヒットしたのは、治虫が全く新しい手法でまんがをかいたからである。

　それまでのまんがは、演劇の舞台のように固定された画面でかかれていた。同じ画面に、同じ大きさの人物が出てきて、せりふをしゃべるだけである。けれど治虫は、まんがにもっと動きをあたえ変化をつけようと、映画の手法であるクローズアップやロングショットを使った。

　大切な場面になると、何コマも使って同じ人物をかいていき、顔の表情や動きをいきいきとえがき出した。画面を上からや下からなど、いろんな角度から見てかく手法もとった。どれも、それまでなかったまんがのかき方だ。スピード感が出て、はく力があり、人物の心の動きまでが読む人に伝わってくる。治虫は小学生

1 「新人まんが家、手塚治虫の誕生」とありますが、いつのことですか。一つに○をつけましょう。

ア（　）自分のかいた作品を持って、新聞社をたずねたとき。
イ（　）いくつかの新聞社が、治のまんがを採用したとき。
ウ（　）新聞社が、ペンネームを考えてくれたとき。
エ（　）手塚治虫という名前で新聞の連載が始まったとき。

2 「全く新しい手法」について、次の問題に答えましょう。

① 「全く新しい手法」とは、どのような手法ですか。当てはまるものすべてに○をつけましょう。

ア（　）同じ人物を何コマも使ってかく手法。
イ（　）画面を固定してかく手法。
ウ（　）クローズアップやロングショットを取り入れてかく手法。
エ（　）人物を全て同じ大きさでかく手法。
オ（　）画面をいろんな角度から見てかく手法。

② 「全く新しい手法」でかかれたまんがは、それまでのまんがと比べて、どのような点ですぐれていたのですか。それが分かる一文を文章からさがし、初めの五字を書きぬきましょう。

③ 治虫が「全く新しい手法」でまんがをかくうえで、どのようなことが役に立ちましたか。文章から十二字で書きぬきましょう。

学習日　月　日
教科書 246〜262ページ
答え 31ページ

のころから、たくさんの映画を見てきた。そのことが役立った。

治虫は、まんがの仕事をしながら、医学の勉強を続けていた。けれど、医学の勉強とまんがの両立はむずかしくなっていく。どうしたらよいのか、治虫はなやんだ。母に相談すると、

「あなたは、どっちの仕事が好きなの。」

と聞かれた。治虫は、

「もちろんまんがです。」

と答えた。

すると母は、きっぱり言った。

「では、まんが家になりなさい。人間は、好きな道をまっすぐに進むのがよいのです。」

それで迷いがふっ切れた。治虫は、まんが家として生きることを決意した。

国松 俊英「手塚治虫」より

（　　　　　　　　　　）こと。

ヒント　まんがではない、あるものの手法を取り入れたよ。

3 「治虫はなやんだ。」とありますが、なぜですか。

（　　　　　　　　　　）

4 「もちろん」には、治虫のどのような思いがこめられていますか。一つに○をつけましょう。

ア（　）どちらの道もあきらめきれないという思い。

イ（　）ずっと変わらずまんがをかくことが好きだという思い。

ウ（　）母の期待しているとおりに答えたいという思い。

ヒント　すぐに「まんが」だと答えている様子に注目しよう。

5 「迷いがふっ切れた。」とありますが、なぜですか。文章から書きぬきましょう。

人間は、（　　　　　　　　　　）

という母の考えにしたがい、（　　　　　　　　　　）

ことに決めたから。

ぴったり3

確かめの
テスト ①

伝記を読んで感想文を書こう

手塚治虫
てづかおさむ
〜
漢字を使おう10

文章を読んで、答えましょう。

思考・判断・表現

こうして売れっ子のまんが家になっていった治虫だが、さらに
もう一つの夢を大切に育てていた。アニメーションを作ることで
ある。そのため、ディズニーの映画が来ると、必ず映画館に足を
運んだ。長編アニメ「バンビ」が公開されたときは、初日の一回
目に行き、夜まで七回の上映を全部見た。毎日映画館に行って、「バ
ンビ」を計八十回も見て、作り方を研究した。

一九六一年（昭和三十六年）、治虫は東京の練馬区に、アニメー
ションのスタジオを作った。最初は実験アニメーションから始め、
翌年には日本初のテレビアニメーション「鉄腕アトム」の製作を
始めた。長い間の夢をとうとう実現させたのである。

この後も、治虫はねむる時間をけずって、長編まんがやアニメー
ションの仕事をこなしていった。一九七七年（昭和五十二年）に
は、全部で三百巻になる「手塚治虫漫画全集」の刊行も始まった。
一九八〇年（昭和五十五年）には、治虫はアメリカの国連本部
や大学で、現代日本のまんがが文化について講演を行った。アジア
やヨーロッパのアニメーション映画祭にも積極的に出かけ、まん
がは世界共通の言葉であると話した。

今、まんがやアニメーションは、日本のすぐれた文化として、
世界でみとめられている。日本のまんがが世界に広がっていった
のは、治虫のまんがへの情熱と大きな努力があったからである。
じょうぶだった治虫だが、六十歳に近づいたころ、体は病にお

5

10

15

20

よく出る

① 「もう一つの夢」について、次の問題に答えましょう。

① 「もう一つの夢」とは、どのようなことですか。文章から書き
ぬきましょう。
10点

（　　　　　　　）こと。

② 「もう一つの夢」を実現するために、治虫はどのような努力を
しましたか。
15点

③ 「もう一つの夢」は、どのようなことによって実現しましたか。
一つ5点(10点)

（　　　　　　　）を作り、
（　　　　　　　）
を始めたことで実現した。

② 「まんがは世界共通の言葉である」とは、どのような意味ですか。
一つに○をつけましょう。
10点

ア（　）まんがは、世界中の人に思いを伝えることができる。

イ（　）まんがは、世界中のだれもがかくことができる。

ウ（　）まんがは、世界中のだれもが好きなものである。

時間 20分

／100

合格 80点

学習日

月　　日

教科書
246〜263ページ

答え
32ページ

100

かされた。病院に入っても、病室のベッドで体を起こしてまんがをかき、新しい作品の構想を練った。しかし、だんだんねむってばかりいるようになった。ふっと意識がもどると、治虫はけん命に手を動かしてたのんだ。

「えん筆をくれ。」

命がつきようとするしゅんかんまで、新しい作品を待つ人たちのために、まんがをかこうとしたのである。

一九八九年（平成元年）二月九日、手塚治虫は帰らぬ人となった。

治虫がなくなっても、かれが残したまんがとアニメーションは、みずみずしい命を持って生き続けている。

国松 俊英「手塚治虫」より

できたらスゴイ！

3 病で入院したとき、治虫はどうしましたか。 15点

（　　　　）

4 「治虫はけん命に手を動かしてたのんだ。／『えん筆をくれ。』」とありますが、なぜこのようなことをしたのですか。 10点

（　　　　）

5 「みずみずしい命を持って生き続けている。」とは、どのような意味ですか。一つに○をつけましょう。 10点

ア（　）手塚治虫がなくなった後も、手塚治虫が好きだった人々は、かれの功績をたたえ続けている。

イ（　）手塚治虫がなくなった現在でも、ほかの人によってまんがやアニメーションが作られ続けている。

ウ（　）手塚治虫の作品は、現在の人にとっても生き生きとした新せんなものであり、愛され続けている。

考えを書こう

6 手塚治虫の功績とはどのようなことですか。文章中の言葉を使って書きましょう。 20点

（　　　　）

ふりかえり 6が分からないときは、95ページの 3分でワンポイント にもどってかくにんしてみよう。

ぴったり3 確かめのテスト②

伝記を読んで感想文を書こう
手塚治虫(てづかおさむ)
～漢字を使おう10

時間 20分

／100

合格 80点

学習日 月 日

教科書 246～263ページ

答え 33ページ

1 読みがなを書きましょう。 一つ2点(20点)

① 大きな 財産 をきずく。（　　）

② お年玉を 貯金 する。（　　）

③ テーブルを 布 でふく。（　　）

④ 校舎 で走ってはいけない。（　　）

⑤ 駅前で 演説 する。（　　）

⑥ 空港で 税関 をとおる。（　　）

⑦ 余談 で気分をまぎらす。（　　）

⑧ 素質 をみきわめる。（　　）

⑨ 毛布 をかぶってねる。（　　）

⑩ メモに 要素 を整理する。（　　）

2 □に漢字を、（　）に漢字と送りがなを書きましょう。 一つ3点(30点)

① □□(さいよう)活動を行う。

② 表現力に□□(ていひょう)がある。

③ わざを□□(でんじゅ)する。

④ □□(よび)を用意する。

⑤ □□(しゅくしゃ)にとまる。

⑥ ドラマに□□(しゅつえん)する。

⑦ 正直に□□(こくはく)する。

⑧ □□(にんむ)をはたす。

⑨ 生徒会長を（つとめる）。

⑩ 自分の思いを（つげる）。

3 次の言葉の使い方が正しいものはどれですか。一つに○をつけましょう。

一つ4点(20点)

① ふるい起こす

ア（　）朝ねぼうをして、ぼくは母にふるい起こされた。

イ（　）大切な物をこわされて、いかりをふるい起こす。

ウ（　）勇気をふるい起こして、さわいでいる人を注意した。

② うったえる

ア（　）生きることのすばらしさをうったえる小説である。

イ（　）案の中から、多数決でうったえることにした。

ウ（　）友人に親切にしてもらって、心からうったえた。

③ ふっ切れる

ア（　）遠くに引っこした友だちとの付き合いがふっ切れた。

イ（　）なやんでいたが、先生の言葉を聞いてふっ切れた。

ウ（　）うまくいっても、すぐにふっ切れてはいけない。

④ みずみずしい

ア（　）畑に、みずみずしい数の作物が実った。

イ（　）あまりにもみずみずしいできだから、やり直そう。

ウ（　）新人作家のみずみずしい感覚で書かれた作品だ。

⑤ 打ちこむ

ア（　）兄は、休みの日にもサッカーの練習に打ちこんでいる。

イ（　）とてもつかれていて、だらだらと勉強に打ちこんだ。

ウ（　）悲しんでいる人に、やさしい言葉を打ちこんであげる。

4 正しい意味に○をつけましょう。

一つ3点(9点)

① 校外学習の資料を回覧（らん）する。

ア（　）かべやけいじ板にはり出してみんなで読むこと。

イ（　）何人かで順番に回して読むこと。

② 空想にふけっていた。

ア（　）未来のことを予測すること。

イ（　）現実にはないことを想像すること。

③ 好きな作家の生涯（がい）について調べる。

ア（　）生まれてから死ぬまでの間。

イ（　）家族や友人などの人間関係。

5 次の言葉を使って短い文を作りましょう。

一つ7点(21点)

① 大目玉をくらう

② 歯を食いしばる

③ 両立

ふりかえり ⑤が分からないときは、95ページの3にもどってかくにんしてみよう。

ぴったり3 確かめのテスト

わたしの文章見本帳

時間 20分

／100

合格 80点

学習日　月　日

教科書 264〜267ページ

答え 33ページ

1 読みがなを書きましょう。　一つ6点(36点)

① 任務を終える。（　　）

② 種類を増やす。（　　）

③ 整理する。（　　）

④ 真面目な友達。（　　）

⑤ 大接戦となる。（　　）

⑥ リーダーの判断。（　　）

2 □に漢字を、（　）に漢字と送りがなを書きましょう。　一つ7点(42点)

① 最後の□□（つうこく）。

② 相手に□（おう）じる。

③ □□（たんか）をよむ。

④ 勝利を□□（よそう）する。

⑤ 本当か（　　）（たしかめる）。

⑥ 事実を（　　）（つげる）。

3 報こく文を書くときに注意することは何ですか。一つに○をつけましょう。　10点

ア（　）調べて分かった事実と実際に体験した出来事に内容をしぼり、自分の感想は書かないようにする。

イ（　）調べて分かったことや体験した事実と、そこから自分で考えたり感じたりしたことは分けて書く。

4 五年生になってからの学校生活で体験した出来事について、短い報こく文を書きましょう。　12点

この本の終わりにある「春のチャレンジテスト」をやってみよう！

この本の終わりにある「学力診断テスト」をやってみよう！

夏のチャレンジテスト

教科書 10～109ページ

名前　　月　日

時間 40分

思考・判断・表現 ／60

合格80点 ／100

答え 34ページ

（切り取り線）

1

読みがなを書きましょう。　一つ1点(8点)

① 清潔（　）な 状態（　）。

② 歴史（　）に関する 知識（　）。

③ 長編（　）小説の 構想（　）を練る。

④ 有益（　）な 情報（　）をつかむ。

2

漢字を書きましょう。　一つ1点(8点)

① [しつもん]を[たし]かめる。

② 問題の[げんいん]を[しめ]す。

③ [ふくすう]人が[さんせい]する。

④ 二つの[がぞう]を[くら]べる。

3

漢字と送りがなを書きましょう。　一つ1点(4点)

① 期待に（こたえる）。　② 全員で（よろこぶ）。

③ 現地からの通信が（たえる）。

④ そこへ行かなくなって（ひさしい）。

4

思考・判断・表現

次の言葉を使って、文を作りましょう。　一つ2点(8点)

① ～にちがいない

② ～はずだ

③ ～だろう

④ ～と予想する

5

次の漢字の成り立ちは、どれに当たりますか。あとのア～エから一つ選びましょう。　一つ2点(16点)

① 上（　）　② 板（　）　③ 森（　）

④ 門（　）　⑤ 岩（　）　⑥ 馬（　）

⑦ 理（　）　⑧ 天（　）

ア 物の形をかたどって表したもの。

イ ことがらを印などによって表したもの。

ウ 漢字を組み合わせて新しい意味を持たせたもの。

エ 音（おん）を表す漢字と意味を表す漢字を合わせたもの。

6

次の①～④は、新聞記事を構成する部分についての説明です。当てはまる言葉を、あとのア～エから一つ選びましょう。　一つ1点(4点)

①（　）記事の中心を短い言葉で表した題名。大きく目立つ字で書かれることが多い。

②（　）記事の内容を短くまとめた文章。記事の内容のあらましをつかむことができる。

③（　）事件や出来事をくわしく伝える文章。

④（　）写真や図などにそえられた説明。

ア 本文　イ キャプション

ウ 見出し　エ リード

（切り取り線）

うらにも問題があります。

7 次の文章を読んで、答えましょう。　思考・判断・表現

やっぱり精度のいい天体望遠鏡が欲しいなと、幸太は思う。淳も同じらしく、レンズをのぞきこんだまま言った。

「ああ、一〇〇ミリ口径、ううん、ぜいたくは言わない。せめて八〇ミリ口径の天体望遠鏡があればな。」

淳の気持ちはわかる。ぼんやりとしか見えないM8が、精度のいい天体望遠鏡なら、もっと大きくクリアに見ることができる。それは単に大きくはっきり見えるということではない。口径が大きく精度のいい望遠鏡ほど、その星雲の「奥深く」にまで到達できるのだった。まるで宇宙船に乗って、星雲に入っていく感覚に近かった。

もちろん、幸太や淳が買おうと思っている天体望遠鏡は、それほど性能のいいものではない。小学生でも買える程度のものなのだ。ぜいたくを言うつもりはない。

天文クラブの観望会や天体観測会のときは、会長やほかの会員の望遠鏡をのぞかせてもらっている。何十万円もする性能のいい天体望遠鏡は、光の弱い天体までもクリアに見ることができる。だけど、それはやっぱり他人の望遠鏡だ。いつでも自由につかえる望遠鏡が欲しかった。

しかし、いまはこの星空を楽しみたかった。幸太は気持ちを切りかえるみたいに言った。

「M20も見える。」

「青白く光ってるよね。」

M20は、M8のすぐ上にある星雲である。M8に比べると、かすかにしか見えない。

「そんなに星がええもんか。双眼鏡でも、大きく見えるのか。どりゃ。わしにも見せてくれんか。」

幸太が双眼鏡から目をはなすと、すぐそばにおじいちゃんがいた。

「うん。いいよ。のぞいてみなよ。」

幸太が横にずれると、おじいちゃんが腰を下ろした。

「ほう。なかなかきれいなものだな。」

「真ん中に、ピンク色にぼんやり光るのが見えるだろ。それがM8。」

「星がいっぱいありすぎて、わしにはようわからん。だが、きれいなもんだ。」

射手座も、M8やM20も、銀河の中に見える星々である。射手座のあたりは、星空の中でも、もっとも星が密集しているところだから、おじいちゃんにはどれがM8で、どれがM20なのかはわからない。しかし、星々のきらめきや星雲の輝きに、肉眼では見られない美しさを感じとっているらしかった。そのせいか、しばらく双眼鏡から目をはなさなかった。

横山 充男「星空へようこそ」より

(切り取り線)

(1) 「精度のいい天体望遠鏡が欲しい」とありますが、具体的にはどれぐらいの天体望遠鏡が欲しいのですか。次の（　）にあてはまる言葉を文章中から書きぬきましょう。　一つ5点(10点)

（　　　）か、せめて（　　　）の天体望遠鏡。

(2) 「光の弱い天体までもクリアに見ることができる。」とありますが、「クリアに見ることができる」ときにはどんな感覚になるのですか。文章中から十八字で書きぬきましょう。　7点

(3) 「気持ちを切りかえる」とありますが、それまでの幸太はどうだったのですか。一つに○をつけましょう。　6点

ア（　）小学生にはぜいたくなものばかり欲しがっていた。
イ（　）淳につられて変に大人びたことをしたがっていた。
ウ（　）今のそうびでは見えないことばかりを考えていた。
エ（　）何に使うかも考えず道具をそろえようとしていた。

(4) 「星がいっぱいありすぎて、わしにはようわからん。」とありますが、おじいちゃんにわかりにくいのはなぜですか。次の□に当てはまる言葉を文章中から書きぬきましょう。　7点

星空の中でも、もっとも□□□□□していているところだから。

(5) 次の①～④は、M8、M20のどちらに当てはまりますか。M8だけに当てはまるものはア、M20だけに当てはまるものはイ、両方に当てはまるものはウの記号を書きましょう。　一つ3点(12点)

① ピンク色にぼんやり光って見える。（　）
② 銀河の中に見える。（　）
③ 青白く光っている。（　）
④ もう一方より、かすかにしか見えない。（　）

(6) 「しばらく双眼鏡から目をはなさなかった。」とありますが、このようなおじいちゃんの様子を見て、幸太はどのように感じたでしょうか。考えて書きましょう。　10点

冬のチャレンジテスト

教科書 112～207ページ

名前

月 日

時間 40分

思考・判断・表現 ／59

合格80点 ／100

答え35ページ

1 読みがなを書きましょう。 一つ1点(8点)

① 食堂（　）に集まり、弁当（　）を食べる。

② 印象（　）的な建造物（　）。

③ 適切（　）な順序（　）にならべる。

④ 犯罪（　）を防（　）ぐ方法を考える。

2 漢字を書きましょう。 一つ1点(8点)

① □□（ぎじゅつ）を高く□（たも）つ。

② □□（ひじょう）に□□（こうがく）な車。

③ □□（ごうかく）者数が□□（げんしょう）する。

④ 友達に□□（りゅうがく）のための本を□（か）す。

3 漢字と送りがなを書きましょう。 一つ1点(4点)

① 笛の音が（こころよい）。

② 医学を（おさめる）。

③ 山で道に（まよう）。

④ 流れに（さからって）進む。

4 次の言葉を使って、文を作りましょう。 思考・判断・表現 一つ3点(9点)

① うかれる
（　　）

② むねがいたむ
（　　）

③ 張りつめる
（　　）

5 次の熟語（じゅくご）の構成は、ア～オのどれに当たりますか。記号で答えましょう。 一つ3点(9点)

① 作曲（　）

② 往復（　）

③ 親友（　）

ア　意味のにた漢字どうしを二つ組み合わせた熟語
イ　意味が対（つい）になっている漢字を二つ組み合わせた熟語
ウ　上の漢字が下の漢字を説明している熟語
エ　上の漢字が表す動作や作用を、下の漢字が受けている熟語
オ　上の漢字が下の漢字の意味を打ち消している熟語

6 次の文の――線の言葉を、それぞれ（　）の言葉に書きかえましょう。 一つ2点(12点)

① 友人や家族にめぐまれて、わたしはハッピーだ。
【和語】（　）
【漢語】（　）

② 公園で遊ぶときは、みんなで規則を守ろう。
【和語】（　）
【外来語】（　）

③ まるで光のような速さで過ぎ去る。
【漢語】（　）
【外来語】（　）

うらにも問題があります。

（切り取り線）

7 文章を読んで、答えましょう。

思考・判断・表現

あなたは、川の水がなぜなくならないか、考えたことがありますか。水は上から下へ流れています。ですから、いつかなくなってもよさそうなものなのに、なくならないのはなぜでしょうか。日本のような急しゃ面の国土では、雨は一日で海へ行ってしまってもよいはずです。それなのに、晴れた日でも流れているのはなぜでしょうか。

そのひみつこそ森林にあります。森林は、そのふところ深く雨を受け入れると、少しずつ地下へ送りこみ、やがて下流へはき出してくれます。地下水の流れは、非常にゆっくりとしています。ふった雨が地下にしみこみ、再び地表にわき出てくるには、三百年も五百年もかかっているほどです。ですから、わたしたちは、江戸時代の雨も飲んでいることでしょう。

ゆっくりと地下をくぐってきたわき水は、集まって谷川になり、小さな川になり、やがて大きな流れになって、平野をうるおしてくれます。日本で、少しくらい日照りが続いても水が絶えないのは、国土の三分の二をしめる大森林のおかげです。

もう一つ不思議なことがあります。森林の土は、なぜ雨に流されてなくなってしまわないのでしょうか。

わたしたちが、ベランダやコンクリートの道の上に、植木ばちの土をひっくり返したりして放っておくと、雨や風でいつのまにか土はなくなってしまいます。ところが、山のしゃ面にはいつも土があります。

それもまた、森林のおかげです。森林の木の根がしっかりと土をかかえて、しゃ面にはり付けているのです。土ばかりではありません。土の下にある岩石も、木の根がだきかかえてくれています。

もしも山々に木がなかったら、土ははがれ、山はくずれ、日本列島は石だらけになっていたことでしょう。雨のたびに、土砂とこう水が下流をおそい、人々は平野に住むことができなかったことでしょう。山くずれや水害から平野を守ってくれているのも森林なのです。

さて、こうして森林に守られながら、昔から平野には水田が開かれてきました。豊かな土と豊かな水にめぐまれて、平野のお米は、毎年よく実りました。

でも、どうして、毎年毎年同じようにお米を作り続けることができたのでしょうか。どうして、土がなくなってしまったり、土地がやせてしまったりしなかったのでしょうか。

それは、森林が絶えず土と養分をおぎなってくれたからです。水田に引く水の中に、土がふくまれています。また、森林の草や落ち葉が肥料に使われてきました。そのうえ、何年かに一度はこう水がやってきて、たくさんの土を田につぎ足していきました。

富山 和子「森林のおくりもの」
平成27年度版 東京書籍「新編 新しい国語 五」より

(切り取り線)

(1) 「雨は一日で海へ行ってしまってもよいはずです。」とありますが、このような考えが出てくるのはなぜですか。 5点

(2) 「わたしたちは、江戸時代の雨も飲んでいる」とありますが、このようにいえるのはなぜですか。 5点

(3) 「日本で、少しくらい日照りが続いても水が絶えない」のはなぜですか。一つに○をつけましょう。 5点

ア( )川は谷川がいくつか集まってできているので、日照りでも川の水が全部なくなることはないから。

イ( )日照りが続く間も、過去に森林にしみこんだ雨水がゆっくりわき出て川となって流れてくるから。

ウ( )森林にたくわえられた雨水は、日照りが続いて土がかわくとわき出すようになっているから。

エ( )地下には水が流れていて、上流からくる川の水が少なくなっても、川底から水がわき出すから。

(4) 「森林の土は、なぜ雨に流されてなくなってしまわないのでしょうか。」について、次の問題に答えましょう。

① この問いに対する答えを書きましょう。 5点

② ①で答えた森林の働きは、人々にどんなえいきょうをあたえましたか。 一つ5点(10点)

森林が（　　）人々は（　　）を防ぐので、

(5) 「毎年毎年同じようにお米を作り続けることができた」ことの理由に、当てはまらないのはどれですか。一つに○をつけましょう。 5点

ア( )こう水で、土がたくさん運ばれてきたから。

イ( )森林の草や落ち葉が、水田の肥料になったから。

ウ( )森林から流れる水に、養分がふくまれていたから。

エ( )水田に水を引くとき、土も流されてきたから。

(6) 「森林のおくりもの」という題名には、筆者のどんな思いがこめられていると思いますか。考えて書きましょう。 15点

(切り取り線)

春のチャレンジテスト

教科書 210～267ページ

名前　　月　日

時間 40分

思考・判断・表現　／62

合格80点　／100

答え36ページ

1 読みがなを書きましょう。

一つ1点(8点)

① 豊富な実績。

② 似た能力を持つロボット。

③ 暴力的な言動を謝罪する。

④ 新居での生活に慣れる。

2 漢字を書きましょう。

一つ1点(8点)

① （りょひ）が少しだけ（あま）る。

② （けんちく）会社を（せつりつ）する。

③ （ひょうばん）の良い（がくだん）。

④ （しゅつえん）の（きょか）をもらう。

3 漢字と送りがなを書きましょう。

一つ1点(4点)

① 台風に（そなえる）。

② 数字を丸で（かこむ）。

③ 司会を（つとめる）。

④ 開始を（つげる）。

(切り取り線)

4 思考・判断・表現 次の言葉を使って、文を作りましょう。

一つ6点(12点)

① ○○は、……より～

② ～と考える人もいるでしょう。

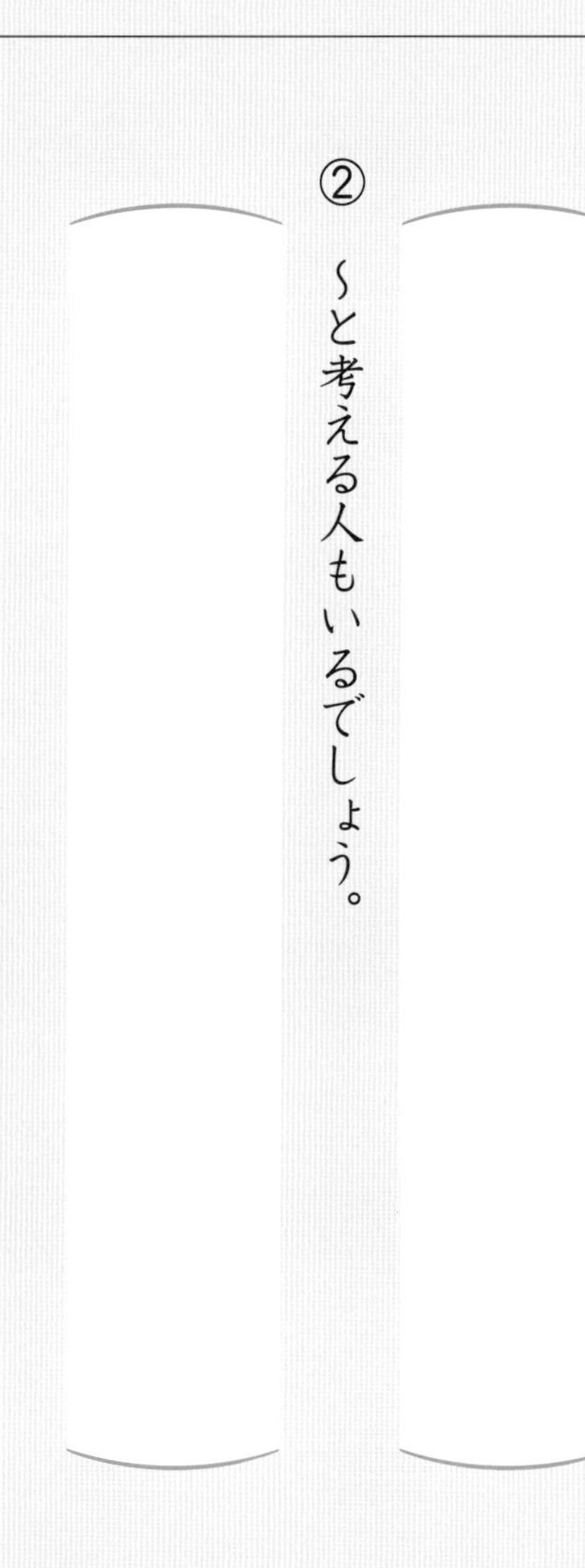

5 （　）に合う言葉を、あとのア～カから選び、記号で書きましょう。

一つ3点(9点)

① 意見文を書くときは、まず自分の（　）を決めて考えを持つ。

② 自分の考えやその理由に対して、予想される（　）意見への対応を考えることで、（　）のある内容になる。

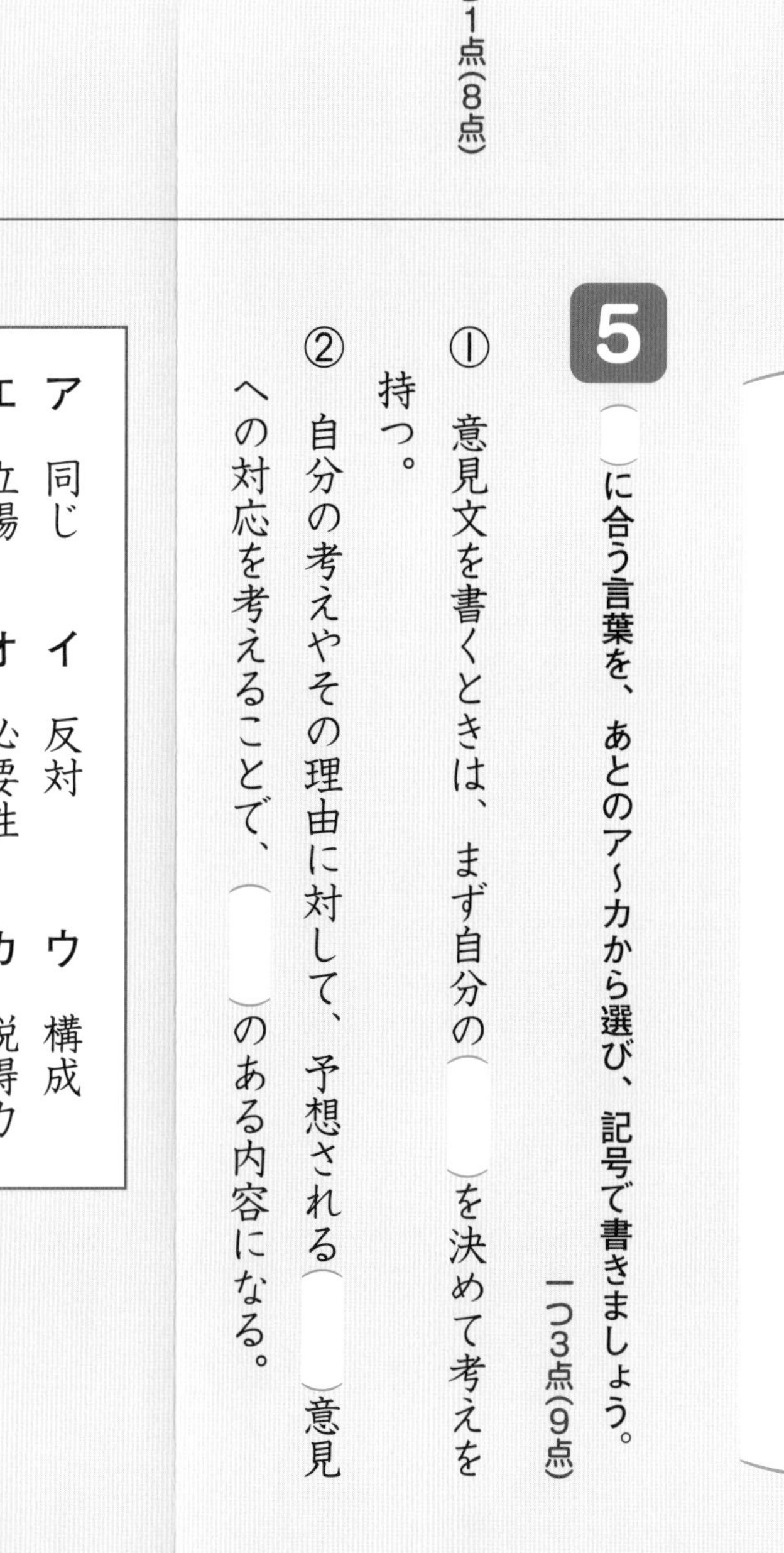

ア 同じ　イ 反対　ウ 構成　エ 立場　オ 必要性　カ 説得力

6 次の文の（　）に当てはまる言葉を□から選んで、書きましょう。

一つ3点(9点)

① 「おおきに」や「さいなら」のように、それぞれの地域に住む人たちの中で伝統的に使われてきた言葉や言い方を（　）という。

② テレビのニュースや（　）で用いられる言葉のように、どの地域の人たちにも通じる言葉を（　）という。

共通語　外国語　方言　外国　新聞　自分の住む地域

うらにも問題があります。

7 文章を読んで、答えましょう。

思考・判断・表現

賢治（けんじ）は、学校にもどると実験室にとじこもり、持って帰った石のかけらや土をけんび鏡で調べた。単調な仕事にあきてくると、賢治は仕事のことをわすれて、石や土の不思議な模様（もよう）をながめた。

（命のないものでも、こんなにすばらしい美しさを持っている。）

それは、美しい空想となって、どこまでも広がっていく。

（この美しさを文章にすることができたら、どんなにすてきだろう。）

賢治は、急に童話が書いてみたくなった。その気持ちを詩にうたいたくなった。童話の中では、現実にできないことがいくらでもできる。現実には見えないものまで見ることができる。動物も人間も自由に言葉がかわせる。だれもが仲良くくらせる理想的な世界だってつくることができる。こうして、賢治は童話を書き始め、心にうかぶ思いを詩に書いた。

その後、一九二一年（大正十年）、稗貫（ひえぬき）農学校の教師になったが、童話や詩を書けば書くほど、きびしい自然の中で生きる農民たちへの熱い思いがわいてくる。

（教師として、生徒たちをりっぱに育てることも大切な仕事である。だが、それだけで、本当の農民の苦しみは分からない。雨がふれば、大水で田んぼが流され、日照りが続けば、いねがかれるのをじっと見ているほかにどうすることもできない人たち。その人たちのことを思うと、このまま教師をしてはいられない。その人たちといっしょになって働き、その人たちのために、今すぐ役立たなくてはならないのだ。）

そう思うと、もうがまんができなかった。一九二六年（大正十五年）、賢治は、校長や両親の止めるのをふり切って、きっぱりと教師をやめ、自ら農民として生きることを決心した。

賢治は、北上川（きたかみ）のほとりの、林に囲まれたおかの上の家に、独りで住むことにした。この家は、妹のとし子（こ）が静養をしていた所である。とし子がなくなった後、ずっと空き家になっていた。

賢治は、大工さんにたのんで、いたみかけた土台を取りかえ、階下の部屋を造りかえてもらった。ここへ農民たちを集めて、新しい未来について話し合おうというのだ。二階は書さいにして、農作業のできない日は、読書をしたり文章を書いたりすることにした。

賢治は、この家にこしてくると、さっそくあれた土地を切りひらいて畑を作り、なす、かぼちゃ、きゅうり、トマトなどのなえを植えた。朝は暗いうちに起きだし、夜おそくまでどろまみれになって働いた。食べる物といえば、げん米とみそしる（まい）と野菜ぐらいなもので、肉類はいっさい口にしなかった。ふろに入る代わりに、井戸水で体をふいた。

西本鶏介（にしもとけいすけ）「宮沢賢治（みやざわけんじ）」より

（切り取り線）

(1) 「石のかけらや土をけんび鏡で調べた。」とありますが、賢治は「石」や「土」をながめながら、どんなことを感じていましたか。一文の初めの五字を書きぬきましょう。 5点

(2) 「稗貫農学校の教師になった」賢治は、やがてどんなことを思い始めますか。 一つ5点（10点）

［　　］も大切な仕事だが、

それだけでは［　　］

［　　］は分からない。

(3) 「もうがまんができなかった。」とありますが、賢治は何に対してがまんができなかったのですか。一つに○をつけましょう。 5点

ア（　）このまま童話や詩を書き続けること。

イ（　）このまま教師として働き続けること。

ウ（　）貧しい農民として苦しみ続けること。

エ（　）校長や両親が自分の自由をうばうこと。

(4) 「ここ」について、次の問題に答えましょう。

① 「ここ」のある建物は、具体的にはどこにありますか。文章から十五字でぬき出し、初めの五字を書きぬきましょう。 5点

② 「ここ」は、もともと何に使われていた場所ですか。文章から書きぬきましょう。 完答10点

賢治の［　］である［　　］が、［　　］していた所。

(5) 賢治が童話や詩を書きたくなった理由が書かれている段落（だん）をさがし、初めの五字を書きぬきましょう。（「、」も字数に数えます。） 5点

(6) 「新しい未来」とありますが、賢治が思いえがいていた「新しい未来」とは、どんなものだと思いますか。考えて書きましょう。 10点

5年 国語のまとめ 学力診断テスト

名前

月　日

時間 40分

合格70点　／100

答え37ページ

1 読みがなを書きましょう。　一つ1点(8点)

① 飼（　）い主としての義務（　）（　）を果たす。

② 新しい器具の導入（　）（　）を提案（　）（　）する。

③ 暴力（　）（　）をふるうことは犯罪（　）（　）です。

④ 責任（　）（　）のある役職（　）（　）につく。

2 漢字を書きましょう。　一つ2点(16点)

① □□(てきせつ)な□□(はんてい)をする。

② □□(どくとく)の音楽を□(きず)きあげる。

③ □□(じゅぎょう)の□□(ふくしゅう)をする。

④ □□(じょうほう)が□□(ほうふ)に集まる。

3 次の①〜⑤の熟語の構成は、ア〜オのどれにあたりますか。記号で答えましょう。　一つ1点(5点)

① 絵画（　）　② 消火（　）

③ 新米（　）　④ 無料（　）

⑤ 強弱（　）

ア 意味のにた漢字どうしを二つ組み合わせた熟語
イ 意味が対になっている漢字を二つ組み合わせた熟語
ウ 上の漢字が下の漢字を説明している熟語
エ 上の漢字が表す動作や作用を、下の漢字が受けている熟語
オ 上の漢字が下の漢字の意味を打ち消している熟語

4 次の文の——線の言葉を、特別な言葉を使った敬語にして、全文を書きかえましょう。　一つ2点(6点)

① 先生が来るそうだ。
（　　　　）

② これはお客様からもらったものです。
（　　　　）

③ 校長先生にお礼を言いましょう。
（　　　　）

5 田中さんの学校では、図書館を昼休みだけでなく放課後も使用することに、賛成か反対かの意見を書くことになりました。次の田中さんの意見文を読み、問題に答えましょう。

> わたしは、図書館の放課後使用に賛成します。
> その理由は、今のように、昼休みしか使えないと、本を選んだり、本で調べる時間が少なくなすぎるからです。

① ——部には、言葉の使い方のまちがいが一つ、送りがなのまちがいが一つあります。その前の文章をよく読んで、正しく書き直しましょう。　5点
（　　　　）

② 次のメモは、田中さんの友達の大原さんが書いたものです。このメモの内容をもとに、意見文を書きましょう。書くときは、田中さんの書き方を参考にし、「わたしは、」に続く形で書きましょう。　10点

メモ〈意見〉図書館の放課後使用には反対
〈理由〉図書委員の人たちの仕事が増えて、大変だと思う。

わたしは、

うらにも問題があります。

6 文章を読んで、答えましょう。

思考・判断・表現

ギリシアというところは、年間の雨量が日本の四分の一、四〇〇ミリです。しかもこの雨は、全部冬のあいだに降っています。春、夏、秋はほとんど一滴の雨も降りません。ですからギリシアにおいては、この冬のあいだに降ったわずか四〇〇ミリの雨が、利用できるかできないかということで、人間の生存というのは決まってしまいます。

エーゲ海にあるクレタ島の、東のほうの山の中にあるラシチという盆地に行ったときのことです。この盆地は、だいたい長さ一二キロ、一〇キロの楕円形の盆地です。バスで行ったのですが、山をこえてその盆地にはいったとき、私はびっくりしてしまいました。その小さな盆地には、なんと、風車が六〇〇〇も回っているのです。見わたすかぎり、まっ白い帆の布をはった風車が、のどやかに回っています。

その盆地は石灰岩の地帯で、冬のあいだ降った水が、みんな地下水でたまっています。地下にたまった水を汲み上げて灌漑*ができれば、そこで農業ができるわけです。クレタ島のそのあたりの山は、ほとんどはげ山同然のところなのですけれど、その盆地だけは、緑したたる沃野*がひろがっています。

それはひとえにその風車のおかげです。風車で地下にたまった水を汲み上げているのです。水を汲み上げるポンプはおもしろいことに、一九二三年ぐらいまでは動力を使って動かしていましたが、いまは動力をやめて、自然の風で回る風車に変わっています。風車の歴史からいえばまるで反対ですが、風車はそんなことにおかまいなしに、のどかにゆったりと回っています。

だいたい二〇メートルぐらいの深さから水を汲み上げているのですが、風車のわきにはコンクリートのタンクがあって、汲み上げた水をそこにためています。そのためた水をホースで畑にまいて、ひじょうにすばらしい沃野になっているわけです。そういうことを見ても、いかに人間の生活が水に関係しているかということがわかります。

風車を動力から自然の力にしたのは、油も何もいらないので、お金がかからないからです。さらにもう一つ大事なことは、ふつう、エネルギーの利用というと、すぐ電気を考えます。ところが、電気だけがエネルギーではありません。その風車は電気をおこして動いているのではなくて、ただクランクがついていて、のんびり水を汲み上げているだけです。

こういう風車の利用のしかたというのが、これからの省エネルギー時代、地域主義の時代には、エネルギーを輸送するときのエネルギーの損失を考えなくてもよいから参考になるのではないかと思うのです。

* 灌漑…田畑に水をひいて、土地をうるおすこと。

* 沃野…土地が肥え、作物がよくできる平野。

根本 順吉「地球はふるえる」より

（切り取り線）

(1) 「人間の生存というのは決まってしまいます。」とありますが、どういうことについて、筆者はこのように述べていますか。一つに〇をつけましょう。 4点

ア（　）春・夏・秋に降る雨ではなく、冬に降る雨だけを取り出して使えるか。

イ（　）日本と同じで年間で四〇〇ミリしか降らない雨をうまく利用できるか。

ウ（　）冬の間に降るわずかな雨を飲み水として利用できるかどうか。

エ（　）一年を通して四〇〇ミリしか降らない雨を、利用できるかどうか。

(2) 「私はびっくりしてしまいました。」とありますが、どういうことについて筆者はびっくりしたのですか。文章中の言葉を使って書きましょう。 8点

（　　　　）

(3) 「緑したたる沃野がひろがっています。」とありますが、なぜですか。文章中から□に当てはまる言葉をぬき出して書きましょう。 4点

冬の間に地下にたまった［　　　］を風車で汲み上げて、灌漑をしているから。

(4) 「おもしろい」とありますが、筆者はどういうことについて「おもしろい」と言っていますか。文章中から□に当てはまる言葉をぬき出して書きましょう。 一つ4点(8点)

風車の［　　］に逆行して、水を汲み上げる［　　］に自然の風の力を利用していること。

(5) 「風車を動力から自然の力にした」とありますが、それはなぜですか。その理由を二つ、文章中の言葉を使って書きましょう。 一つ8点(16点)

（　　　　）

（　　　　）

(6) この文章を読んで、エネルギーの利用について、あなたはどのように考えましたか。文章中の言葉を使って書きましょう。 10点

（　　　　）

教科書ぴったりトレーニング 国語 5年 がんばり表

いつも見えるところに、この「がんばり表」をはっておこう。
この「ぴたトレ」を学習したら、シールをはろう！
どこまでがんばったかわかるよ。

好きななまえをつけてね！

シールの中から好きなぴた犬を選ぼう。

おうちのかたへ

がんばり表のデジタル版「デジタルがんばり表」では、デジタル端末でも学習の進捗記録をつけることができます。１冊やり終えると、抽選でプレゼントが当たります。「ぴたサポシステム」にご登録いただき、「デジタルがんばり表」をお使いください。LINE または PC・ブラウザを利用する方法があります。

★ ぴたサポシステムご利用ガイドはこちら ★
https://www.shinko-keirin.co.jp/shinko/news/pittari-support-system

スタート

集めよう、よいところ～敬語

ページ	2～3	4～5	6～7	8～9	10～11
	ぴったり1	ぴったり2	ぴったり1	ぴったり3	ぴったり3
	できたらシールをはろう	できたらシールをはろう	できたらシールをはろう	できたらシールをはろう	できたらシールをはろう

インターネットは冒険だ～いにしえの言葉に親しもう

ページ	12～13	14～15	16～17	18～19	20～21	22～23
	ぴったり1	ぴったり2	ぴったり1	ぴったり2	ぴったり3	ぴったり3
	できたらシールをはろう	できたらシールをはろう	できたらシールをはろう	できたらシールをはろう	できたらシールをはろう	できたらシールをはろう

世界でいちばんやかましい音～思考に関わる言葉

ページ	24～25	26～27	28～29	30～31
	ぴったり1	ぴったり2	ぴったり3	ぴったり3
	できたらシールをはろう	できたらシールをはろう	できたらシールをはろう	できたらシールをはろう

新聞記事を読み比べよう～五年生の本だな——すてきなこと

ページ	32～33	34～35	36～37
	ぴったり1	ぴったり2	ぴったり3
	できたらシールをはろう	できたらシールをはろう	できたらシールをはろう

未知へ～漢字を使おう４

ページ	38～39	40～41	42～43
	ぴったり1	ぴったり1	ぴったり3
	できたらシールをはろう	できたらシールをはろう	できたらシールをはろう

注文の多い料理店～どうやって文をつなげればいいの？

ページ	44～45	46～47	48～49	50～51	52～53
	ぴったり1	ぴったり2	ぴったり2	ぴったり3	ぴったり3
	できたらシールをはろう	できたらシールをはろう	できたらシールをはろう	できたらシールをはろう	できたらシールをはろう

和の文化を受けつぐ——和菓子をさぐる～和語・漢語・外来語

ページ	54～55	56～57	58～59	60～61	62～63	64～65
	ぴったり1	ぴったり2	ぴったり1	ぴったり1	ぴったり3	ぴったり3
	できたらシールをはろう	できたらシールをはろう	できたらシールをはろう	できたらシールをはろう	できたらシールをはろう	できたらシールをはろう

大造じいさんとがん～いにしえの人のえがく世界

ページ	66～67	68～69	70～71	72～73	74～75	76～77	78～79	80～81
	ぴったり1	ぴったり2	ぴったり2	ぴったり2	ぴったり1	ぴったり3	ぴったり3	ぴったり1
	できたらシールをはろう	できたらシールをはろう	できたらシールをはろう	できたらシールをはろう	できたらシールをはろう	できたらシールをはろう	できたらシールをはろう	できたらシールをはろう

「弱いロボット」だからできること～漢字を使おう９

ページ	82～83	84～85	86～87	88～89	90～91	92～93
	ぴったり1	ぴったり2	ぴったり1	ぴったり1	ぴったり3	ぴったり3
	できたらシールをはろう	できたらシールをはろう	できたらシールをはろう	できたらシールをはろう	できたらシールをはろう	できたらシールをはろう

手塚治虫～わたしの文章見本帳

ページ	94～95	96～97	98～99	100～101	102～103	104
	ぴったり1	ぴったり2	ぴったり2	ぴったり3	ぴったり3	ぴったり3
	できたらシールをはろう	できたらシールをはろう	できたらシールをはろう	できたらシールをはろう	できたらシールをはろう	できたらシールをはろう

ゴール

最後までがんばったキミは「ごほうびシール」をはろう！

ごほうびシールをはろう

（キリトリ線）

教科書ぴったりトレーニング　国語　5年　東京書籍版　折込①（オモテ）

教科書ぴったりトレーニングの使い方

『ぴたトレ』は教科書にぴったり合わせて使うことができるよ。教科書も見ながら、勉強していこうね。ぴた犬たちが勉強をサポートするよ。

ふだんの学習

ぴったり1 準備

めあて をたしかめて、問題に取り組もう。はじめに新しい漢字や言葉の意味をおさえるよ。物語やせつめい文は 3分でワンポイント で大事なポイントをつかもう。
QRコードから「3分でまとめ動画」が見られるよ。

※QRコードは株式会社デンソーウェーブの登録商標です。

ぴったり2 練習

読解問題を練習するよ。

ヒント を見ながらといてみよう。

ぴったり3 確かめのテスト

「ぴったり1」「ぴったり2」が終わったら取り組んでみよう。
自分の考えを書く問題にもチャレンジしよう。
わからない問題は、ふりかえり を見て前にもどってかくにんしよう。

実力チェック

夏のチャレンジテスト
冬のチャレンジテスト
春のチャレンジテスト
5年 国語のまとめ 学力診断テスト

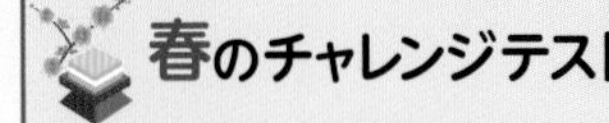

夏休み、冬休み、春休み前に取り組んでみよう。
学期の終わりや学年の終わりのテストの前にやってもいいね。

ふだんの学習が終わったら、「がんばり表」にシールをはろう。

別冊

丸つけラクラク解答

問題と同じ紙面に赤字で「答え」が書いてあるよ。
取り組んだ問題の答え合わせをしてみよう。まちがえた問題やわからなかった問題は、「てびき」を読んだり、教科書を読み返したりして、もう一度見直そう。

おうちのかたへ

本書『教科書ぴったりトレーニング』は、教科書の要点や重要事項をつかむ「ぴったり１ 準備」、問題に慣れる「ぴったり２ 練習」、テスト形式で学習事項が定着したか確認する「ぴったり３ 確かめのテスト」の３段階構成になっています。教科書の学習順序やねらいに完全対応していますので、日々の学習（トレーニング）にぴったりです。

「観点別学習状況の評価」について

学校の通知表は、「知識・技能」「思考・判断・表現」「主体的に学習に取り組む態度」の３つの観点による評価がもとになっています。

問題集やドリルでは、一般に知識を問う問題が中心になりますが、本書『教科書ぴったりトレーニング』では、次のように、観点別学習状況の評価に基づく問題を取り入れて、成績アップに結びつくことをねらいました。

ぴったり３ 確かめのテスト

- 「思考・判断・表現」のうち、特に思考や表現（予想したり文章で説明したりすることなど）を取り上げた問題には「思考・判断・表現」と表示しています。

チャレンジテスト

- 主に「思考・判断・表現」を問う問題かどうかで、分類して出題しています。

別冊『丸つけラクラク解答』について

おうちのかたへ では、次のようなものを示しています。

- 学習のねらいやポイント
- 他の学年や他の単元の学習内容とのつながり
- まちがいやすいことやつまずきやすいところ

お子様への説明や、学習内容の把握などにご活用ください。

内容の例

おうちのかたへ
物語を読むときには、登場人物の会話や行動に注目しましょう。「うまくできるかな（→不安）」「力いっぱい拍手をした（感動）」など、直接文章に書かれていない心情が会話や行動から読み取れることがあるからです。

（キリトリ線）
教科書ぴったりトレーニング 国語 5年 折込①（ウラ）

教科書ぴったりトレーニング

国語 パッチリポスター

5年生で習う漢字①

★5年生で学習する漢字を、五十音順にならべています。（①と②の、二回に分けています。）

★漢字ごとに、画数、読み方、書き順（筆順）を示しています。

★音と訓は、それぞれ音読みと訓読みを示しています。

★（　）は、小学校では習わない読み方です。

まちがえやすい漢字は、☑にチェックをしておこう！

（切り取り線）

あ〜お

- 圧　5画　音アツ
- 囲　7画　音イ　訓かこむ・かこう　周りを囲む
- 因　6画　音イン　訓（よる）　原因
- 永　5画　音エイ　訓ながい　永遠
- 営　12画　音エイ　訓いとなむ　営業
- 衛　16画　音エイ
- 易　8画　音エキ・イ　訓やさしい　易しい問題
- 益　10画　音エキ・（ヤク）　益虫
- 液　11画　音エキ　液体
- 演　14画　音エン
- 応　7画　音オウ　訓こたえる　応接間
- 往　8画　音オウ　往復
- 桜　10画　音（オウ）　訓さくら　山桜

か〜こ

- 可　5画　音カ
- 仮　6画　音カ・ケ　訓かり　仮面
- 価　8画　音カ　訓（あたい）　高価
- 河　8画　音カ　訓かわ　河川
- 過　12画　音カ　訓すぎる・すごす　（あやまつ）（あやまち）　通過する
- 快　7画　音カイ　訓こころよい　全快
- 解　13画　音カイ・ゲ　訓とく・とかす　とける　解決
- 格　10画　音カク・コウ　価格
- 確　15画　音カク　訓たしか　たしかめる
- 額　18画　音ガク　訓ひたい
- 刊　5画　音カン　朝刊
- 幹　13画　音カン　訓みき
- 慣　14画　音カン　訓なれる・ならす
- 眼　11画　音ガン・（ゲン）　訓（まなこ）　眼科
- 紀　9画　音キ　二十一世紀
- 基　11画　音キ　訓（もと）（もとい）　基本
- 寄　11画　音キ　訓よる　よせる　寄付
- 規　11画　音キ　規則正しい
- 喜　12画　音キ　訓よろこぶ　大喜び
- 技　7画　音ギ　訓（わざ）　特技
- 義　13画　音ギ
- 逆　9画　音ギャク　訓さか　さからう　逆転
- 久　3画　音キュウ・（ク）　訓ひさしい　持久走
- 旧　5画　音キュウ　旧家
- 救　11画　音キュウ　訓すくう　救急車
- 居　8画　音キョ　訓いる　転居
- 許　11画　音キョ　訓ゆるす　許す
- 境　14画　音キョウ・（ケイ）　訓さかい
- 均　7画　音キン　平均
- 禁　13画　音キン
- 句　5画　音ク　文句
- 型　9画　音ケイ　訓かた　新型
- 経　11画　音ケイ・（キョウ）　訓へる　月日を経る
- 潔　15画　音ケツ　訓（いさぎよい）
- 件　6画　音ケン　事件
- 険　11画　音ケン　訓けわしい　危険
- 検　12画　音ケン　検査
- 限　9画　音ゲン　訓かぎる　制限
- 現　11画　音ゲン　訓あらわす　あらわれる　現在の気温
- 減　12画　音ゲン　訓へる　へらす　減点
- 故　9画　音コ　訓（ゆえ）　事故
- 個　10画　音コ　一個のボール
- 護　20画　音ゴ
- 効　8画　音コウ　訓きく　効果
- 厚　9画　音（コウ）　訓あつい　厚着
- 耕　10画　音コウ　訓たがやす　耕す
- 航　10画　音コウ　航海
- 鉱　13画　音コウ
- 構　14画　音コウ　訓かまえる　かまう
- 興　16画　音コウ・キョウ　訓（おこる）（おこす）
- 講　17画　音コウ
- 告　7画　音コク　訓つげる　広告
- 混　11画　音コン　訓まじる・まざる　まぜる・こむ　色が混ざる

さ〜そ

- 査　9画　音サ
- 再　6画　音サイ・サ　訓ふたたび　再会
- 災　7画　音サイ　訓（わざわい）　災害
- 妻　8画　音サイ　訓つま　夫妻
- 採　11画　音サイ　訓とる　採集
- 際　14画　音サイ　訓（きわ）
- 在　6画　音ザイ　訓ある　在学
- 財　10画　音ザイ・（サイ）　財産
- 罪　13画　音ザイ　訓つみ
- 殺　10画　音サツ・（サイ）・（セツ）　訓ころす　殺虫ざい
- 雑　14画　音ザツ・ゾウ
- 酸　14画　音サン　訓（すい）
- 賛　15画　音サン
- 士　3画　音シ　武士
- 支　4画　音シ　訓ささえる　支持
- 史　5画　音シ　歴史
- 志　7画　音シ　訓こころざす　こころざし　志す
- 枝　8画　音（シ）　訓えだ　枝葉
- 師　10画　音シ　医師
- 資　13画　音シ
- 飼　13画　音シ　訓かう
- 示　5画　音ジ・（シ）　訓しめす　展示
- 似　7画　音（ジ）　訓にる　似せてかく
- 識　19画　音シキ
- 質　15画　音シツ・（シチ）（チ）
- 舎　8画　音シャ　校舎

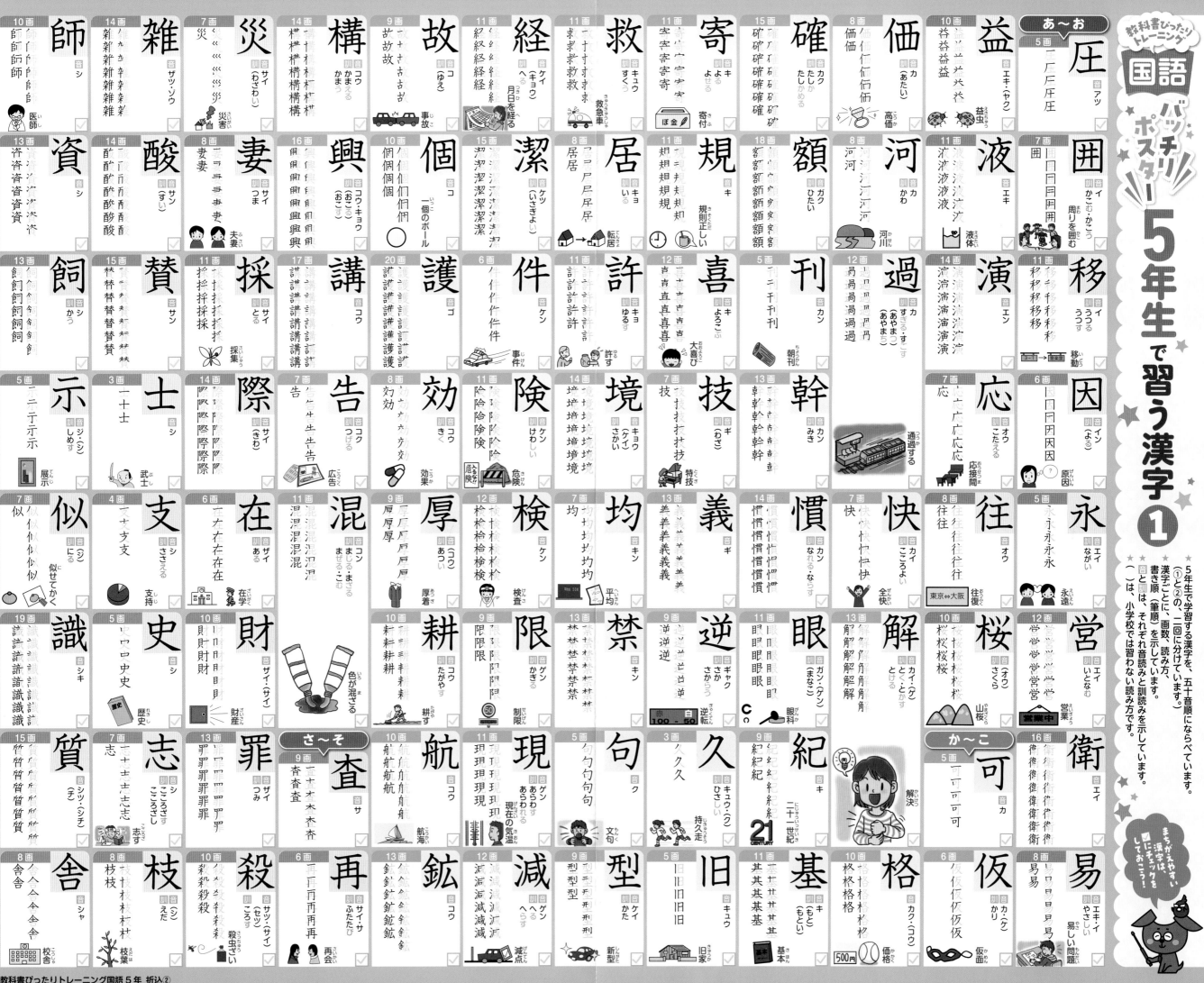

教科書ぴったりトレーニング

国語 バッチリポスター

5年生で習う漢字②

★5年生で学習する漢字を、五十音順にならべています。（①と②の、二回に分けています。）

★漢字ごとに、画数、読み方、書き順（筆順）を示しています。

★音と訓は、それぞれ音読みと訓読みを示しています。

★（ ）は、小学校では習わない読み方です。

まちがえやすい漢字は、☑にチェックをしておこう！

（切り取り線）

- 謝 17画 音 シャ 訓 (あやまる)
- 証 12画 音 ショウ 証明
- 職 18画 音 ショク
- 責 11画 音 セキ 訓 せめる 責任
- 造 10画 音 ゾウ 訓 つくる 造船
- 損 13画 音 ソン 訓 (そこなう) (そこねる)
- 停 11画 音 テイ バス停
- 得 11画 音 トク 訓 える (うる) 得点
- 犯 5画 音 ハン 訓 (おかす) 犯罪
- 備 12画 音 ビ 訓 そなえる そなわる 守備
- 仏 4画 音 ブツ 訓 ほとけ 仏像
- 防 7画 音 ボウ 訓 ふせぐ 消防車

や～よ

- 輸 16画 音 ユ 輸出

- 授 11画 音 ジュ 訓 (さずける) (さずかる) 授業
- 象 12画 音 ショウ ゾウ 気象
- 制 8画 音 セイ 制服
- 績 17画 音 セキ
- 像 14画 音 ゾウ

た～と

- 貸 12画 音 (タイ) 訓 かす
- 提 12画 音 テイ 訓 (さげる) 提出
- 毒 8画 音 ドク 毒薬
- 判 7画 音 ハン・バン 小判
- 評 12画 音 ヒョウ 評判
- 粉 10画 音 フン 訓 こ こな 花粉
- 貿 12画 音 ボウ 貿易

- 修 10画 音 シュウ (シュ) 訓 おさめる おさまる
- 賞 15画 音 ショウ
- 性 8画 音 セイ (ショウ) 性別
- 接 11画 音 セツ 訓 (つぐ) 接続
- 増 14画 音 ゾウ 訓 ます・ふえる ふやす 増える
- 態 14画 音 タイ
- 程 12画 音 テイ 訓 (ほど) 日程
- 独 9画 音 ドク 訓 ひとり 独学
- 版 8画 音 ハン 版画
- 貧 11画 音 (ヒン)・ビン 訓 まずしい
- 編 15画 音 ヘン 訓 あむ
- 暴 15画 音 ボウ・(バク) 訓 (あばく) あばれる
- 余 7画 音 ヨ 訓 あまる あます 余分

- 述 8画 音 ジュツ 訓 のべる 記述
- 条 7画 音 ジョウ 条約
- 政 9画 音 セイ・(ショウ) 訓 (まつりごと) 参政権
- 設 11画 音 セツ 訓 もうける 設計
- 団 6画 音 ダン・(トン) 集団
- 適 14画 音 テキ

な～の

- 任 6画 音 ニン 訓 まかせる まかす
- 比 4画 音 ヒ 訓 くらべる 背比べ
- 布 5画 音 フ 訓 ぬの 毛布
- 弁 5画 音 ベン 弁当

ま～も

- 脈 10画 音 ミャク 山脈
- 容 10画 音 ヨウ 容器

- 術 11画 音 ジュツ 手術
- 状 7画 音 ジョウ 賞状
- 勢 13画 音 セイ 訓 いきおい
- 絶 12画 音 ゼツ 訓 たえる・たやす たつ 絶景
- 則 9画 音 ソク 規則
- 断 11画 音 ダン 訓 (たつ) ことわる 横断
- 統 12画 音 トウ 訓 (すべる) 伝統工芸
- 燃 16画 音 ネン 訓 もえる・もやす もす 燃料
- 肥 8画 音 ヒ 訓 こえる・こえ こやす・こやし 肥料
- 婦 11画 音 フ 婦人服
- 保 9画 音 ホ 訓 たもつ 保健室
- 務 11画 音 ム 訓 つとめる つとまる

ら～ろ

- 略 11画 音 リャク

- 準 13画 音 ジュン
- 常 11画 音 ジョウ 訓 つね・(とこ) 異常気象
- 精 14画 音 セイ (ショウ)
- 祖 9画 音 ソ 祖先
- 測 12画 音 ソク 訓 はかる 測定
- 築 16画 音 チク 訓 きずく
- 堂 11画 音 ドウ 食堂
- 武 8画 音 ブ・ム 武道
- 墓 13画 音 ボ 訓 はか
- 夢 13画 音 ム 訓 ゆめ
- 留 10画 音 リュウ・ル 訓 とめる とまる 留守番

- 序 7画 音 ジョ 順序
- 情 11画 音 ジョウ (セイ) 訓 なさけ 表情
- 製 14画 音 セイ
- 素 10画 音 ソ・(ス) 質素
- 属 12画 音 ゾク 金属
- 貯 12画 音 チョ 貯金
- 銅 14画 音 ドウ
- 能 10画 音 ノウ 才能
- 非 8画 音 ヒ 非常口
- 復 12画 音 フク 回復
- 報 12画 音 ホウ 訓 (むくいる) 天気予報
- 迷 9画 音 (メイ) 訓 まよう 迷う
- 領 14画 音 リョウ

- 招 8画 音 ショウ 訓 まねく 招待
- 織 18画 音 (ショク) シキ 訓 おる
- 税 12画 音 ゼイ 税金
- 総 14画 音 ソウ
- 率 11画 音 (ソツ) リツ 訓 ひきいる 確率
- 張 11画 音 チョウ 訓 はる 主張
- 導 15画 音 ドウ 訓 みちびく

は～ほ

- 破 10画 音 ハ 訓 やぶる やぶれる
- 費 12画 音 ヒ 訓 (ついやす) (ついえる) 費用
- 複 14画 音 フク
- 豊 13画 音 ホウ 訓 ゆたか
- 綿 14画 音 メン 訓 わた
- 歴 14画 音 レキ

この「丸つけラクラク解答」はとりはずしてお使いください。

教科書ぴったりトレーニング

丸つけラクラク解答

東京書籍版
国語５年

「丸つけラクラク解答」では問題と同じ紙面に、赤字で答えを書いています。

①問題がとけたら、まずは答え合わせをしましょう。

②まちがえた問題やわからなかった問題は、てびきを読んだり、教科書を読み返したりしてもう一度見直しましょう。

おうちのかたへ では、次のようなものを示しています。

- 学習のねらいやポイント
- 他の学年や他の単元の学習内容とのつながり
- まちがいやすいことやつまずきやすいところ

お子様への説明や、学習内容の把握などにご活用ください。

見やすい答え

くわしいてびき

じゅんび 50~51ページ
こんな係がクラスにほしい／ポスターを読もう

2 ④「対話」は二人の人が向かい合って話すことです。「会話」とはちがいます。

3 ②「まつり」は「祭」一字だけでなく、「祭り」と送りがながつきます。

4 話し合いは、全員が意見を出し、おたがいの考えをみとめ合いながら話し合うことが大切です。出た意見には、しつもんしたり、考えを足したりして、考えを広げましょう。

5 このポスターは、「運動週間」について知らせるポスターです。期間は「10月21日（水）～10月27日（火）」。いろいろな運動をしている人たちの絵を入れて、見る人のきょうみを引いています。「キャッチコピー」は、読む人を引きつけるようにくふうされたみじかい言葉です。けんこうのために毎日運動をしよう、ということをつたえています。

じゅんび 52~53ページ
書くことを考えるときは／漢字の組み立て

1 ①「時計」はとくべつな読み方の言葉です。②「作」の「サ」という読みは音です。③「休日」は「休む日」です。

2 ③「港」の音には「開港」（新しく港や空港を開くこと）の語もあります。

3 夏休みの思い出をテーマとして、思いついたことを、図を使って書いています。その中のいちばんの思い出として、海のそばでキャンプをしたことを文章にしました。図に書いてあることを文章に当てはめます。書くことを考えるときは、このように図を使ってくわしく書き出し、その中から友だちにつたえたいことをえらび、文章に書くとよいでしょう。

4 漢字の多くは、いくつかの部分が組み合わさってできています。漢字の左がわにあって、おおまかな意味を表す部分を「へん」、漢字の右がわにおかれる部分を「つくり」といいます。漢字の上や下の方にあって、おおまかな意味を表す部分を、それぞれ「かんむり」「あし」といいます。そのほか、「にょう」「たれ」「かまえ」などもあるので、調べてみましょう。ここにあげた「へん」「つくり」「かんむり」「あし」の名前は、「木（きへん）」「氵（さんずい）」「力（ちから）」「頁（おおがい）」「艹（くさかんむり）」「⻗（あめかんむり）」「心（こころ）」「貝（かい）」です。

※紙面はイメージです。

準備　2～3ページ

集めよう、よいところ／おにぎり石の伝説／漢字を使おう１

新しい漢字（教科書18ページ）

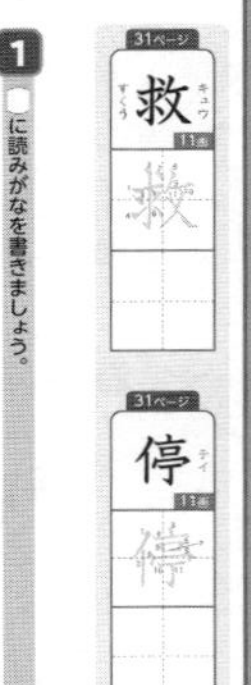

1 □に読みがなを書きましょう。

① 四つ子の赤ちゃん。（よ）
② 名字を書く。（みょうじ）
③ 運転を休止する。（きゅうし）
④ 絶対にあきらめない。（ぜったい）
⑤ 新しい語句を学ぶ。（ごく）
⑥ 久しぶりに友人と会う。（ひさ）

2 □に漢字を、（　）に漢字と送りがなを書きましょう。

① ふくすう［複数］のグループ。
② きみょうな［夢］を見た。
③ 答えを（確かめる）。
④ すがたを（現す）。

3（集めよう、よいところ）話し合いをするとき、どのようなことに気をつけるとよいですか。一つに○をつけましょう。

ア（○）分かりやすく伝えるために、具体的な例を挙げる。
イ（　）自分と同じでない意見は、無視して話を進める。
ウ（　）出た意見を整理せずに、相手の話をひたすら聞く。

4（おにぎり石の伝説）正しい意味に○をつけましょう。

① 空前の出来事におどろいた。
ア（○）今までに一度もないこと。
イ（　）めったにないこと。

② 海にまつわる物語を読む。
ア（　）祭りを行う。
イ（○）関わりがある。

③ 話に水を差すようなことを言う。
ア（　）反対する。
イ（○）じゃまをする。

④ 急に雨がふり出してあっけにとられる。
ア（○）おどろいてぼんやりする。
イ（　）こまってあわてふためく。

3分でワンポイント　人物の心情の変化を読み取ろう。

★①～④に当てはまる言葉を□の中から選んで、記号を書きましょう。

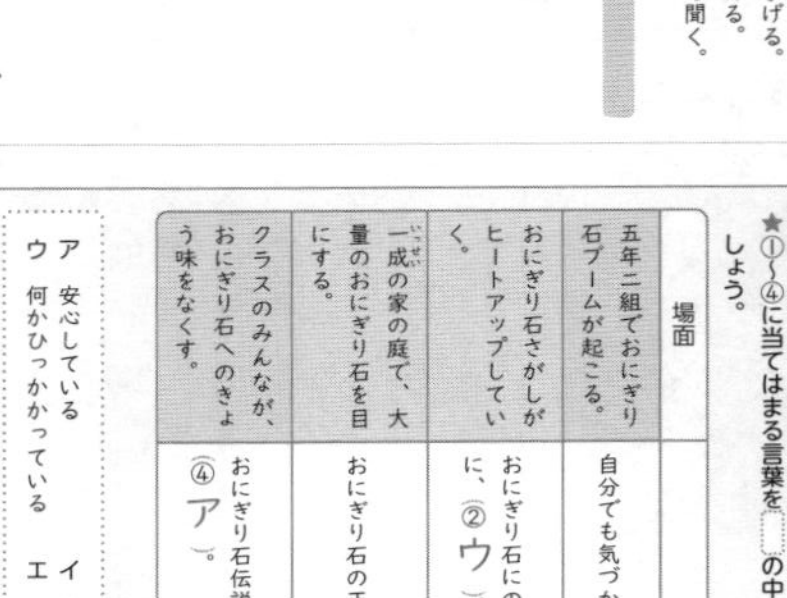

場面	真の心情
五年二組でおにぎり石ブームが起こる。	自分でも気づかないうちに（①イ）。
おにぎり石さがしがヒートアップしていく。	おにぎり石にのめりこんでいる自分たちに、（②ウ）。
一成の家の庭で、大量のおにぎり石を目にする。	おにぎり石の正体を知って、（③エ）。
クラスのみんなが、おにぎり石へのきょう味をなくす。	おにぎり石伝説が一件落着して、（④ア）。

ア　安心している　　イ　夢中になっている
ウ　何かひっかかっている　　エ　しょうげきをうけている

3 自分と同じでない考えであっても、相手の意見をしっかり聞きましょう。新たに気づくことがあるかもしれません。

4 ③「水を差す」は、横から口出しをしてじゃまをする、という意味を表す慣用句です。

3分でワンポイント

「おにぎり石の伝説」（戸森　しるこ）では、真の心情を表す言葉に注目しながら、物語を読み進めていきましょう。

まず、「むねをおどらせた」ことから、「夢中になっている」と分かります。

次に、「どうもおかしい」ことから、「何かひっかかっている」と分かります。

そして、おにぎり石の正体を知って、「しょうげきをうけ」、最後に一件落着して「安心」しています。

練習　4～5ページ

おにぎり石の伝説

文章を読んで、答えましょう。

始まりは、こんな一言だった。

「この石、何だかおにぎりみたい。」

だれが最初にそう言ったのかはわすれてしまったけれど、その一言がきっかけで、空前のおにぎり石ブームは始まった。

それは、すべすべした手ざわりの、小さな三角形の石で、確かにぼくの目にも、指先サイズの小さなおにぎりのように見えた。黒い油性マジックで、のりをかき足してみたくなる。

おにぎり石の出現は、ある日とつぜんだった。学校のうら庭に、じゃりがしかれている場所があり、そこにあるふつうの石たちにまぎれて、発見されるようになったのだ。簡単に見つかるわけではなくて、集中してさがして、せいぜい一日一個とか、とてもラッキーな感じのする、いいぐあいの確りつだった。

初めは、ぼくのクラス、五年二組の女子の間で、おにぎり石が人気になった。四つ葉のクローバーを見つけるような感覚だ。それでぼくたちも、そのうち何となくつられ始めた。

「すべすべしていて、ふつうの石とはちがう気がする。」

「こんな石が自然にできるなんて、不思議だよね。」

「見つけた人は、幸せになれるらしいよ。」

すると、おにぎり石にまつわる、みょうなうわさ話が聞こえてくるようになった。その昔、あるたんけん家が、なぞの「おにぎり島」から持ち帰った石なのだとか、この学校ができる前、ここには「おにぎりランド」とよばれるテーマパークがあったのだとか、きょうふの「おにぎり大魔王」ののろいの石なのだとか……。数々の「おにぎり石伝説」に、ぼくらはうっかりむねをおどらせた。

戸森　しるこ「おにぎり石の伝説」より

❶「最初にそう言った」のはだれだと考えられますか。次の説明に合う言葉を、文章から書きぬきましょう。

五年二組の（女子）

❷「それ」とは何を指していますか。文章から書きぬきましょう。

（おにぎり石）

❸「黒い油性マジックで、のりをかき足してみたくなる。」とありますが、それはなぜですか。次の説明に合う言葉を、文章から書きぬきましょう。

その石が［小さな三角形］で、［おにぎり］のように見えたから。

❹ おにぎり石は、どこで見つかりましたか。

（学校のうら庭の、じゃりがしかれている）所。

❺「いいぐあいの確りつ」とありますが、それはどのような確りつですか。一つに○をつけましょう。

ア（　）ラッキーな感じの日なら、簡単に見つかる確りつ。
イ（　）集中してさがしても、一日一個も見つからない確りつ。
ウ（○）見つけたらラッキーな感じのする、簡単ではない確りつ。

ヒント　直前の内容に注目しよう。

❻「四つ葉のクローバーを見つけるような感覚」とありますが、どのような感覚ですか。一つに○をつけましょう。

ア（　）ふつうとはちがう物にあこがれるような感覚。
イ（○）幸せになれるおまじないをするような感覚。
ウ（　）不思議なひみつを知ろうとするような感覚。

❼「みょうなうわさ話」とありますが、どのような話ですか。一つに○をつけましょう。

ア（○）おにぎり石は、その昔、あるたんけん家が「おにぎり島」から持ち帰った。
イ（　）おにぎり石は、学校ができる前、「おにぎり島」とよばれるテーマパークで見つかった。
ウ（　）きょうふの「おにぎり大魔王」が、「おにぎりランド」の石にのろいをかけた。

❽「むねをおどらせた。」とありますが、どのような気持ちですか。一つに○をつけましょう。

ア（　）はらはらする気持ち。
イ（○）わくわくする気持ち。
ウ（　）びくびくする気持ち。

ヒント　直後の内容に注目しよう。

❶ 後ろの部分に、「初めは、ぼくのクラス、五年二組の女子の間で……。」と書かれています。

❷ すぐ前に「空前のおにぎり石ブーム」という言葉があります。指示語にあてはめたときに、そのあとの「すべすべした手ざわりの、小さな三角形の石」という内容につながるように書きぬきましょう。

❸ すぐ前に「小さな三角形の石で、確かにぼくの目にも、指先サイズの小さなおにぎりのように見えた」と書かれていることに注目しましょう。

❹「学校のうら庭に、じゃりがしかれている場所があり、そこにあるふつうの石たちにまぎれて、発見されるようになった」と書かれていることに注目しましょう。

❺ すぐ前の内容に注目すると、「いいぐあいの確りつ」とは、「簡単に見つかるわけではなくて、集中してさがして、せいぜい一日一個とか、とてもラッキーな感じのする」ものだと分かります。

❻ あとに「見つけた人は、幸せになれるらしいよ。」とあるように、「四つ葉のクローバー」が、見つけると幸せになれるものであることから考えましょう。

❼ イ『おにぎり島』とよばれるテーマパーク」がまちがいです。ウ『おにぎりランド』の石にのろいをかけた」がまちがいです。

準備 6~7ページ

図書館へ行こう／知りたいことを聞き出そう／敬語

新しい漢字

応　資　在　査　報　得

際　質　移　総　容

1 □に読みがなを書きましょう。

①資料を読む。（しりょう）
②検査を受ける。（けんさ）
③大きな得をする。（とく）
④実際の話を知る。（じっさい）
⑤国民の総意による。（そうい）
⑥水を容器に入れる。（ようき）

2 □に漢字を、〔　〕に漢字と送りがなを書きましょう。

①電話に応答する。
②自在にあやつる。
③情報を集める。
④先生に質問する。
⑤手がかりを〔得る〕。
⑥席を〔移る〕。

図書館へ行こう

3 次のことを知りたいときには、どのような本や資料を選ぶとよいですか。あとのア～オから選びましょう。

①さまざまな分野の事がらを知りたいとき。（ウ）
②特定分野の情報を知りたいとき。（イ）
③数量・数値・割合を知りたいとき。（エ）
④言葉の意味や使い方を知りたいとき。（ア）
⑤新しい情報を知りたいとき。（オ）

ア　国語辞典　イ　図鑑　ウ　百科事典
エ　統計資料　オ　新聞

知りたいことを聞き出そう

4 インタビューをするときには、どのようなことに気をつけるとよいですか。三つに○をつけましょう。

ア（○）自分が知りたいことを明確にし、それに合った相手を選んで話を聞く。

イ（　）話を聞く目的や話題はあらかじめ決めず、相手の話を聞きながら考えるようにする。

ウ（○）目的や話題に応じて、相手に必ず聞きたいことと、必要に応じて聞きたいことを整理しておく。

エ（　）聞きたい話題にはこだわらず、相手が自由に話をすることをより大事にする。

オ（○）相手の話を聞くなかで、分からないことやくわしく聞きたいことがあれば質問する。

敬語

5 次の文の――線の敬語の種類を、あとのア～ウから選びましょう。

①あちらは田中さんのご両親だそうです。（ア）
②家族にご飯をよそう。（ウ）
③このスリッパはお客様がお使いになる。（ア）
④この学校について町のみなさんにごしょうかいする。（イ）
⑤あなたのおっしゃるとおりだと思います。（ア）
⑥わたしたちは小学五年生です。（ウ）

ア　尊敬語　イ　けんじょう語　ウ　ていねい語

6 次の文の――線の部分を、相手をうやまう言い方になるように書きかえましょう。

①先生が来る。（いらっしゃる・おこしになる・来られる）
②お客様がケーキを食べる。（めしあがる・お食べになる・食べられる）

7 次の文の――線の部分を、自分に関わることを低める言い方になるように書きかえましょう。

①校長先生にお礼を言う。（申しあげる・申す）
②お礼の品物をあげる。（差しあげる）

3 知りたいことがあるときには、図書館へ行って、目的に合った本や資料をさがしましょう。うまくさがすことができないときは、司書のかたに聞いてみるとよいでしょう。

4 イは、「話を聞く目的や話題はあらかじめ決めず」の部分があてはまりません。エは、「聞きたい話題にはこだわらず」の部分があてはまりません。

5 ①「ご両親」の「ご」は、単なるていね い語ではなく、「田中さんの両親」に対する尊敬を示すことに注意しましょう。
②「ご飯」の「ご」のように、物に「お（ご）」をつけた形はていねい語です。
③「お使いになる」のように「お（ご）～になる」をつけた形は尊敬語です。
④「ごしょうかいする」のように「お(ご)～する」をつけた形はけんじょう語です。
⑤「おっしゃる」は、「言う」の尊敬語です。
⑥「小学五年生です」のように、文末に「です」をつけた形はていねい語です。

6 ①「来る」を尊敬語にする方法は三つあります。一つめは、尊敬の表現である「いらっしゃる」を用いる方法。二つめは「お～になる」の形を用いて、「おこしになる」とする方法。三つめは「られる」を用いて「来られる」とする方法です。
②「食べる」の尊敬の表現は「めしあがる」です。「お～になる」の形を用いると、「お食べになる」となります。「られる」を用いて、「食べられる」とすることもできます。

7 ①「言う」のけんじょうを示す表現は、「申しあげる」または「申す」です。
②「あげる」のけんじょうを示す表現は、「差しあげる」です。

確かめのテスト①

8〜9ページ

集めよう、よいところ 〜 敬語

おうちのかたへ

物語文を読むときは、登場人物の心情を示す表現に着目しましょう。「嬉しい・悲しい」といった直接的な表現の他にも、台詞や言動、場面の情景などに心情が表現されている場合があります。登場人物の心情が変化するポイントは、特に出題される場合が多く、注意が必要です。

文章を読んで、答えましょう。　　思考・判断・表現

次の日の放課後、五年二組のみんなは、おにぎり石さがしを中だんし、一成の家に集まった。おにぎり石だらけの庭を見ると、みんな、あっけにとられてとまどいながら、それでもやっぱりよろこんでいた。

「おにぎり石パラダイスだ！」

「最高すぎる！」

「一つもらってもいい？」

「じゃあぼくは二つ。」

「ぼくは三つ！」

だけどぼくは、タイミングを見計らって、わざと水を差すようなことを言った。

「でもさ、こんなにたくさんあると思うと、何だかかちが下がるような気がしないか？」

ちょっとどきどきした。空気を読めないやつだって、言われてしまうかもしれない。だから、そう言われる前に、ぼくは一成に目くばせした。一成はうなずいて、

「おいおい、勝手にやってきて、失礼なやつだなあ。」

と、計画どおりに、おどけてせりふを言った。

「確かに、こんな石のどこがいいんだろうって、ぼくは思っちゃうけどね。」

一成の冷静な一言を聞いて、みんなはそれぞれ顔を見合わせた。

すると、様子をうかがうような、いっしゅんの間の後で、だれかが言ったんだ。

「真の気持ち、分かるよ。めったに見つけられないってところが、よかったんだよな。」

そうしたら不思議なことに、みんなも口々に同じことを言い始めた。いっせいに色が変わるみたいに、気持ちが伝染していった。すごいいきおいだった。最終的に、

「ああ、がっかりだよ。」

なんて言い合って、かたを落としながら、みんなでえがおになったんだ。おにぎり石の庭で、ぼくたちはそろってくすくす笑っていた。こんなのって久しぶりだった。

「一つずつなら、持って帰ってもいいよ。」

一成は言ったけど、おどろいたことに、持ち帰ろうとするやつは、もう一人もいなかった。むしろ、今まで見つけたおにぎり石を、一成の庭に「返きゃく」するやつが出てきた。

おにぎり石のせいで、クラス内でびみょうな上下関係ができ始めていることに、きっとみんなも気がついていたんだと思う。このゲームを終わらせるには、何か強力なパワーかアイテムが必要だったんだ。

新たな気持ちになって見てみると、おにぎり石は、やっぱりとてもきれいで、すごくユニークな石だった。

戸森 しるこ「おにぎり石の伝説」より

よく出る

1 「五年二組のみんな」とありますが、このときのみんなはどのような気持ちでしたか。文章から書きぬきましょう。　一つ5点(10点)

あっけにとられて［とまどい］ながらも、

［よろこんで］いる気持ち。

できたらスゴイ！

2 「わざと水を差すようなことを言った」について、次の問題に答えましょう。

① 「わざと水を差すようなことを言った」のは、なぜですか。文章から書きぬきましょう。　一つ10点(20点)

おにぎり石のせいでできた始めた［びみょうな上下関係］を、［終わらせる］必要があると思ったから。

② このときの「ぼく」はどのような気持ちでしたか。一つに○をつけましょう。　10点

ア（　）みんながおにぎり石をたくさんほしがってくれるので、わくわくする気持ち。

イ（　）おにぎり石がたくさんあるので、かちが下がってしまうとがっかりする気持ち。

ウ（〇）みんなに空気を読めないやつだと言われるのではないかと、どきどきする気持ち。

3 「こんな石のどこがいいんだろう」とありますが、このときの一成はどのような気持ちでしたか。一つに○をつけましょう。　10点

ア（　）勝手にやってきた失礼なみんなに、おにぎり石をあげたくないとはらを立てる気持ち。

イ（〇）真との計画どおりに、前もって決めてあったことを口にしている、冷静な気持ち。

ウ（　）おにぎり石なんて庭にたくさんあるのに、どうしてみんなほしがるのかと、不思議な気持ち。

4 「気持ちが伝染していった」とありますが、どのような気持ちですか。文章から書きぬきましょう。　一つ10点(20点)

［めったに見つけられない］ところがよかったのにと、［がっかり］する気持ち。

5 「ぼくたちはそろってくすくす笑っていた」とありますが、なぜですか。一つに○をつけましょう。　10点

ア（〇）めずらしくもない石をさがしまわっていた自分たちがおかしく、もうさがさなくてよいと安心したから。

イ（　）すごいいきおいで気持ちが伝染していく様子が、いっせいに色が変わるみたいで不思議だったから。

ウ（　）今までに見つけたおにぎり石を、一成の庭に「返きゃく」すればよいと思いついたから。

考える力をのばそう

6 「ぼく」は最終的に、おにぎり石をどのような石だと思っていますか。　20点

例 たくさんあっても、とてもきれいで、すごくユニークな石。

---

1 直後の部分から順に、心情を示す表現をさがし、解答らんに合う形でぬき出しましょう。

2 ①「ぼく」が「わざと水を差すようなことを言った」理由は、文章の後半になるまで明かされません。解答らんの「でき始めた」「必要」という言葉を手がかりに、答えが述べられている部分をさがしましょう。

②「ぼく」のせりふの後の「空気を読めないやつだって、言われてしまうかもしれない」という表現に注目しましょう。

3 直前の「計画どおりに」、直後の「冷静な」という表現に注目しましょう。

4 解答らんの形に合うように、当てはまる言葉を線の近くからさがしましょう。

5 おにぎり石がめずらしいものではないと分かり、これまでさがしまわっていた自分たちがおかしく感じられ、もうさがさなくてよいとほっとしています。

6 最後の一文に注目しましょう。「とてもきれいで、すごくユニークな石」とあることから、この部分を答えの中心とします。さらに、その前の「新たな気持ち」とは、「ぼく」が、おにぎり石はたくさんあるということを知った後の気持ちであることをおさえましょう。

例2 めったに見つけられないわけではなくても、とてもきれいで、すごくユニークな石。

確かめのテスト② 10~11ページ
集めよう、よいところ ～ 敬語

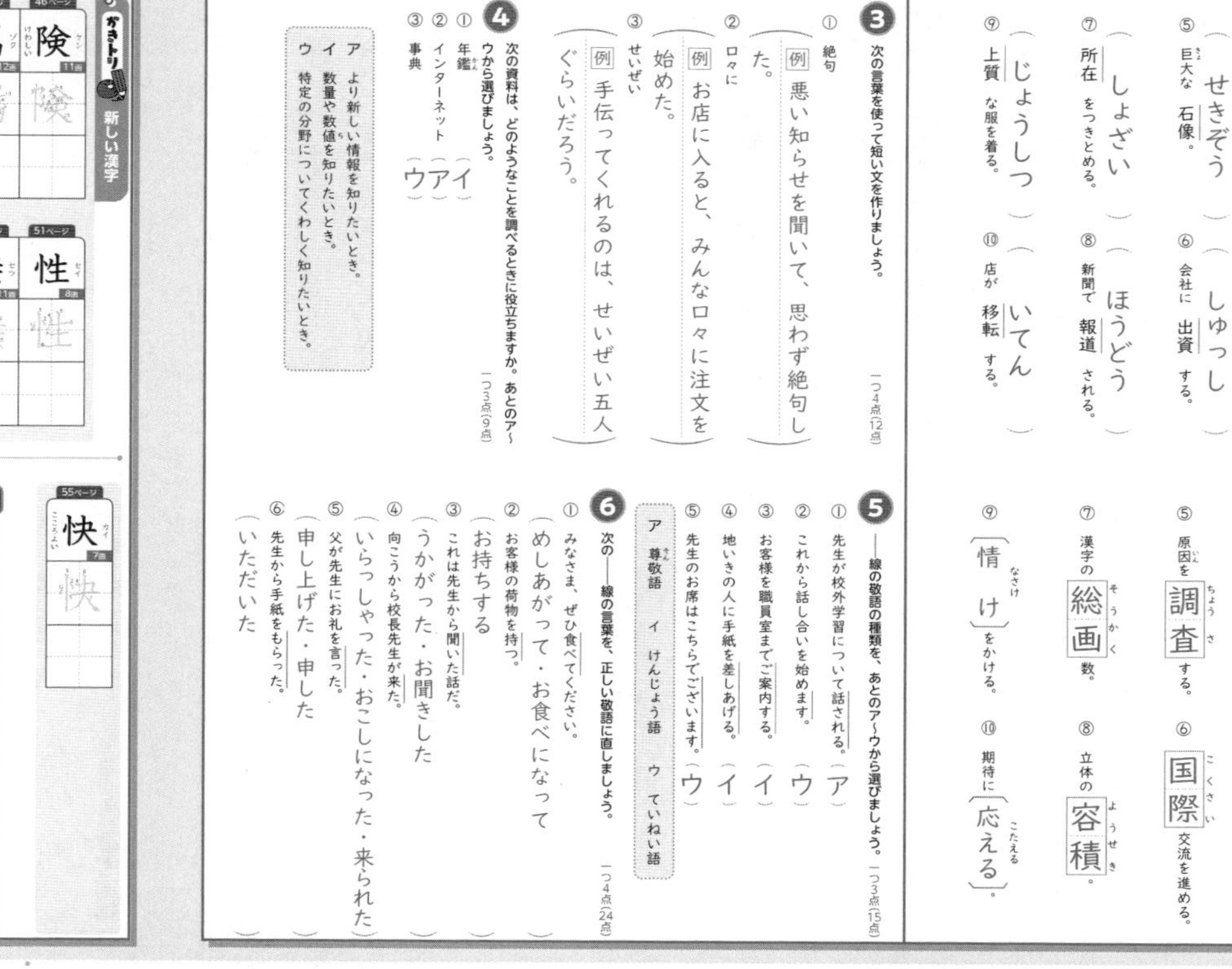

1 読みがなを書きましょう。（一つ2点〔20点〕）
① 個体の差が大きい。（こたい）
② 複合機でコピーを取る。（ふくごう）
③ 悪夢にうなされる。（あくむ）
④ 持久力をきたえる。（じきゅうりょく）
⑤ 巨大な石像。（せきぞう）
⑥ 会社に出資する。（しゅっし）
⑦ 所在をつきとめる。（しょざい）
⑧ 新聞で報道される。（ほうどう）
⑨ 上質な服を着る。（じょうしつ）
⑩ 店が移転する。（いてん）

2 □に漢字を、（　）に漢字と送りがなを書きましょう。（一つ2点〔20点〕）
① 確実な方法。
② 現場に向かう。
③ 絶望するのは早い。
④ 文章に句点を打つ。
⑤ 原因を調査する。
⑥ 国際交流を進める。
⑦ 漢字の総画数。
⑧ 立体の容積。
⑨ 情けをかける。
⑩ 期待に応える。

3 次の言葉を使って短い文を作りましょう。（一つ4点〔12点〕）
① 絶句　例 悪い知らせを聞いて、思わず絶句した。
② 口々に　例 お店に入ると、みんな口々に注文を始めた。
③ せいぜい　例 手伝ってくれるのは、せいぜい五人ぐらいだろう。

4 次の資料は、どのようなことを調べるときに役立ちますか。あとのア～ウから選びましょう。（一つ3点〔9点〕）
① 年鑑（イ）
② インターネット（ア）
③ 事典（ウ）
ア より新しい情報を知りたいとき。
イ 数量や数値を知りたいとき。
ウ 特定の分野についてくわしく知りたいとき。

5 ——線の敬語の種類を、あとのア～ウから選びましょう。（一つ3点〔15点〕）
① 先生が校外学習について話される。（ア）
② これから話し合いを始めます。（ウ）
③ お客様を職員室までご案内する。（イ）
④ 地いきの人に手紙を差しあげる。（イ）
⑤ 先生のお席はこちらでございます。（ウ）
ア 尊敬語　イ けんじょう語　ウ ていねい語

6 次の——線の言葉を、正しい敬語に直しましょう。（一つ4点〔24点〕）
① みなさま、ぜひ食べてください。（めしあがって・お食べになって）
② お客様の荷物を持つ。（お持ちする）
③ これは先生から聞いた話だ。（うかがった・お聞きした）
④ 向こうから校長先生が来た。（いらっしゃった・おこしになった・来られた）
⑤ 父が先生にお礼を言った。（申し上げた・申した）
⑥ 先生から手紙をもらった。（いただいた）

準備 12~13ページ
インターネットは冒険だ／漢字を使おう２／事実と考え

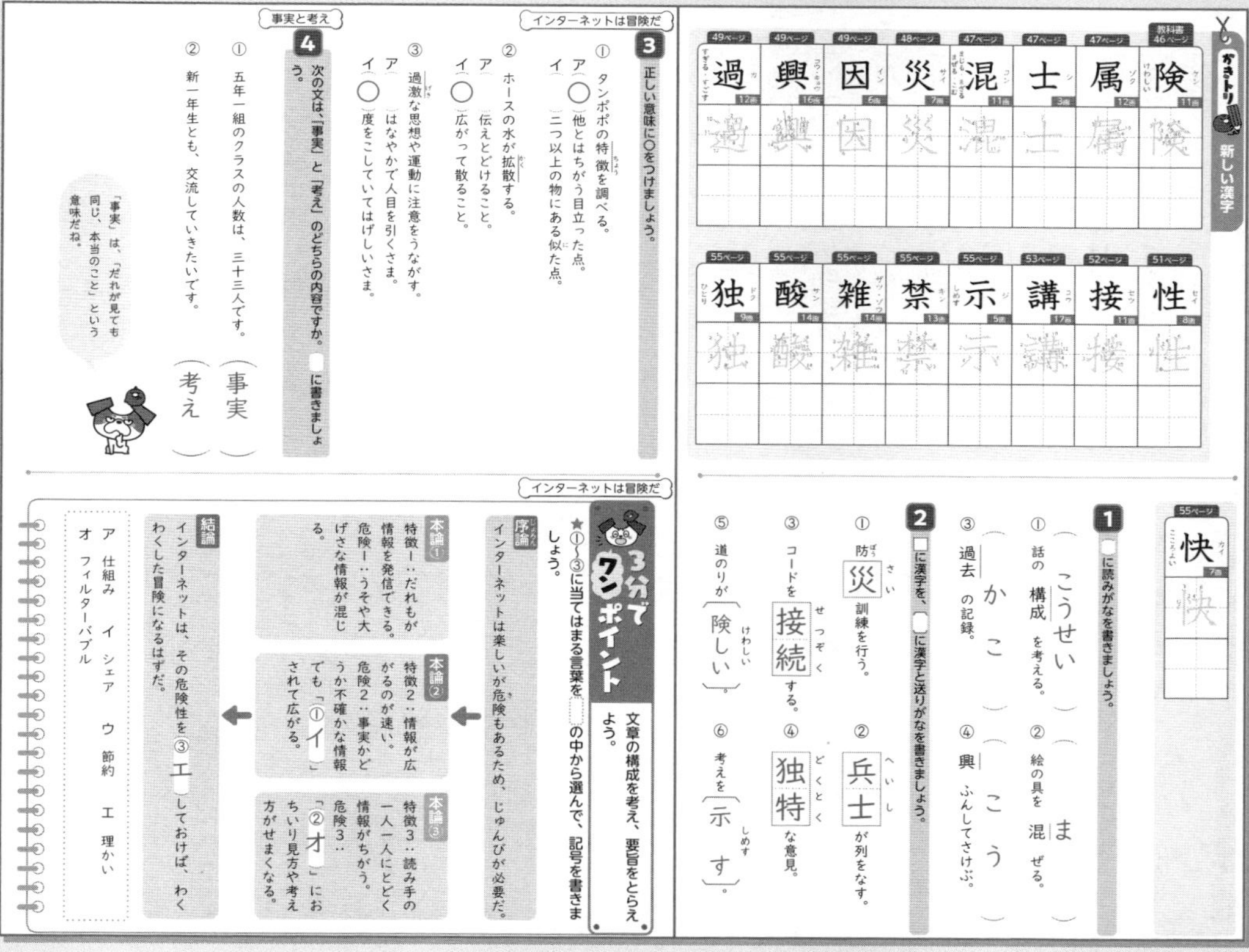

ガッテン！ 新しい漢字
険　属　士　混　災　因　興　過
性　接　講　示　禁　雑　酸　独
快

1 □に読みがなを書きましょう。
① 話の構成を考える。（こうせい）
② 絵の具を混ぜる。（ま）
③ 過去の記録。（かこ）
④ 興ふんしてさけぶ。（こう）

2 □に漢字を、（　）に漢字と送りがなを書きましょう。
① 防災訓練を行う。
② 兵士が列をなす。
③ コードを接続する。
④ 独特な意見。
⑤ 道のりが険しい。
⑥ 考えを示す。

3 正しい意味に○をつけましょう。（インターネットは冒険だ）
① タンポポの特徴を調べる。
ア（○）他とはちがう目立った点。
イ（　）二つ以上の物にある似た点。
② ホースの水が拡散する。
ア（　）伝えとどけること。
イ（○）広がって散ること。
③ 過激な思想や運動に注意をうながす。
ア（　）はなやかで人目を引くさま。
イ（○）度をこしていてはげしいさま。

4 次の文は、「事実」と「考え」のどちらの内容ですか。□に書きましょう。（事実と考え）
① 五年一組のクラスの人数は、三十三人です。（事実）
② 新一年生とも、交流していきたいです。（考え）

「事実」は、「だれが見ても同じ、本当のこと」という意味だね。

3分でワンポイント　文章の構成を考え、要旨をとらえよう。（インターネットは冒険だ）
★①～③に当てはまる言葉を□の中から選んで、記号を書きましょう。
序論：インターネットは楽しいが危険もあるため、じゅんびが必要だ。
本論①：特徴1：だれもが情報を発信できる。危険1：うそや大げさな情報が混じる。
本論②：特徴2：情報が広がるのが速い。危険2：事実かどうか不確かな情報でも「①イ」されて広がる。
本論③：特徴3：読み手の一人一人にとどく情報がちがう。危険3：「②オ」におちいり見方や考え方がせまくなる。
結論：インターネットは、その危険性を③エしておけば、わくわくした冒険になるはずだ。
ア 仕組み　イ シェア　ウ 節約　エ 理かい　オ フィルターバブル

---

3 ②「口々に」とは、多くのひとがそれぞれに言うことを表します。
③「せいぜい」は、「多くても」という意味です。

4 ①年鑑は、一年間に起きた出来事や統計などをまとめて記録したものです。

5 相手か自分側か、どちらの動作なのかを判断します。相手の動作には尊敬語、自分側の動作にはけんじょう語を用います。「です」「ます」「ございます」をつけただけの表現は、ていねい語です。

6 ①「食べて」は「みなさま」の動作であるため、尊敬語を用います。
②「持つ」は自分の動作であるため、けんじょう語を用います。
③「聞いた」は自分の動作であるため、けんじょう語を用います。「うかがう」は「聞く」のけんじょう語です。
④「来た」は「校長先生」の動作であるため、尊敬語を用います。
⑤「言った」は「先生」に対する、自分側の「父」の動作であるため、けんじょう語を用います。
⑥「もらった」は自分の動作であるため、けんじょう語を用います。「いただく」は「もらう」のけんじょう語です。

3 ②「拡散」とは、広がって散ることです。近年では、情報が広く伝わることなどにも用いられます。

4 「事実」は、だれにとっても確かなことですが、「考え」は、人によってちがうことがあります。
①クラスの人数は、確かなことなので事実です。
②「交流していきたい」というのは願望なので、考えです。

3分でワンポイント
「インターネットは冒険だ（藤代裕之）」では、文章を「序論」「本論」「結論」に整理して読むことで、筆者の主張をつかむことができます。とくに、筆者がインターネットの楽しさをみとめたうえで、その特徴ならではの危険性をいくつかに分けて説明している点をおさえて読みましょう。

練習　14~15ページ
インターネットは冒険だ

文章を読んで、答えましょう。

インターネットの大きな特徴は、だれもが情報を発信できるということだ。これまで世の中で起きた出来事を伝えてきたのは、主にテレビや新聞だった。テレビや新聞は、そこに所属する記者が取材して確かめたものを、番組や記事にしてとどけている。インターネットでは、記者でなくても、スポーツ選手や宇宙飛行士などの有名人、そしてわたしたち自身まで、さまざまな人が情報を発信することができるようになった。そのおかげで、わたしたちが知ることができる世界は大きく広がった。

しかし、だれもが情報を発信できるために、記者が取材したニュースから、自治体や企業、そして個人が発信したものまで、さまざまな情報が入り混じってしまっている。人がおぼれたという事故も、その場にいた人ならだれでも、すぐに発信できる。テレビや新聞では報じていない情報もあるが、うそや大げさなものも混じるという危険がある。

だからこそ、「インターネットの話題」をだれが発信しているのかを確かめることが大切なのだが、インターネットでニュースを見るときに出所を「気にする」人は、二十代以下では半分にも満たない。ふだんの生活では、だれだか分からない人の話を真に受ける人は少ないが、インターネットの情報になると、だれが話しているか確かめない人が多くなるのは不思議なことだ。

藤代　裕之「インターネットは冒険だ」より

❶「これまで世の中で起きた出来事を伝えてきたのは、主にテレビや新聞だった。」とありますが、テレビや新聞は、どのように出来事を伝えていますか。文章から書きぬきましょう。

（番組や記事にして）伝えている。

❷「わたしたちが知ることができる世界は大きく広がった。」とありますが、それはなぜですか。文章から書きぬきましょう。

インターネットによって、有名人から わたしたち自身 もふくめて、さまざまな人が 情報を発信する ことができるようになったから。

❸ インターネットにはどのような危険があると筆者は述べていますか。文章から書きぬきましょう。

さまざまな情報の中に、（うそや大げさなものも混じる）という危険。

ヒント「そのおかげで」という言葉の前に注目しよう。

❹ インターネットの危険におちいらないために大切なこととして、筆者はどのようなことを挙げていますか。一つに○をつけましょう。

ア（　）数ある情報の中で、スポーツ選手や芸能人などの有名な人が話したものだけを信用すること。

イ（　）正しい内容かどうかをすぐに判別できるように、身近な話題を中心に情報を集めておくこと。

ウ（○）その話題がだれによって伝えられたものなのかという、情報の出所を自分でおさえること。

エ（　）書かれた情報が、新聞の記事や本の内容を参考にしたものかどうかをつねに確かめること。

ヒント 第三段落の内容に注目しよう。

❺「不思議なことだ。」とありますが、どのようなことが不思議なのですか。文章の最後の段落から書きぬきましょう。

ふだんの生活では、知らない人の話を 真に受ける人 は少ないのに、インターネットの情報 の場合は、だれが話しているかを 確かめない人 が多くなること。

ヒント 筆者が「ふだんの生活」と何を比べているかを考えよう。

準備　16~17ページ
地域のみりょくを伝えよう／漢字の成り立ち／いにしえの言葉に親しもう

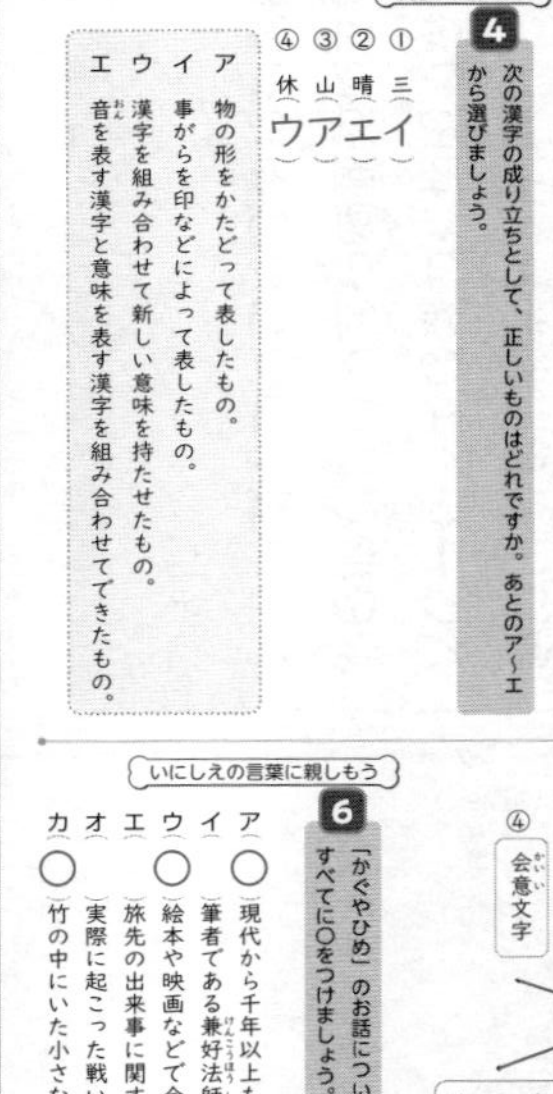

かきトリ　新しい漢字

教科書61ページ	65ページ	65ページ	65ページ	65ページ	65ページ	68ページ
識（シキ）19画	潔（ケツ）15画	比（ヒ・くらべる）4画	河（カ・かわ）8画	精（セイ）14画	版（ハン）8画	勢（セイ・いきおい）13画

70ページ	70ページ	70ページ	71ページ
織（シキ・おる）18画	紀（キ）9画	永（エイ・ながい）5画	志（シ・こころざす・こころざし）7画

1 ＿に読みがなを書きましょう。

① 勢力（せいりょく）をのばす。
② 明暗を識別（しきべつ）する。
③ 二者を比（くら）べる。
④ 身の潔白（けっぱく）をうったえる。
⑤ 大きな河（かわ）が流れる。
⑥ おつりの精算（せいさん）をする。

2 □に漢字を、〔　〕に漢字と送りがなを書きましょう。

① 版画（はんが）の作品を見る。
② 紀行（きこう）文をつづる。
③ 永続（えいぞく）的に発展する。
④ 〔織り〕（おり）物をする。
⑤ チームに〔勢い〕（いきおい）がある。
⑥ 医者を〔志す〕（こころざす）。

3 地域のみりょくを伝えよう

正しい意味に○をつけましょう。

① 自分が書いた報告文を推敲する。
ア（　）別のものと比べること。

イ（○）何度も練り直すこと。

② 何万年も前の化石を発くつする。
ア（　）大切なものであると見直すこと。

イ（○）地中にあるものをほり起こすこと。

③ 地元のみりょくを伝え合う。
ア（○）人を引きつけて夢中にさせるところ。

イ（　）長い間受けつがれてきた決まりや風習。

4 漢字の成り立ち

次の漢字の成り立ちとして、正しいものはどれですか。あとのア〜エから選びましょう。

① 三（イ）
② 晴（エ）
③ 山（ア）
④ 休（ウ）

ア　物の形をかたどって表したもの。
イ　事がらを印などによって表したもの。
ウ　漢字を組み合わせて新しい意味を持たせたもの。
エ　音を表す漢字と意味を表す漢字を組み合わせてできたもの。

5 漢字の成り立ちは、次の四つに分けられます。それぞれの種類の名前と、その説明を線で結びましょう。

① 指事文字
② 形声文字
③ 象形文字
④ 会意文字

・具体的な物の形を線で書き表した文字。
・漢字を組み合わせて、新しい意味を表すようにした文字。
・数や位置関係など、具体的な形に表しにくい事がらを、点や線などを使って表した文字。
・音を表す漢字と意味を表す漢字を組み合わせた文字。大半の漢字はこの方法で作られている。

6 いにしえの言葉に親しもう

「かぐやひめ」のお話についての説明として正しいものはどれですか。すべてに○をつけましょう。


ア（○）現代から千年以上も前に書かれた物語である。

イ（　）筆者である兼好法師の考えがかかれている。

ウ（○）絵本や映画などで今まで長く親しまれている。

エ（　）旅先の出来事に関する俳句を織り交ぜている。

オ（　）実際に起こった戦いなどがもとになっている。

カ（○）竹の中にいた小さな女の子が主役の話である。

---

❶ 直後に「テレビや新聞は」と再び続くことに着目します。

❷ 直前に「そのおかげで」とあることに着目します。「そのおかげ」とは、さらに前の、インターネットによって、「記者でなくても、スポーツ選手や宇宙飛行士などの有名人、そしてわたしたち自身まで、さまざまな人が情報を発信することができるようになった」という内容を指しています。

❸「わたしたちが知ることができる世界は大きく広がった」と、インターネットの利点について述べた後に、次の段落で「しかし」と逆接の表現が続くことをおさえましょう。これより後に、インターネットの欠点について説明があると推測することができます。

❹ インターネットの危険について述べた後に「だからこそ」と続くことをおさえます。インターネットの危険をふまえて、筆者がどのようなことが大切であると述べているかに着目しましょう。

❺ 直前に「確かめない人が多くなるのは」とあります。「確かめない」とは、インターネットの情報を、「だれが発信しているのか」についてです。筆者が「ふだんの生活」とインターネットを比べて述べていることをおさえましょう。

3 ①「推敲」とは、文章をよりよくするために、何度も練り直すことです。
②「発くつ」とは、土の中にうまっているものをほり起こすことです。また、比喩として、かくされた価値あるものを見いだすことにも用いられます。
③「みりょく」は、人をひきつけて夢中にさせる力のことです。

4 ②「晴」は、「日（ひ）」が意味を、「青（セイ）」が音を表していることをおさえましょう。
④「休」は、人が木かげでやすむ、ということから「人」と「木」の漢字を組み合わせてできた漢字です。

6「かぐやひめ」のお話は、今から千年以上も前に書かれ、日本でもっとも古い物語だと言われています。イは、「徒然草」、エは「おくのほそ道」、オは「平家物語」についての説明です。

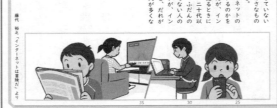

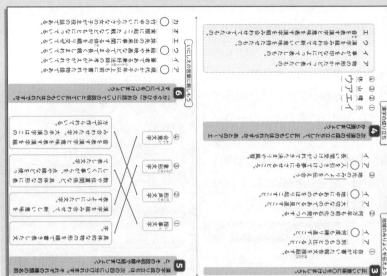

練習　18~19ページ
いにしえの言葉に親しもう

❶「名をば、さぬきのみやつことなむいひける」と書いてあります。

❷現代の言葉ではどのように書いてあるのか、比べながら考えます。

❸現代の言葉のほうに「根元の光っている竹」とあります。

❹「つつの中光りたり」「いとうつくしうてゐたり」に注目します。「ゐる」とは、現代の言葉では「じっとしている」「すわっている」という意味があります。

❺文脈に気をつけながら、現代の言葉と読み比べます。

❻現代の言葉を見ると、「とりとめのないこと」を「当てもなく書きつける」と書かれています。

❼古文も現代の言葉も、最初に「月日は」という言葉で始まっています。続く言葉に気をつけ読み進めます。

❽現代の言葉で、「〜のような」という表現は、たとえを表す言葉です。月日も、年もどちらも「旅人のようなもの」と書いてあります。

確かめのテスト① 20〜21ページ

インターネットは冒険だ 〜 いにしえの言葉に親しもう

おうちのかたへ

説明文を読むときには、接続詞に注意しましょう。接続詞の付近には、筆者の主張やそのように考える根拠などが書かれていることがあります。また、接続詞がつなぐ前後の文と文が、どのような関係にあるのかに着目しながら読み進めると、全体の文脈をつかみやすくなります。

文章を読んで、答えましょう。　思考・判断・表現

　情報が広がるのは、インターネットのもう一つの仕組みにも原因がある。それは、多くの人が情報を見れば、その情報を発信している人にお金が入るという仕組みである。情報が正しいかまちがっているかに関係なく、多くの人の興味を引くために、おもしろかったり過激だったりする情報がつくられているかもしれないのだ。事実かどうかが不確かなものだとしても、そういった情報ほど「シェア」されて広まってしまうという危険がある。

　次の日友達と話すと、だれが助けたのかという話題になった。友達は動画サイトの有名人が「ヒーローの小学生」をさがしていると教えてくれた。いつしか助けたのは「小学生」と決めつけられていた。動画サイトには「自分も小学生を見た。」といったコメントが多く書きこまれていて、友達は、助けたのは小学生にちがいないと信じこんでいた。

　インターネットのもう一つの特徴は、読み手の一人一人にとどく情報がちがうということだ。それは、読み手に合わせた情報をコンピューターが選ぶことができる仕組みがあるためだ。インターネットにはたくさんの情報があるため、コンピューターが自動で自分に合わせたものを選んでくれることは時間の節約にもなり、とても便利である。

　しかし、この仕組みにより、わたしたちは知らず知らずのうちに「フィルターバブル」というものにおちいる危険がある。これは、自動的に情報が選ばれることで、自分の興味がある情報、自分がそうだと思いやすい情報にかこまれてしまうことだ。この「フィルターバブル」に、自分で気づくことはむずかしい。かぎられた情報にしかふれなくなることで、広い世界を見ているつもりでも、いつのまにか見方や考え方がせまくなってしまうのだ。

　自分がふれる情報だけが「正しい」と思いこまないようにするためには、友達や家族などの周りの人たちと話してみることが大切だ。そうすると、ほかの人が見ている情報が少しずつちがっていることに気づくかもしれない。そのちがいに気づくことで、新たな発見を得ることもできるだろう。

　このように、インターネットには危険がひそんでいる。うそや大げさな情報、お金のために情報を拡散する仕組み、知らない間に「フィルターバブル」におちいる罠。これらの危険に気づきにくいのは、気軽で便利に使えるための仕組みが、同時に危険を生み出してもいるからだ。

　あなたが知っておどろいたニュースも実は、思わぬところから生まれ、インターネットをかけめぐり、たどり着いたものかもしれない。その危険性を理解しておけば、おどろきのニュースや新しい出来事に満ちたインターネットは、いろいろなものに出会う、わくわくできる冒険になるはずだ。

藤代　裕之「インターネットは冒険だ」より

1 よく出る 「インターネットのもう一つの仕組み」について、次の問題に答えましょう。

① 「もう一つの仕組み」とは、どのような仕組みですか。「〜という仕組み。」に続くように、文章から三十字でさがし、初めと終わりの五字を書きぬきましょう。　10点

多くの人が 〜 お金が入る という仕組み。

② 「もう一つの仕組み」には、どのような危険がありますか。文章から書きぬきましょう。　10点

事実かどうか が不確かな情報が、「シェア」 されて広まってしまうという危険。

2 「読み手の一人一人にとどく情報がちがう」とありますが、それは情報を得るにあたってコンピューターがどのようにしてくれるからですか。文章から書きぬきましょう。　10点

（自動で自分に合わせたものを選んでくれる）から。

3 「時間の節約にもなり、とても便利である。」とありますが、このような長所とは反対に、インターネットにはどのような短所がありますか。一つに○をつけましょう。　10点

ア（　）そくざに情報が選ばれることで、どの情報を選べばよいかを考える時間が短くなる。

イ（○）自分がふれる情報にかたよりが生まれることで、ものの見方や考え方が限定される。

ウ（　）コンピューターが読み手をまちがえることで、時にあやまった情報がとどけられる。

4 「『フィルターバブル』に、自分で気づくことはむずかしい。」とありますが、気づくためには、どのようにすることが大切ですか。文章から書きぬきましょう。　20点

（友達や家族などの周りの人たちと話してみること）

5 できたらスゴイ！ インターネットにひそむ危険に気づきにくいのは、なぜですか。文章から書きぬきましょう。　20点

インターネットの危険は、（気軽で便利に使えるための仕組み）から生まれているから。

6 考えを書こう 筆者は結論として、インターネットについてどのような主張を述べていますか。　20点

インターネットは、〔例 危険性を理かいしておけば、わくわくできる冒険になる。〕

---

1 ①後の「それは」が――線の内容を指していることをおさえます。「それは」の直後に書かれているように、「インターネットのもう一つの仕組み」とは、「多くの人が情報を見れば、……お金が入るという仕組み」のことです。

2 ――線直後の「それは」より後に、「読み手に合わせた情報をコンピューターが選ぶことができる」とあることから考えましょう。

3 直後の段落に「しかし」とあることに着目します。「フィルターバブル」がどのような危険のことを言うのか読み取りましょう。

4 「フィルターバブル」によって、「自分がふれる情報だけが『正しい』と思いこ」んでしまうようになります。

5 理由を述べるときは「〜から」「〜ため」などの表現がよく用いられます。文章中から理由を説明している部分をさがしましょう。

6 結論は、文章の最後にまとめとして書かれていることがあります。ここでは、最後の段落で、「おどろきのニュースや新しい出来事に満ちたインターネット」を「わくわくできる冒険」として楽しむには、「その危険性を理かいしてお」くことが大切だということが述べられています。

例2 危険性を理かいしておけば、おどろきのニュースや新しい出来事に出会う、わくわくできる冒険になる。

確かめのテスト② 22〜23ページ

インターネットは冒険だ 〜 いにしえの言葉に親しもう

1 読みがなを書きましょう。（一つ2点〔20点〕）

①天性の能力。（てんせい） ②禁止事項に目を通す。（きんし） ③雑草を引きぬく。（ざっそう） ④少し酸味がする。（さんみ） ⑤災害から身を守る。（さいがい） ⑥ボールが接近する。（せっきん） ⑦武士の文化を調べる。（し） ⑧独自の意見を述べる。（どくじ） ⑨全学年混合のチーム。（こんごう） ⑩金属でできた食器を使う。（きんぞく）

2 □に漢字を、（　）に漢字と送りがなを書きましょう。（一つ2点〔20点〕）

①原因をつきとめる。 ②興味を持つ。 ③気軽に声をかける。 ④取材に出かける。 ⑤新聞で情報を得る。 ⑥気持ちが変化する。 ⑦電力を節約する。 ⑧時間が（過ぎ）去る。 ⑨（険しい）顔つき。 ⑩場所を（示す）。

3 文の意味に合うほうの言葉を〇でかこみましょう。（一つ4点〔16点〕）

① 最近のロボットは能力が高く、読み書きや計算に、人との会話（から・まで）こなすと言われている。
② 友人はサッカーがとても上手で、そのうわさはとなりの町にも伝わっている（ようだ・からだ）。
③ 油断ばかりしてのんきにかまえていると、思わ（ず・ぬ）ところでいたい目を見るから気をつけよう。
④ たとえつらい時期で（あっても・あったら）、自分を信じてがんばり続ければ乗りこえられるはずだ。

4 正しい意味に〇をつけましょう。（一つ3点〔9点〕）

① メディア　ア 新聞やテレビから情報を受け取る人々。　イ〇 情報を伝えるために用いられるもの。
② 真に受ける　ア まじめな様子で正面から話を聞く。　イ〇 言葉どおりに本当のことだと思う。
③ かけめぐる　ア〇 あちこちを走り回る。　イ 体中にいきとどく。

5 思考・判断・表現　ある地域について、次の事実から考えられるみりょくを書きましょう。（10点）

・山にかこまれており、町の中心に大きな川が流れている。
・百年以上も前の日本家屋がならび、多くの観光客がおとずれる。

例 この地域は自然が豊かで、ほこれる文化もある。

6 次の作品についての説明を、あとのア〜ウから選びましょう。（一つ3点〔9点〕）

①竹取物語（イ） ②平家物語（ウ） ③おくのほそ道（ア）

ア 今から三百年ほど前に、松尾芭蕉が、旅の中での出来事などを俳句を織り交ぜながら書いた紀行文。
イ 竹を取りに行ったおじいさんが、竹の中に小さなかわいらしい女の子を見つけるところから始まる、今から千年以上前に書かれた物語。「かぐやひめ」のお話として知られている。
ウ 実際に起こった戦いなどをもとにした、今から八百年ほど前に作られた物語。始まりの部分で、全てのものは移り変わり、勢いのある人も必ずおとろえるという真理を表している。

7 次の漢字の成り立ちを、あとのア〜エから選びましょう。（一つ2点〔16点〕）

①目（ア） ②二（イ） ③林（ウ） ④版（エ） ⑤門（ア） ⑥下（イ） ⑦校（エ） ⑧森（ウ）

ア 象形文字　イ 指事文字　ウ 会意文字　エ 形声文字

準備 24〜25ページ

世界でいちばんやかましい音／漢字を使おう３／思考に関わる言葉

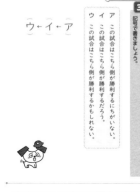

かきトリ 新しい漢字

歴　史　喜　賛　職　任　仏
招　状　殺　態　仮　断　判
測　条

1 に読みがなを書きましょう。

①思いの外楽しかった。（ほか） ②ほめられて喜ぶ。（よろこ） ③自分の任務を果たす。（にんむ） ④仏の顔も三度まで。（ほとけ） ⑤仮の話をする。（かり） ⑥この辺りは殺風景だ。（さっぷうけい） ⑦家に招待する。（しょうたい） ⑧道路を横断する。（おうだん） ⑨息を殺して待つ。（ころ） ⑩大事な役目を任せる。（まか）

2 □に漢字を、（　）に漢字と送りがなを書きましょう。

①歴史の勉強をする。 ②多くの人が賛成する。 ③新しい職場に行く。 ④今の状態。 ⑤きっぱりと（断る）。 ⑥家庭に幸せを（招く）。

3 思考に関わる言葉　次の文を、事実を判断する度合いが強い順になるようにならべかえて、記号で書きましょう。

ア この試合はこちら側が勝利するにちがいない。
イ この試合はこちら側が勝利するだろう。
ウ この試合はこちら側が勝利するかもしれない。

ウ←イ←ア

3分でワンポイント（世界でいちばんやかましい音）　物語の山場をとらえよう。

★①〜④に当てはまる言葉を□の中から選んで、記号を書きましょう。

始まり	山場に向かう場面	山場	終わり
・世界でいちばんやかましいガヤガヤという都に、やかましい音が大好きな王子様がいた。 ・王子様の誕生日に全世界の人が同時にさけび、「世界でいちばんやかましい音」をおくることになった。	・人々は、自分たちも「世界でいちばんやかましい音」を聞いてみたくなった。	・約束のしゅんかんが近づき、人々は①イ。 ・約束のしゅんかん、「世界でいちばんやかましい音」を聞こうと、みんな声を出さず静まり返った。 ・人々は、王子様に②ウと思った。 ・王子様がうれしそうなのを見て、人々は③エ。 ・王子様は、静けさや落ち着きを④ア。	・ガヤガヤは世界でいちばん静かで平和な町になった。

ア 気に入った　イ 興奮した　ウ 申しわけない　エ 意外に思った

---

3 ①「読み書きや計算」だけでなく、「人との会話」もできる、という意味になることをおさえましょう。
②「となりの町にも伝わっている」という伝聞を表す言葉を選びます。
④文頭に「たとえ」という仮定の表現があることに着目し、これに対応する語を選びます。

4 ①「メディア」とは、新聞やテレビ、インターネットなどのように、情報を伝えるばいたいとなるものです。
②「真に受ける」は、相手の言うことを言葉どおりに受け止めることです。
③「かけめぐる」は、「走る」という意味の「かける」と、「回る」という意味の「めぐる」が合わさってできた言葉であることから考えましょう。

5 自然が豊かであることや、文化が栄えていることにふれましょう。

6 ①「竹取物語」は、日本で最古の物語と言われています。

7 ④「版」の音読みと、「反」の音読みが同じであることから考えます。

1 ①「外」を「ほか」と読むのは、特別な読み方です。覚えるようにしましょう。

3 文末の表現によって、判断の度合いを変えることができます。「かもしれない」は、疑問であるが、実現する（または真実である）可能性があることを示す表現です。「だろう」は、想像したことや、判断を示す表現です。このことを、推量ともいいます。「ちがいない」は、確実性の高い判断を示す表現です。

3分でワンポイント

「世界でいちばんやかましい音（ベンジャミン・エルキン作／松岡享子訳）」では、物語を「始まり」「山場に向かう場面」「山場」「終わり」に整理して読むことで、話のなかで大きく場面が動くところをおさえることができます。とくに、「山場」の場面では、登場人物の様子や気持ちが大切になるので、これらの内容や変化をおさえて読みましょう。

練習　26〜27ページ

世界でいちばんやかましい音

文章を読んで、答えましょう。

さあ、それから、ガヤガヤの町は、いそがしくなりました。何百人もの使いが、世界のあちこちへ送り出されました。暑い暑いジャングルから、寒い寒い氷の国まで。毎日、毎日、何千というお知らせが、あらゆる場所へ送られました。電報で、トムトムで、伝書バトで。車で、飛行機で、犬ぞりで。

そして、間もなく、その返事がとどき始めました。だれもかれも、

「この思いつきはおもしろい。喜んで協力しましょう。」

と言ってきました。全世界の人が同じ時刻にいっせいにさけぶという考えに、全世界の人が賛成したようでした。

日がたち、王子様の誕生日が近づくにつれて、興奮は、どんどん高まっていきました。どこの国でも、ギャオギャオ王子の誕生日のことで、話は持ちきりでした。世界中どこへ行っても、どんな小さな村へ行っても、このことでポスターの出ていない国はありませんでした。そして、ポスターには、その国の言葉で、正確に、何月何日、何時何分にさけぶかということが書いてありました。その時刻が来たら、みんな、ありったけの声で、

「ギャオギャオ王子、お誕生日おめでとう！」

と、さけぶことになっていました。

ある日のことでした。ガヤガヤからずっとずっとはなれた、ある小さな町で、一人のおくさんがだんなさんに話をしていました。

「ねえ、あなた。わたしはね、わめくのはいいと思うのよ。でも、ちょっと気になるのはね、自分がありったけの声でさけんでしまったら、ほかの人の声が聞こえないってことなの。だって、そうでしょう。自分の声しか聞こえませんもの。だけど、わたし、世界でいちばんやかましい音というのを、ちょっと聞いてみたい気がするの。」

「おまえの言うとおりだ。」

と、だんなさんは言いました。そして、しばらく考えてから、こう言いました。

「どうだろう、そのとき、ほかの人といっしょに口だけは開けて、声は出さないでいたら？　そうすれば、ほかの連中の出す声が、いったいどんなものか聞けるわけだ。」

おくさんは、これはすばらしい考えだと思いました。そして、別に悪気はなかったのですが、近所のおくさんたちにこの話をしました。

別に悪気はなかったのですが、近所のおくさんたちは、だんなさんにこの話をしました。

別に悪気はなかったのですが、だんなさんたちは、職場で、同りょうにこの話をしました。

別に悪気はなかったのですが、その人たちは、友達にこの話をしました。友達はその友達に話しました。

ベンジャミン・エルキン　文／松岡　享子　訳「世界でいちばんやかましい音」より

❶ 「暑い暑いジャングルから、寒い寒い氷の国まで。」と同じ意味を表す言葉を、文章から七字で書きぬきましょう。

世界のあちこち

❷ 「この思いつき」は、どのような内容ですか。文章から十九字で書きぬきましょう。

全世界の人が同じ時刻にいっせいにさけぶ　という内容。

ヒント　全世界の人が賛成したことだよ。

❸ 「その国の言葉」の「その国」とは、どの国のことですか。一つに〇をつけましょう。

ア（　）ギャオギャオ王子の国。
イ（　）ポスターに書かれている国。
ウ（〇）ポスターが出ている国。
エ（　）とても小さな村がある国。

❹ 「その時刻」とは、いつのことですか。一つに〇をつけましょう。

ア（　）誕生日になる直前の時刻。
イ（　）王子様が生まれる時刻。
ウ（　）世界中から返事がとどく時刻。
エ（〇）みんながいっせいにさけぶ時刻。

❺ 「ちょっと気になる」とありますが、おくさんはどのようなことが気になっているのですか。文章から書きぬきましょう。

（世界でいちばんやかましい音）というものを聞いてみたいのに、自分がありったけの声でさけんだら、（ほかの人の声が）聞こえない）こと。

❻ 「すばらしい考え」とは、どのような考えですか。文章から書きぬきましょう。

約束の時刻が来たら、（ほかの人といっしょに口だけは開けて、声は出さない）という考え。

❼ だんなさんが考えたことは、なぜ広まったのですか。一つに〇をつけましょう。

ア（　）王子様の誕生日を祝いたくない人が、まわりの人に話を広めたから。
イ（　）ガヤガヤの町からの命令を守らないとどうなるか、みんな知りたかったから。
ウ（〇）話を聞いてきょうみを持った人が、何となくまわりの人に伝えていったから。

ヒント　人々には「悪気はなかった」と書かれているよ。

❶ 「暑い暑い……寒い寒い氷の国まで」とは、世界中という意味です。

❷ 「この思いつき」のあとをさがすと、「全世界の人が同じ時刻にいっせいにさけぶという考えに、全世界の人が賛成した」とあり、みんなが「この思いつき」に協力するという内容が言いかえられていることが分かります。

❸ 世界中すべての国にポスターが出ていて、そのポスターにはさけぶ日時が書かれていました。

❹ 直前の、「何月何日、何時何分にさけぶ」という表現に着目しましょう。

❺ 直後に「自分がありったけの声でさけんでしまったら、ほかの人の声が聞こえない」とあることをおさえます。おくさんは、「世界でいちばんやかましい音」を聞きたいのに聞けないということを、だんなさんに話しているのです。

❻ 直前の「これは」より前の内容を読み返すと、31行目の「どうだろう〜わけだ」というだんなさんの提案を指していると分かります。そうすれば、「世界でいちばんやかましい音」を聞くと言う願いがかなうので、おくさんはすばらしいと感じたのです。

❼ 「別に悪気はなかったのですが」とあることに着目します。さらに物語の最後の三つの段落にも、同様の表現が繰り返されており、話を聞いた人々は、別に悪気はなかったのですが、同りょうや友達に話したとあります。このようにして、だんなさんの考えはじょじょに世界中へと広まっていったことが分かります。

確かめのテスト① 28〜29ページ

世界でいちばんやかましい音 〜 思考に関わる言葉

おうちのかたへ

心情を読み取ったり、想像力をはたらかせたりする問題が苦手な場合には、気持ちや行動を表す言葉に気をつけながら読むことが大事です。言葉を○で囲んだり、言葉どうしを線で結んだりしてみましょう。

文章を読んで、答えましょう。 思考・判断・表現

さて、いよいよギャオギャオ王子の誕生日がやってきました。世界中いたる所で、人々は、広場や、集会場に集まっていました。人々の目は、じいっと時計に注がれていました。カチッカチッと時計の秒針が動き、約束のしゅんかんが近づきます。息づまるような興奮が、電気のように世界中をかけめぐりました。

もちろん、ガヤガヤの町では、興奮は、その極に達していました。人々は、宮殿の前の広場に集まっていました。王子様は、宮殿のバルコニーから身を乗り出して、世界でいちばんやかましい音が始まるのを、今か今かと待っていました。

十五秒前……十秒前……五秒前……

三、二、一、それっ！

何百万、何千万、何億という人が、世界でいちばんやかましい音を聞くために耳をすましました。そして、その何億という人の耳に聞こえたのは、全くのちんもくでした。だれもかれもが、ほかの人の声を聞こうとして、声を出さなかったからです。だれもかれもが、仕事は人に任せて、自分はその結果だけを楽しもうとしたからです。

さて、かんじんのガヤガヤの町では、どうだったでしょう？

この町の歴史が始まって以来、初めて、ガヤガヤの町は、しいんと静まり返りました。世界でいちばんやかましい音で、王子様の誕生日をお祝いするはずだったのに……。

人々は、王子様に悪いことをしたと思いました。申しわけなさとはずかしさで、人々は、頭をたれ、こそこそと家に帰りかけました。

ところが、急に、足を止めました。あれは、何でしょう？ 宮殿のバルコニーから聞こえてくる、あの音は？

まさかと思いましたが、まちがいありません。王子様です。王子様がうれしそうに手をたたいているのです！ 王子様は、しきりにはしゃいで、とんだりはねたりしながら、庭の方を指差していました。

生まれて初めて、王子様は、小鳥の歌を聞いたのです。木の葉が風にそよぐ音を、小川を流れる水の音を聞いたのです。生まれて初めて、王子様は、人間の立てるやかましい音ではなく、自然の音を聞いたのです。生まれて初めて、王子様は、静けさと落ち着きを知ったのです。そして、王子様は、それがすっかり気に入りました。

ベンジャミン・エルキン 文／松岡 享子 訳「世界でいちばんやかましい音」より

1 「興奮は、その極に達していました。」とは、どのような様子ですか。一つに○をつけましょう。 10点

ア（　）世界中の人々の興奮が、やっと伝わってきた様子。
イ（　）興奮がおさまり、今までどおり静かになった様子。
ウ（○）これ以上ないくらいに、興奮が高まっている様子。

2 よく出る 約束のしゅんかん、どのようなことが起きましたか。文章から書きぬきましょう。 一つ5点（10点）

世界中の人々が、世界でいちばんやかましい音を聞こうとして（声を出さなかった）ので、人々の耳には全くの（ちんもく）だけが聞こえたこと。

3 できたらスゴイ！ 「申しわけなさとはずかしさ」について、答えましょう。

① 人々は、なぜ「申しわけなさ」を感じたのですか。文章から書きぬきましょう。 15点

（世界でいちばんやかましい音で、王子様の誕生日をお祝いする）ことができなかったから。

② 人々は、どのようなことに「はずかしさ」を感じたのですか。文章から書きぬきましょう。 15点

さけぶことを人に任せて、（自分はその結果だけ）を楽しもうとしたこと。

4 よく出る 「あの音」とは何ですか。文章から書きぬきましょう。 20点

（王子様がうれしそうに手をたたいている）音。

5 「まさかと思いました」とありますが、なぜ人々はそう思ったのですか。一つに○をつけましょう。 10点

ア（　）宮殿の前の広場は静まり返っていたのに、急に音が聞こえてきたから。
イ（○）がっかりしていると思っていた王子様が、うれしそうにしていたから。
ウ（　）家に帰りかけた自分たちを、王子様がよびとめていると分かったから。

6 考えて書こう 「自然の音を聞いた」とありますが、自然の音を聞いて王子様はどうなりましたか。 20点

（例 生まれて初めて静けさと落ち着きを知り、それらがすっかり気に入った。）

---

1 人々はさけぶときを今か今かと待っています。

2 「世界でいちばんやかましい音」を聞くため、だれも声を出さなかったのです。

3 人々は、王子様の誕生日のお祝いに「世界でいちばんやかましい音」をおくるつもりでした。しかし、ほかの人が声を出せば、自分はだまっていてもよいと考え、声を出さなかったのです。自分勝手な考えで王子様の誕生日を祝えなかったことを申しわけなく、はずかしく感じたのです。

4 宮殿のバルコニーにいる王子様は、うれしそうに手をたたいています。

5 「世界でいちばんやかましい音」を聞けなかったのに、王子様はうれしそうにしていたのです。

6 「自然の音を聞いたのです」は、前にえがかれている、王子様がバルコニーでうれしそうにはしゃいでいる様子の理由を述べた部分の言葉です。この前後をよく読んで、小鳥の歌などの自然の音と、静けさや落ち着きをすっかり気に入って、はしゃいでいる王子様の様子をおさえましょう。

例2 生まれて初めて知った自然の音や静けさと落ちつきを、すっかり気に入った。

確かめのテスト② 30~31ページ

世界でいちばんやかましい音 ～ 思考に関わる言葉

1 読みがなを書きましょう。（一つ2点〔20点〕）

① 信条を曲げない。（しんじょう） ② 勝敗を判定する。（はんてい） ③ 歴代の学校長。（れきだい） ④ 喜色満面（きしょく） ⑤ なりたい職業。（しょくぎょう） ⑥ 現状の課題を調べる。（げんじょう） ⑦ 気持ちが態度に出る。（たいど） ⑧ パーティーに招待する。（しょうたい） ⑨ 断固として動かない。（だんこ） ⑩ 小判が出土する。（こばん）

2 □に漢字を、（　）に漢字と送りがなを書きましょう。（一つ2点〔20点〕）

① 史実にもとづく物語。 ② 賛同の意を示す。 ③ 仮の案。 ④ ことの外手こずった。 ⑤ 念仏をとなえる。 ⑥ 息を殺す。 ⑦ 仮説を立てる。 ⑧ 身長を測定する。 ⑨ 仕事を任す。 ⑩ 水深を測る。

3 次の文のうち、事実を判断する度合いが弱い順になるように、それぞれ数字を書きましょう。（一つ5点〔15点〕）

① ア（2）この様子だと午後は雨になるだろう。 イ（1）この様子だと午後は雨になるかもしれない。 ウ（3）この様子だと午後は雨になるはずだ。

② ア（3）今から言うことはみんなに共通するにちがいない。 イ（1）今から言うことはみんなに共通するかもしれない。 ウ（2）今から言うことはみんなに共通するだろう。

③ ア（2）祭りの当日は電車が混むのではないだろうか。 イ（3）祭りの当日は電車が混むにちがいない。 ウ（1）祭りの当日は電車が混むかもしれない。

4 次の二つの文の一部を変えて、判断する度合いが強くなるように、文全体を書き直しましょう。（一つ5点〔10点〕）

① 次の角を曲がれば、図書館に着くだろう。
（例 次の角を曲がれば、図書館に着くはずだ。）

② わたしの余計な一言で、兄はおこったのかもしれない。
（例 私の余計な一言で、兄はおこったのだろう。）

5 次の言葉の使い方が正しいものを一つ選んで、○をつけましょう。（一つ5点〔15点〕）

① けたたましい
ア（　）兄はけたたましい声で、静かに話し始めた。

イ（○）けたたましい笛の音に、おどろいてふり返った。

ウ（　）けたたましい話を聞いて、みんなが涙を流した。

② とびきり
ア（○）その画家がかいた絵は、とびきり美しかった。

イ（　）わたしはその公園に、とびきり通っていた。

ウ（　）とびきりの差しかないから、どちらでもよい。

③ 持ちきり
ア（　）学級会の話し合いは、これで持ちきりにします。

イ（　）みんなで持ちきりした考えの中から選ぶことにした。

ウ（○）世の中は、新しい総理大臣の話で持ちきりだった。

6 次の言葉を使って短い文を作りましょう。（一つ10点〔20点〕）

① ありったけ
（例 一位でゴールしようと、ありったけの力で走った。）

② とりわけ
（例 わたしはいろいろなスポーツを見るが、とりわけ野球を見るのが好きだ。）

準備 32~33ページ

新聞記事を読み比べよう／すてきなこと

新しい漢字

常	均	件	故	政	編	刊
教科書94ページ 11画	94ページ 7画	95ページ 6画	95ページ 9画	95ページ 9画	95ページ 15画	97ページ 5画

書き順に気をつけて書こう！

1 □に読みがなを書きましょう。

① 日常の出来事。（にちじょう） ② 均等に分ける。（きんとう） ③ 良い物件をさがす。（ぶっけん） ④ 故意にぶつかる。（こい） ⑤ 行政の仕組みを学ぶ。（ぎょうせい） ⑥ ざっしを刊行する。（かんこう）

2 □に漢字を、（　）に漢字と送りがなを書きましょう。

① 常に心がける。 ② 平均を下まわる。 ③ 用件をたずねる。 ④ 事故をふせぐ。 ⑤ 政治に関心をもつ。 ⑥ 手ぶくろを編む。

3 正しい意味に○をつけましょう。

① メディアの意見を参考にする。 ア（　）宣伝や広告。 イ（○）情報を伝える手段。

② 報道記事を読む。 ア（○）出来事などを知らせること。 イ（　）多くの情報を得ること。

③ ざっしに小説がけいさいされる。 ア（　）他の人に直してもらうこと。 イ（○）文章や写真をのせること。

④ 新聞を編集する。 ア（○）記事などを整理し、まとめること。 イ（　）たくさん集めて積み上げること。

⑤ 弟は毎日遊びほうけている。 ア（○）夢中になっている。 イ（　）すべてわすれている。

⑥ 作者のメッセージが心にせまる。 ア（○）強くうったえかけて感動させること。 イ（　）はく力のあまり気がひきしまること。

4 次の新聞記事の①～④を表す言葉をあとのア～エから選びましょう。

①（ア） ②（ウ） ③（エ） ④（イ）

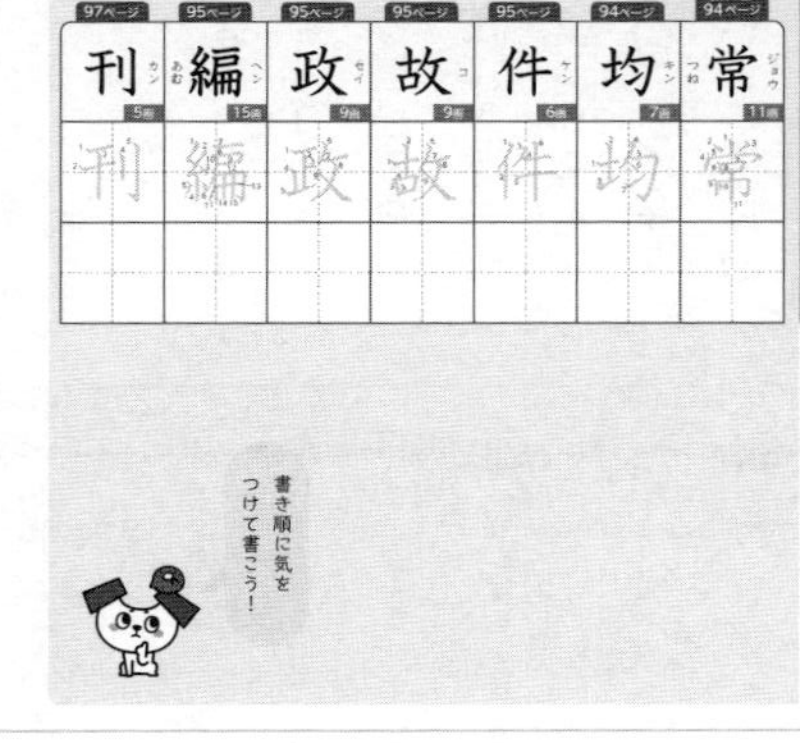

クラス対こうの熱戦、もり上がる
クラス対こうのドッジボール大会が熱戦をはくした。優勝チームは、一年は二組、二年は三組、三年は一組となった。

中学校の校庭がおおいにもり上がりを見せた。中学校ドッジボール大会が熱戦をくり広げたのだ。

試合では、見事な投球や考えぬかれたフォーメーションがてん開され、観客席からはかん声が飛びかった。試合終りょう後、優勝したクラスのメンバーは高ぶる気持ちをおさえながら、語った。

「団結力が勝利をもたらしました。ありがとう！」

▲優勝してだきあう三年一組の生徒ら

ア 見出し　イ 本文　ウ リード　エ キャプション

---

3 文末の表現によって、判断の度合いを変えることができます。「かもしれない」という表現は、可能性があることを示す表現なので、判断する度合いが一番弱いと考えられます。「だろう」は、想像して判断したことを表現するので二番目、「はずだ」「ちがいない」は、確実性の高い判断を示す表現なので、判断の度合いは最も強いと考えられます。

4 ①「だろう」よりも判断の度合いを強くするには、「はずだ」「ちがいない」などの表現を使いましょう。
②「かもしれない」よりも判断の度合いを強くするには、「だろう」「はずだ」「ちがいない」などの表現を使いましょう。

5 ①「けたたましい」とは、人をおどろかせるような高い声や音について用いられます。アは、「静かに」が「けたたましい」と合いません。
②「とびきり」とは、「他と比べていちだんとすぐれている」という意味です。
③「持ちきり」とは、「ある間、同じ話題が続くこと」という意味です。

6 ①「ありったけ」とは、「あるだけ全部」という意味です。
例2 ありったけの声を出しておうえんする。
②「とりわけ」とは、「同じような物の中で特に」という意味です。
例2 今年の夏はとりわけ暑い。

4 ①記事の中心を短い言葉で表したものを「見出し」といいます。読み手の目を引くように大きな文字で書かれています。
②「見出し」の後に付いている、記事の内容をまとめたものを「リード」といいます。見出しやリードに目を通すだけで、記事の内容を大まかにつかむことができるようになっています。
③写真や図にそえられた短い説明の文を「キャプション」といいます。写真や図などの内容をくわしく説明しています。
④出来事について伝える、くわしい文章を「本文」といいます。「いつ」「どこで」「だれが」「何を」「なぜ」「どのように」の六つの要素をおさえて書かれます。そのため、読み手は出来事を、正確にくわしく知ることができます。

練習 34〜35ページ

新聞記事を読み比べよう

文章を読んで、答えましょう。

わたしたちは毎日の生活の中で、さまざまな情報に接しています。新聞、テレビ、インターネットなど、情報を伝えるための手段のことをメディアといいます。メディアは、常に、受け手に送り手からのメッセージを伝えようとします。そのため、メディアから情報を受け取るときには、そこにどのような送り手のメッセージがあるのかを考えることが大切です。

メディアの中でも新聞は、みなさんにとって身近なものの一つといえるでしょう。実際に新聞を読んだり学級新聞を作ったりした経験のある人も、多いのではないでしょうか。

新聞は、社会の出来事を速く多くの人に知らせるための印刷物です。

全国に向けて発行されている新聞の一ページに入る文字の量は、平均すると約一万八百字になるといわれ、これは、四百字づめの原こう用紙約二十七枚分に当たります。

新聞には、国内外の事件や事故などの出来事について伝える報道記事のほか、社説、コラム、解説、投書など、いろいろな種類の文章がけいさいされています。報道記事は、事実を伝えることが中心ですが、それに加え、その出来事が起きた原因や背景、また、これからどうなるかという見通しや、社会におよぼすえいきょうなど、解説も書かれています。

新聞の紙面は、社会、経済、政治、産業、国際、教育、文化、スポーツなど、話題の分野別に構成されています。読者の興味や関心に応じて、どの紙面からでも、どの記事からでも読めるように編集されているのも、新聞の特徴の一つといえるでしょう。

「新聞記事を読み比べよう」より

❶ 「メディア」について、次の問題に答えましょう。

① 「メディア」の例として、どのようなものがありますか。文章から三つ書きぬきましょう。

（新聞）（テレビ）（インターネット）

② 「メディア」は受け手に何を伝えようとしていますか。文章から書きぬきましょう。

送り手 からの メッセージ。

③ 「メディア」から情報を受け取るときに大切なことは何ですか。文章から書きぬきましょう。

（どのような送り手のメッセージがあるのか）を考えること。

❷ 「新聞は、みなさんにとって身近なものの一つといえるでしょう。」について、次の問題に答えましょう。

① 「新聞」とはどのようなものですか。文章から書きぬきましょう。

社会の出来事 を速く 多くの人 に知らせるための印刷物。

ヒント 後の部分の説明に注目しよう。

② 「みなさんにとって身近なものの一つといえる」とありますが、なぜですか。一つに○をつけましょう。

ア（ ）たくさんの情報が書かれているから。

イ（○）実際に読んだ人が多くいるから。

ウ（ ）いろいろな文章がけいさいされているから。

❸ 「報道記事」にはどのようなことが書かれていますか。二つに○をつけましょう。

ア（○）国内外の事件や事故。

イ（ ）社説、コラム、投書など。

ウ（○）事件や事故が起きた原因や背景。

エ（ ）記事を書いた人の感想。

❹ 「新聞の特徴の一つ」とは、どのようなことですか。文章から書きぬきましょう。

話題の分野別 にまとめられていて、どの紙面や 記事 からでも読めること。

ヒント 直前の部分に注目しよう。

確かめのテスト 36〜37ページ

新聞記事を読み比べよう／すてきなこと

教科書の「新聞記事を読み比べよう」を読んで、答えましょう。 思考・判断・表現

教科書98ページ【記事A】から
↓
教科書99ページ【記事B】まで

❶ （ ）に読みがなを、□に漢字を書きましょう。 一つ5点（10点）

① 動画の 編集（へんしゅう） を行う。 ② 事故の 件数 がへる。

❷ 教科書（98ページ）【記事A】と教科書（99ページ）【記事B】の「見出し」の部分には、どのような意図が感じられますか。二つに○をつけましょう。 10点

ア（○）記事Aは、「13歳が大逆転して金メダル」という、意外な結果を強調している。

イ（ ）記事Aは、「頂点」と「最下位」という、正反対の結果に終わった選手のことを表している。

ウ（ ）記事Bは、「もみじが夏空に咲く」という、現実的ではない出来事を伝えている。

エ（○）記事Bは、「スマイル」「夏空」「楽しく」という、明るいふんい気が感じられる。

よく出る

❸ 教科書（98ページ）【記事A】と教科書（99ページ）【記事B】の「リード」の部分に共通して書かれている事実はどのようなことですか。一つに○をつけましょう。 10点

ア（ ）西矢椛選手がスケートボード女子ストリートで、7月26日に金メダルに輝いたこと。

イ（ ）西矢椛選手がスケートボード女子ストリートで、優勝して「もみじスマイル」を見せたこと。

ウ（○）西矢椛選手がスケートボード女子ストリートで、日本勢史上最年少記録で優勝したこと。

❹ 教科書（98ページ）【記事A】の「本文」に書かれている事実はどのようなことですか。文章から書きぬきましょう。 1つ5点（15点）

① 予選第二位 からの決勝だったが、理想の技 に果敢に挑戦して逆転優勝したこと。

② 「できないこと に挑戦し続けたい。」と、西矢椛選手が語ったこと。

❺ 教科書（99ページ）【記事B】の「本文」に書かれている事実はどのようなことですか。文章から書きぬきましょう。 1つ5点（15点）

① 金メダルが決まると、満開の笑顔 をうかべ、うれしなみだ を流したこと。

② 「次の五輪でも 優勝 をねらいたい。」と、西矢椛選手が語ったこと。

スゴイ！

❻ 教科書（99ページ）【記事B】の「本文」に書かれていて、教科書（98ページ）【記事A】の「本文」に書かれていない事実はどのようなことですか。一つに○をつけましょう。 10点

ア（○）西矢椛選手が「楽しく滑ること」をいつもだいじにしていること。

イ（ ）西矢椛選手は安定感やバランス感覚がよく、板に乗る感覚は群をぬいていること。

ウ（ ）西矢椛選手が2歳上の兄のえいきょうで、6歳のときに競技を始めたこと。

❼ 教科書（98ページ）【記事A】の「写真」を見て、次の問題に答えましょう。

① この写真は、記事の意図を伝えるために、どのようなとり方をしていますか。一つに○をつけましょう。 5点

ア（ ）アップ
イ（○）ロング

② 写真のふんい気は、どの「見出し」の言葉と結びついていますか。一つに○をつけましょう。 10点

ア（ ）金メダル
イ（○）大技
ウ（ ）最下位

❽ 教科書（99ページ）【記事B】の「写真」を見て、次の問題に答えましょう。

① この写真は、記事の意図を伝えるために、どのようなとり方をしていますか。一つに○をつけましょう。 5点

ア（○）アップ
イ（ ）ロング

考えを書こう

② なぜ書き手は①のようなとり方をしたのでしょうか。理由を考えて書きましょう。 10点

〔例〕見出しや本文の「スマイル」には、笑顔のアップがよく合うから。

---

❶ ①メディアとは「情報を伝えるための手段」のことです。具体例として、直前に挙げられているものに注目しましょう。答えの順番はちがっていても正解とします。

②メディアが伝えようとしているものについて、直後の部分に着目しましょう。

③「どのような送り手のメッセージがあるのかを考えることが大切です」と書かれていることに注目しましょう。

❷ ①新聞について説明している部分に着目しましょう。問題の「〜を〜に知らせるための」という言葉が手がかりとなります。

②直後の部分に「実際に新聞を読んだり……人も、多いのではないでしょうか」とあることに着目しましょう。

❸ 「報道記事」に書かれていることについて、前後の部分に着目しましょう。「国内外の事件や事故などの出来事について伝える報道記事」、「出来事が起きた原因や背景……も書かれています」と書かれていることに注目しましょう。

❹ 直前の部分に着目しましょう。問題には「〜にまとめられていて」とありますが、文章中では「〜に構成されて」となっていることに注意しましょう。

❷ アは「金メダル」「13歳」「大逆転」という言葉が内容と合います。イは「正反対の結果に終わった選手」、ウは「現実的ではない出来事」の部分が合いません。エは「スマイル」「夏空」「楽しく」という言葉が「明るいふんい気」に合います。

❸ アは「7月26日に」の部分が記事Bにありません。イは「『もみじスマイル』を見せた」の部分が記事Aにありません。

❹ 「〜からの決勝」「〜に果敢に挑戦」「〜に挑戦し続けたい」という問題の言葉と、字数が手がかりとなります。

❺ ①金メダルが決まって「うかべ」たもの、「流した」ものは何かを考えて、文章中からさがしましょう。

❻ イは「予選第二位から」とは記事Bに書かれていません。ウは記事A・記事Bの両方に書かれています。

❽ 対象の一部分を大きく写す「アップ」は、表情を伝えるのに向いています。

準備 38~39ページ
未知へ／心の動きを短歌で表そう

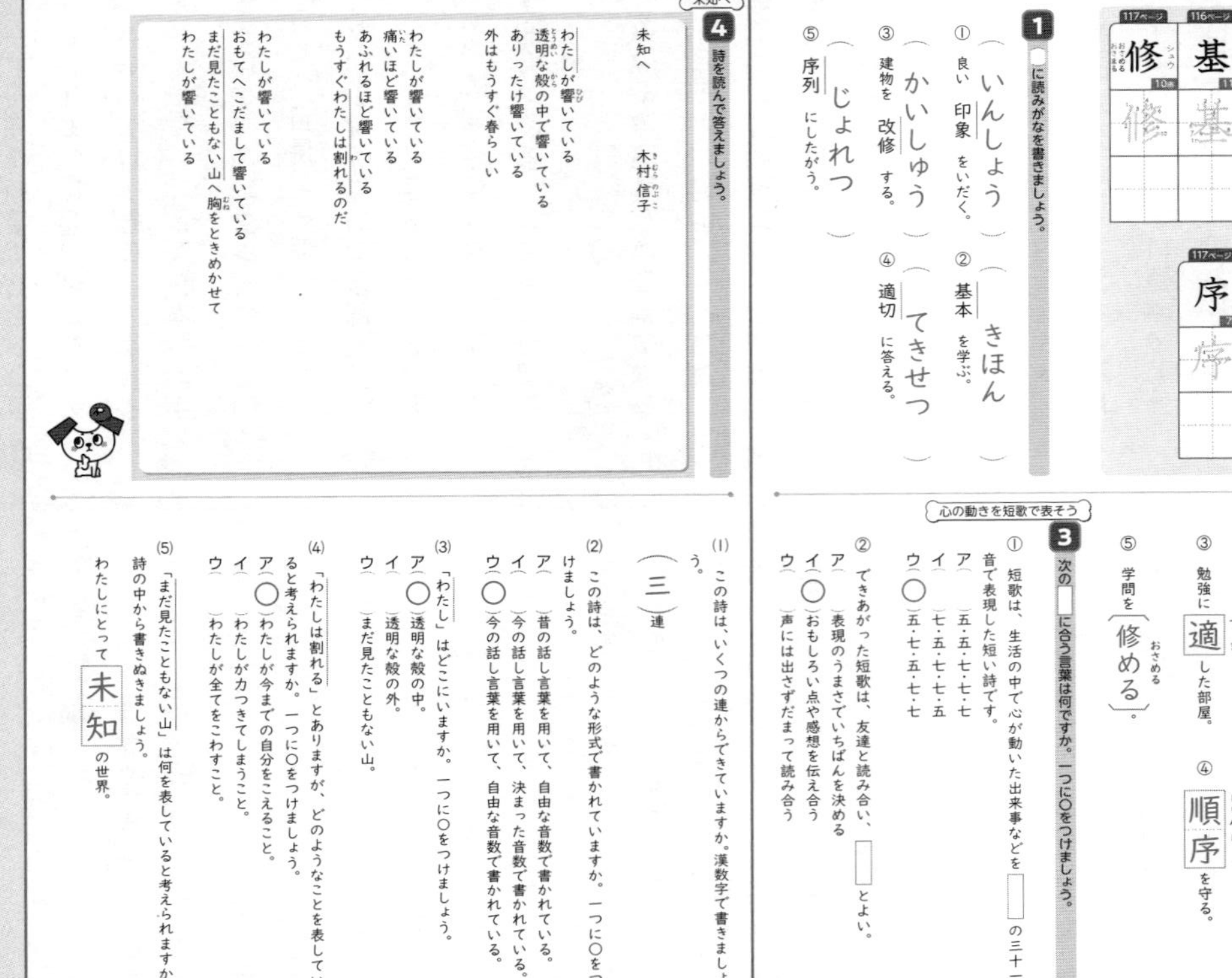
新しい漢字　象　基　修　序　適

1 読みがなを書きましょう。
① 良い印象（いんしょう）をいだく。
② 基本（きほん）を学ぶ。
③ 建物を改修（かいしゅう）する。
④ 適切（てきせつ）に答える。
⑤ 序列（じょれつ）にしたがう。

2 □に漢字を、〔　〕に漢字と送りがなを書きましょう。
① 象の鼻は長い。
② 基地を出発する。
③ 勉強に適した部屋。
④ 順序を守る。
⑤ 学問を〔修める〕。

3 心の動きを短歌で表そう　次の□に合う言葉は何ですか。一つに○をつけましょう。
① 短歌は、生活の中で心が動いた出来事などを□の三十一音で表現した短い詩です。
ア　五・五・七・七・七
イ　七・五・七・五・五
ウ　○　五・七・五・七・七
② できあがった短歌は、友達と読み合い、□とよい。
ア　表現のうまさでいちばんを決める
イ　○　おもしろい点や感想を伝え合う
ウ　声には出さずだまって読み合う

4 詩を読んで答えましょう。

未知へ　木村信子

わたしが響いている
透明な殻の中で響いている
ありったけ響いている
外はもうすぐ春らしい

わたしが響いている
痛いほど響いている
あふれるほど響いている
もうすぐわたしは割れるのだ

わたしが響いている
おもてへこだまして響いている
まだ見たこともない山へ胸をときめかせて
わたしが響いている

(1) この詩は、いくつの連からできていますか。漢数字で書きましょう。（三）連
(2) この詩は、どのような形式で書かれていますか。一つに○をつけましょう。
ア　昔の話し言葉を用いて、自由な音数で書かれている。
イ　今の話し言葉を用いて、決まった音数で書かれている。
ウ　○　今の話し言葉を用いて、自由な音数で書かれている。
(3) 「わたし」はどこにいますか。一つに○をつけましょう。
ア　○　透明な殻の中。
イ　透明な殻の外。
ウ　まだ見たこともない山。
(4) 「わたしは割れる」とありますが、どのようなことを表していると考えられますか。一つに○をつけましょう。
ア　○　わたしが今までの自分をこえること。
イ　わたしがカづきてしまうこと。
ウ　わたしが全てをこわすこと。
(5) 「まだ見たこともない山」は何を表していると考えられますか。詩の中から書きぬきましょう。
わたしにとって　未知　の世界。

準備 40~41ページ
問題を解決するために話し合おう／漢字を使おう４

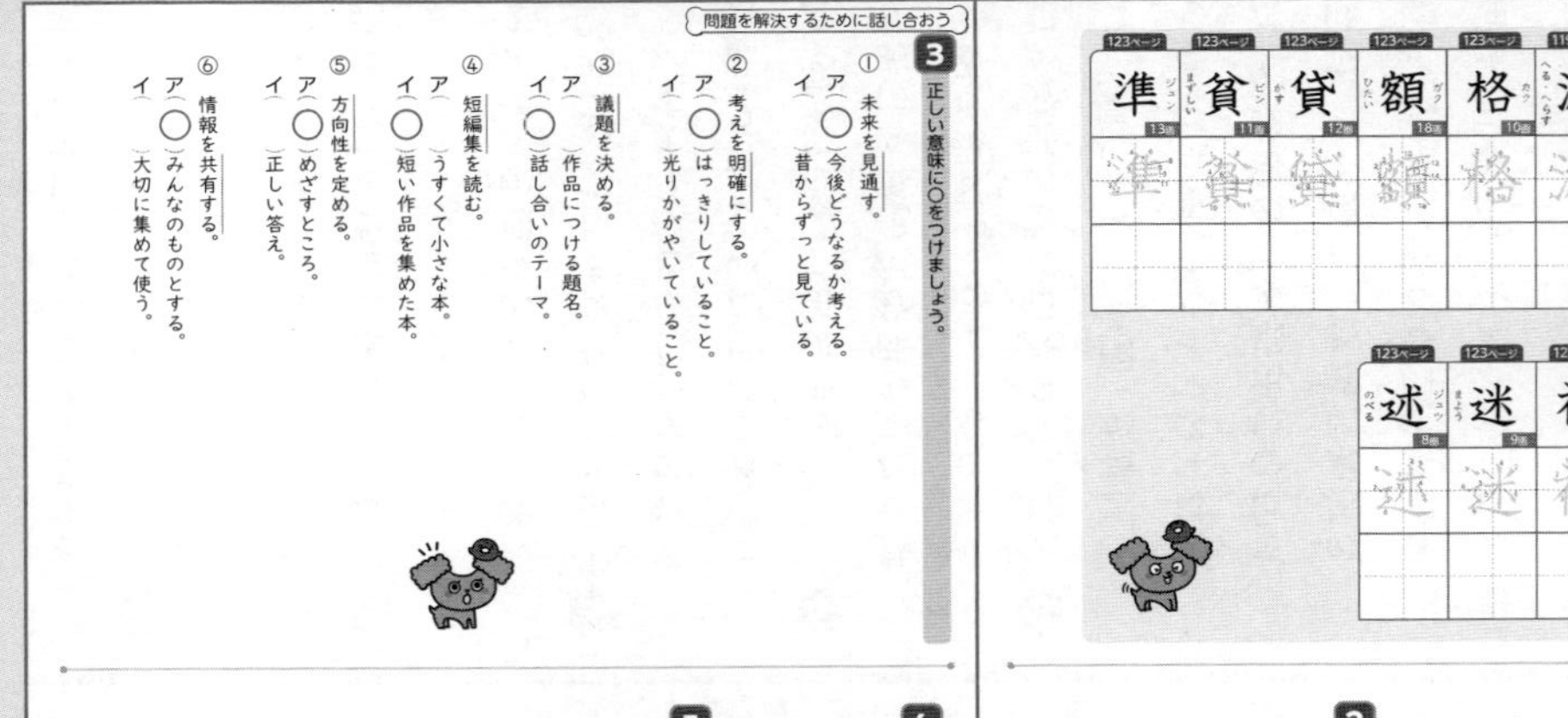
新しい漢字　解　減　格　額　貸　貧　準　墓　祖　迷　述

1 読みがなを書きましょう。
① 迷子（まいご）になる。
② この料理は格別（かくべつ）だ。
③ 基準（きじゅん）をつくる。
④ 本を貸（か）す。
⑤ 絵を額（がく）ぶちに入れる。

2 □に漢字を、〔　〕に漢字と送りがなを書きましょう。
① 事件を解決する。
② お墓に行く。
③ 意見を〔述べる〕。
④ お金が〔減る〕。
⑤ 道に〔迷う〕。
⑥ 〔貧しい〕生活を送る。

3 問題を解決するために話し合おう　正しい意味に○をつけましょう。
① 未来を見通す。　ア　○　今後どうなるか考える。　イ　昔からずっと見ている。
② 考えを明確にする。　ア　○　はっきりしていること。　イ　光りかがやいていること。
③ 議題を決める。　ア　作品につける題名。　イ　○　話し合いのテーマ。
④ 短編集を読む。　ア　○　短い作品を集めた本。　イ　うすくて小さな本。
⑤ 方向性を定める。　ア　○　めざすところ。　イ　正しい答え。
⑥ 情報を共有する。　ア　○　みんなのものとする。　イ　大切に集めて使う。

4 話し合って意見をまとめる正しい手順になるように、1～3の番号をつけましょう。
ア（3）意見を分類したり比べたり、組み合わせたりして整理する。
イ（1）問題の原因や解決方法について、それぞれ意見を出し合う。
ウ（2）みんなの意見について質問したり、考えを広げたりする。

5 問題を解決するために話し合うことについて、次の問題に答えましょう。
① 話し合う前に注意することは何ですか。一つに○をつけましょう。
ア　○　考えを広げるのか、一つにまとめるのか、話し合いの進め方を確かめておくこと。
イ　ほかの人の意見を聞き入れやすいように、前もって何も考えないでおくこと。
ウ　話し合う内容のほうが大事なので、話し合いの進め方は決めないでおくこと。
② 話し合って考えをまとめるときに、注意することは何ですか。一つに○をつけましょう。
ア　話し合う目的や条件を気にせずに、全ての意見を取り入れること。
イ　○　よりよい意見を選んだり、よいところを組み合わせたりすること。
ウ　一つの正しい意見を決めて、ほかの意見はみとめないようにすること。

3 短歌は、ふだんの生活の中で心が動いた出来事などを「五・七・五・七・七」の三十一音で表します。自分の短歌ができあがったら、友達と読み合い、おもしろかった点や感想などを伝え合うことで、表現への理解がより深まります。

4 (1)行を空けることによって区切られたまとまりを「連」といいます。
(2)今の話し言葉で、一行ごとの音数が定まっていない、自由なリズム（音数）で書かれています。
(3)第一連では「透明な殻の中」にいて、第二連で「もうすぐ割れる」とあることから、まだ「透明な殻の中」にいることが分かります。
(4)「割れる」とは「割ることができる」という意味だと考えられます。また、第一連「外はもうすぐ春らしい」、第三連「胸をときめかせて」とあることから、よいイメージのことであると分かります。
(5)「まだ見たこともない」という意味の言葉をさがします。詩の題名にも着目してみましょう。

3 ①「見通す」は、「さえぎられずに遠くまで見る」という意味もありますが、ここでは「物事の成り行きについて考える」という意味で用いられています。
⑥「共有する」は、「二人以上の人が共同で所有する」という意味です。情報のような、目に見えないものに対しても用いられます。

5 ①「話し合う前に注意すること」について考えます。アは「考えを広げるのか、まとめるのか、話し合いの進め方を確かめておく」のは、ふさわしいことと思われます。イは「前もって何も考えないでおく」、ウは「話し合いの進め方は決めないでおく」の部分が合いません。
②アは「目的や条件を気にせずに、全ての意見を取り入れる」、ウは「ほかの意見はみとめないようにする」の部分が合いません。イの「よりよい意見を選んだり、よいところを組み合わせたりすること」は、意見をまとめる上でふさわしいと思われます。

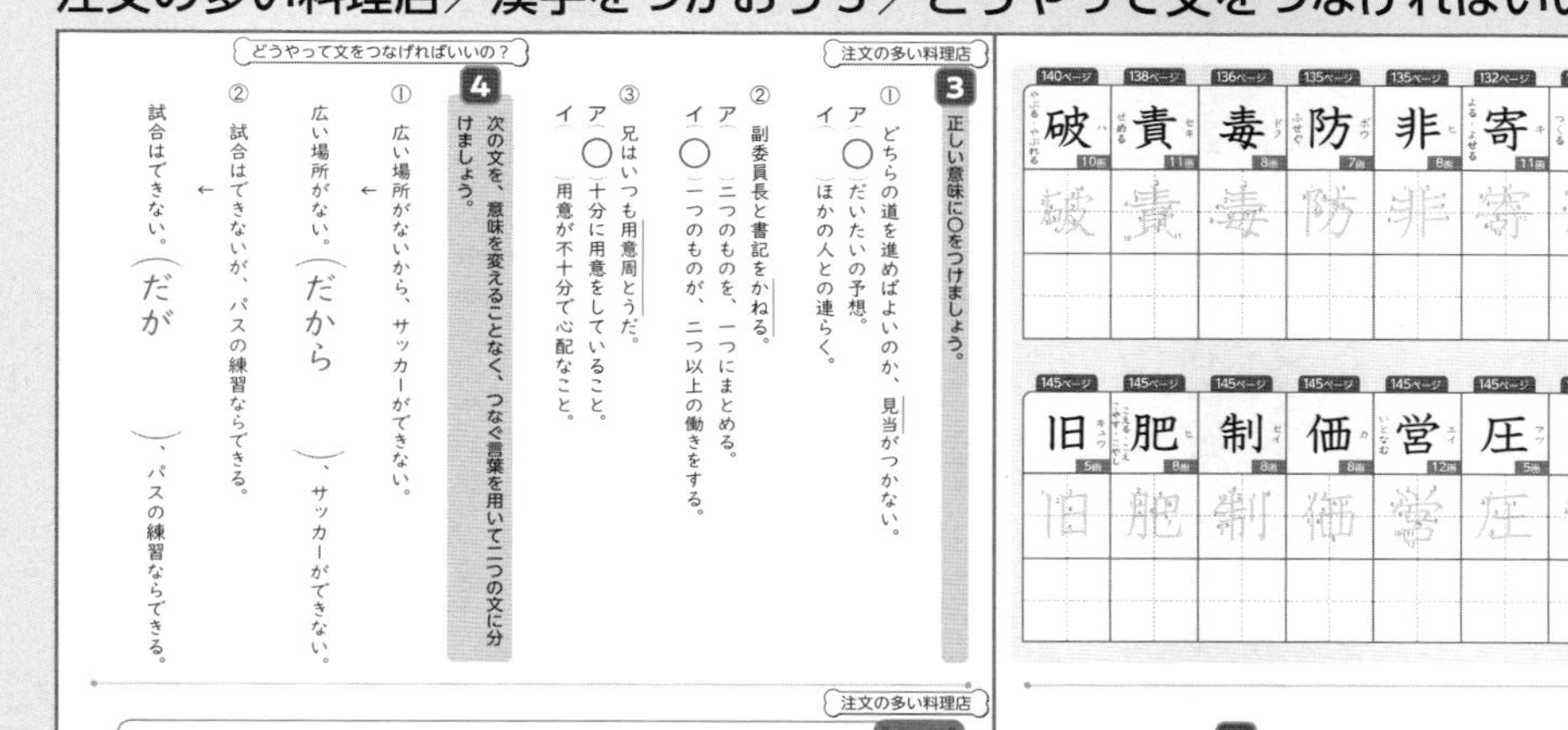

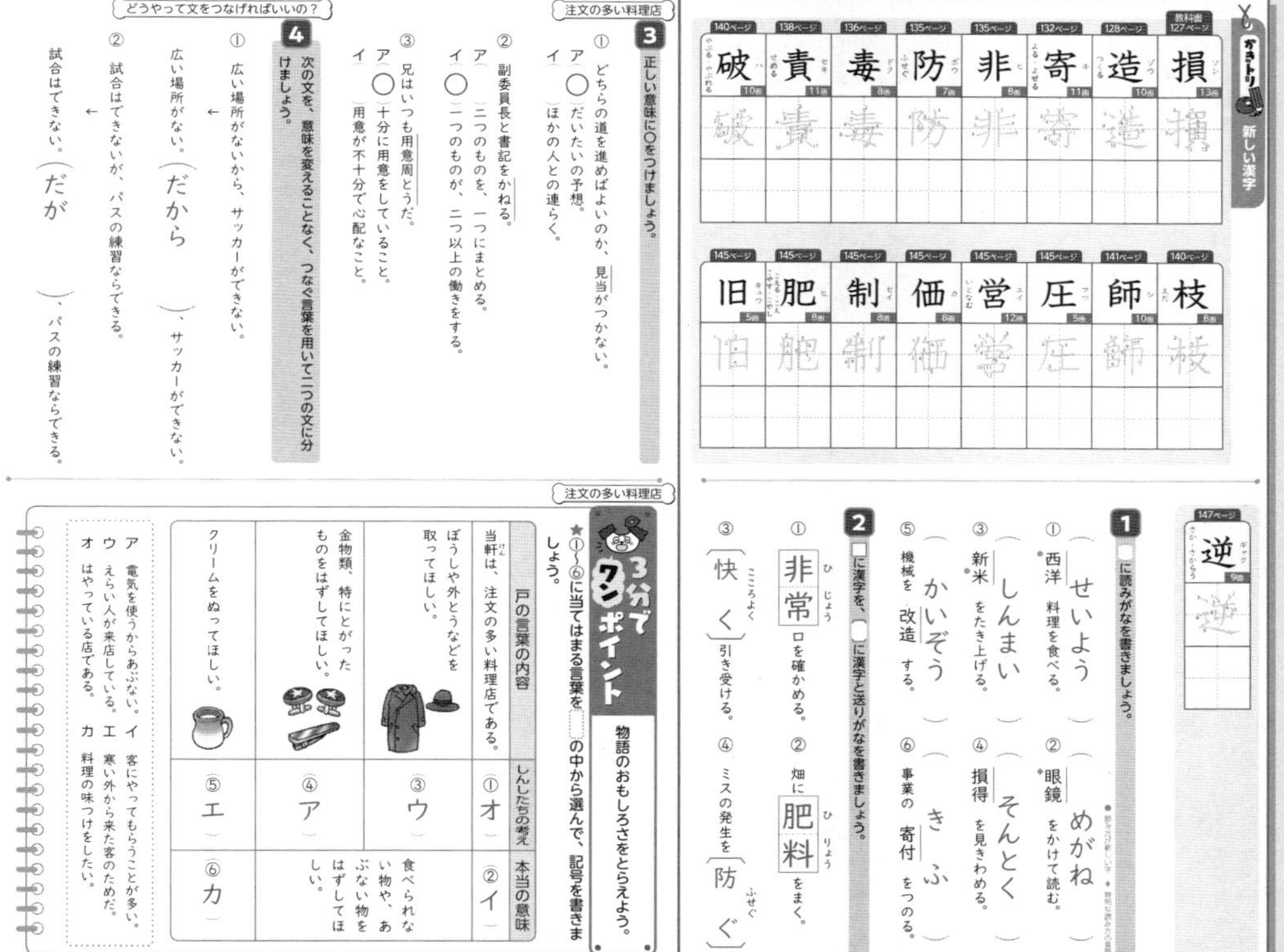

確かめのテスト 42~43ページ

未知へ ～ 漢字を使おう４

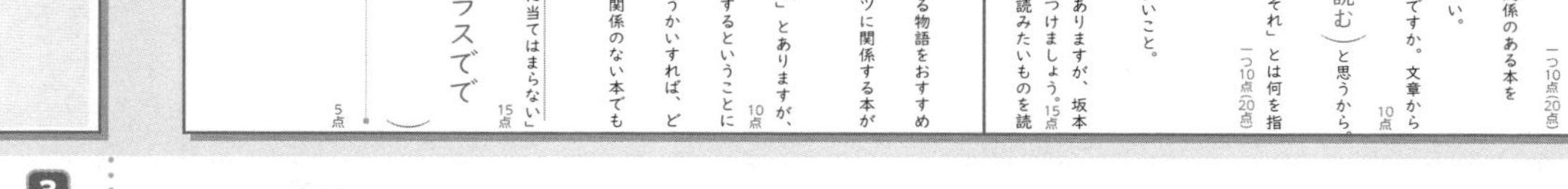

❶ 「高学年の読書量を増やすためにクラスで取り組むこと」についての話し合いを読んで、答えましょう。　思考・判断・表現

(1) 問題の原因と解決のための取り組みについて、意見を出し合う。

わたしは、習い事でいそがしく読書に関心が向かないことが原因だと考えます。習い事などの興味があることと関係する本をしょうかいするのがいいと思います。興味があって、役立つ本ならば読むと思うからです。　…坂本さん

高学年向けにしょうかいされている本は、文章が長くてむずかしそうなものが多いと思いませんか。わたしはそれが原因だと思います。そこで、短編集などの読みやすそうな本をポスターでしょうかいしてはどうでしょうか。　…池田さん

(2) 意見をもとに、考えを広げる。

・ほかの人の意見をくわしく知るために質問する。

坂本さんに質問です。興味があることに関係する本をしょうかいするということですが、例えばどんなテーマで本をしょうかいしますか。　…大野さん

・ほかの人の意見を手がかりに、新たな考えを持つ。

坂本さんの意見を聞いて、いそがしい中で本をたくさん読んでいる人がどのように時間を作っているのかをしょうかいしたらおもしろいと思いました。　…池田さん

(3) 意見を整理して、考えをまとめる。

・意見を分類する。

取り組みについては、大きく三つに分けられそうです。一つ目は……、二つ目は……、三つ目は……です。　…大野さん

・意見を比べたり組み合わせたりする。

興味があることに関係する本をしょうかいすることと短編の本をしょうかいすることは、しょうかいする本のちがいがありますが、一つの取り組みとしてまとめることができると思います。　…池田さん

・目的や条件に合っているか考える。

わたしたちのクラスでできることにしぼるとよいと思います。そうすると、三つ目の図書館に新しい本を増やすことは、その条件に当てはまらないのではないでしょうか。　…坂本さん

「問題を解決するために話し合おう」より

(1) 「習い事でいそがしく読書に関心が向かないことが原因」について答えましょう。

① 坂本さんは、どのような解決方法を提案していますか。文章から書きぬきましょう。　一つ10点（20点）

（興味があること）に関係のある本を（しょうかいする）のがいい。

② 坂本さんは、なぜ①のように提案しているのですか。文章から書きぬきましょう。　10点

（興味があって、役立つ本ならば読む）と思うから。

よく出る

(2) 「それが原因だと思います。」とありますが、「それ」とは何を指していますか。文章から書きぬきましょう。　一つ10点（20点）

（高学年向け）の本は、（むずかしそうな）ものが多いこと。

できたらスゴイ！

(3) 「どんなテーマで本をしょうかいしますか。」とありますが、坂本さんはどう答えると考えられますか。一つに○をつけましょう。　15点

ア（　）どんなテーマの本であっても、その人が読みたいものを読むのがいいと思います。

イ（　）わたしは犬が大好きなので、犬が登場する物語をおすすめしたいと思います。

ウ（○）スポーツをしている人なら、そのスポーツに関係する本がいいと思います。

(4) 「一つの取り組みとしてまとめることができる」とありますが、なぜですか。一つに○をつけましょう。　10点

ア（○）本の種類はちがっても、本をしょうかいするということに変わりはないから。

イ（　）興味があることに関係する短編集をしょうかいすれば、どちらの人にもあてはまるから。

ウ（　）短編の本をしょうかいすれば、習い事に関係のない本でも興味をもってもらえるから。

考えを書こう

(5) 「図書館に新しい本を増やすことは、その条件に当てはまらない」とありますが、なぜですか。　15点

図書館に新しい本を増やすことは、（例 クラスででき̇る取り組みではないから。）

❷ 読みがなを書きましょう。　5点

墓には　祖先（そせん）がまつられている。

❸ 漢字を書きましょう。　5点

昔はとても（貧相）な身なりをしていた。

❶ (1)坂本さんは、まず問題の原因について述べ、次に問題の解決方法、最後にそのように考える理由を述べています。

(2)指示語（それ）の内容は、直前の部分からさがし、解答らんに合う形でぬき出しましょう。

(3)坂本さんは、前の部分で「習い事などの興味があることと関係する本をしょうかいするのがいいと思います」と述べていることに着目しましょう。アは「どんなテーマの本であっても」の部分が合いません。イは「わたしは犬が大好きなので」の部分が「習い事などの興味があること」と合いません。ウは「スポーツに関係している人なら、そのスポーツに関係する本」とあるので、当てはまります。

(4)直前の部分に着目します。「しょうかいする本のちがいがありますが」と述べられているので、アが当てはまります。

(5)直前の部分に着目します。「クラスでできることにしぼるとよいと思います」とあることから、「図書館の本を増やす」のはふさわしい取り組みとは言えないことが分かります。

準備 44~45ページ

注文の多い料理店／漢字をつかおう５／どうやって文をつなげればいいの？

かきトリ 新しい漢字

損	造	寄	非	防	毒	責	破
教科書127ページ 13画	128ページ 10画	132ページ 11画	135ページ 8画	135ページ 7画	136ページ 8画	138ページ 11画	140ページ 10画

枝	師	圧	営	価	制	肥	旧
140ページ 8画	141ページ 10画	145ページ 5画	145ページ 12画	145ページ 8画	145ページ 8画	145ページ 8画	145ページ 5画

逆
147ページ 9画

1 □に読みがなを書きましょう。

① 西洋（せいよう）料理を食べる。　② 眼鏡（めがね）をかけて読む。

③ 新米（しんまい）をたき上げる。　④ 損得（そんとく）を見きわめる。

⑤ 機械を改造（かいぞう）する。　⑥ 事業の寄付（きふ）をつのる。

2 □に漢字を、□に漢字と送りがなを書きましょう。

① （非常）口を確かめる。　② 畑に（肥料）をまく。

③ （快く）引き受ける。　④ ミスの発生を（防ぐ）。

3 正しい意味に○をつけましょう。（注文の多い料理店）

① どちらの道を進めばよいのか、見当がつかない。

ア（○）だいたいの予想。

イ（　）ほかの人との連らく。

② 副委員長と書記をかねる。

ア（　）二つのものを、一つにまとめる。

イ（○）一つのものが、二つ以上の働きをする。

③ 兄はいつも用意周とうだ。

ア（○）十分に用意をしていること。

イ（　）用意が不十分で心配なこと。

4 次の文を、意味を変えることなく、つなぐ言葉を用いて二つの文に分けましょう。（どうやって文をつなげればいいの？）

① 広い場所がないから、サッカーができない。

→ 広い場所がない。（だから）、サッカーができない。

② 試合はできないが、パスの練習ならできる。

→ 試合はできない。（だが）、パスの練習ならできる。

3分でワンポイント　物語のおもしろさをとらえよう。（注文の多い料理店）

★①～⑥に当てはまる言葉を□の中から選んで、記号を書きましょう。

戸の言葉の内容	しんしたちの考え	本当の意味
当軒は、注文の多い料理店である。	① オ	② イ
ぼうしや外とうなどを取ってほしい。	③ ウ	食べられない物や、あぶない物をはずしてほしい。
金物類、特にとがったものをはずしてほしい。	④ ア	
クリームをぬってほしい。	⑤ エ	⑥ カ

ア　電気を使うからあぶない。　イ　客にやってもらうことが多い。
ウ　えらい人が来店している。　エ　寒い外から来た客のためだ。
オ　はやっている店である。　カ　料理の味つけをしたい。

❸ ①「見当」とは、おおよその方向やめあてを表す言葉です。

②「かねる」とは、一つの物や人が、二つ以上の働きや役目をするという意味の言葉です。

③「用意周とう」は、準備が十分にいきとどいていて、ぬかりがないことを言います。

❹ ①（　）の前の文が後の文の理由になっています。「なので」「そのため」などでも正解です。

②（　）の前後の文の関係が逆接になっています。「しかし」「それでも」などでも正解です。

3分でワンポイント

「注文の多い料理店」（宮沢賢治）の物語のおもしろいところは、「山猫軒」の戸に書かれている言葉の意味を、二人のしんしたちが自分たちの都合のよいように受け取って、うたがいもせずにどんどん中へ入ってしまうということです。そのために、最後の場面で二人がおそろしい目にあってしまうという物語の展開をおさえておきましょう。

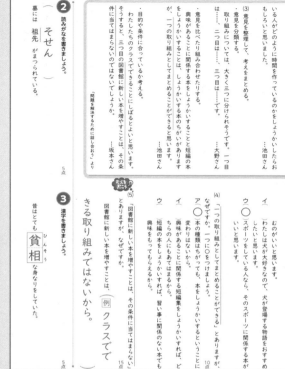

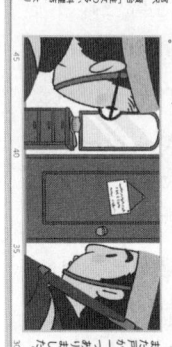

練習① 46~47ページ

注文の多い料理店

文章を読んで、答えましょう。

二人は戸をおして、中へ入りました。そこはすぐろう下になっていました。そのガラス戸のうら側には、金文字でこうなっていました。

【ことに太ったおかたやわかいおかたは、大かんげいいたします。】

二人は大かんげいというので、もう大喜びです。

「君、ぼくらは大かんげいに当たっているのだ。」

「ぼくらは両方かねてるから。」

ずんずんろう下を進んでいきますと、今度は水色のペンキぬりの戸がありました。

「どうも変なうちだ。どうしてこんなにたくさん戸があるのだろう。」

「これはロシア式だ。寒いとこや山の中はみんなこうさ。」

そして二人はその戸を開けようとしますと、上に黄色な字でこう書いてありました。

【当軒は注文の多い料理店ですから、どうかそこはご承知ください。】

「なかなかはやってるんだ。こんな山の中で。」

「それあそうだ。見たまえ、東京の大きな料理屋だって大通りには少ないだろう。」

二人は言いながら、その戸を開けました。すると、そのうら側に、

【注文はずいぶん多いでしょうが、どうかいちいちこらえてください。】

「これはぜんたいどういうんだ。」

一人のしんしは顔をしかめました。

「うん、これはきっと注文があまり多くて、したくが手間取るけれどもごめんくださいと、こういうことだ。」

「そうだろう。早くどこか部屋の中に入りたいもんだな。」

「そしてテーブルにすわりたいもんだな。」

ところが、どうもうるさいことは、また戸が一つありました。そしてそのわきに鏡がかかって、その下には長いえの付いたブラシが置いてあったのです。

戸には赤い字で、

【お客様がた、ここでかみをきちんとして、それからはき物のどろを落としてください。】

と書いてありました。

「これはどうももっともだ。ぼくもさっきげんかんで、山の中だと思って見くびったんだよ。」

「作法のきびしいうちだ。きっと、よほどえらい人たちが、たびたび来るんだ。」

そこで二人は、きれいにかみをけずって、くつのどろを落としました。

宮沢 賢治「注文の多い料理店」より

❶ 二人が「大喜び」した理由を、文章から書きぬきましょう。

自分たちは（太った）人にも（わかい）人にも当てはまるので、（大かんげい）されると思ったから。

❷ 「ずんずんろう下を進んでいきます」は、二人のどのような様子を表していますか。一つに○をつけましょう。

ア（ ）失礼な行動をしないよう、気を配っている様子。
イ（○）料理を食べられると思い、わくわくしている様子。
ウ（ ）どんな店なのか分からず、おびえている様子。
エ（ ）自分たちが一番えらい客なのだと、いばっている様子。

❸ 「こう」が指していることを、文章から書きぬきましょう。

うちの中に（たくさん戸がある）こと。

❹ 「注文の多い料理店」とあるのを見て、二人はどのように考えましたか。一つに○をつけましょう。

ア（ ）客は店に対して、いろいろな注文ができるのだ。
イ（ ）客に対して、店がさまざまな注文をしてくるのだ。
ウ（ ）料理がおいしくて、料理を注文しすぎてしまうのだ。
エ（○）客が多く、たくさんの料理が注文されているのだ。

❺ 「どうかいちいちこらえてください。」とありますが、二人は何をこらえてほしいのだと考えましたか。文章から書きぬきましょう。

ヒント これを見たあとの二人の会話に注目しよう。

注文が多いので料理の（したくが手間取る）こと。

❻ 「どうもうるさいこと」とありますが、ここから二人のどのような様子が分かりますか。一つに○をつけましょう。

ア（ ）むずかしい注文ばかりされて、つかれている様子。
イ（ ）店から何度も指示をされて、腹が立っている様子。
ウ（○）戸が多くて中へなかなか入れず、不満に思う様子。
エ（ ）戸の言葉を読むのが、めんどうになっている様子。

ヒント たくさん戸があると感じたあとも戸が続いているね。

❼ 「えらい人たちが、たびたび来る」とありますが、二人がそのように考えたのはなぜですか。文章から書きぬきましょう。

身だしなみについても注文されるような、（作法のきびしい）店だと思ったから。

❽ この場面で二人は、何をしたいと思っていますか。文章から二つ書きぬきましょう。

（早くどこか部屋の中に入りたい）
（テーブルにすわりたい）

❶ 二人は、大かんげいされると思っています。どのような人が大かんげいされるのかを、戸の言葉から読み取ります。

❷ 大かんげいされると思っている二人の様子です。「ずんずん」という言葉から感じられる、二人の勢いと合わせて考えましょう。

❸ 戸がたくさんあることについて話しています。

❹ 二人は、はやっている店、つまり客がたくさん来る店だと考えたのです。

❺ 戸の言葉を読んで、どんな意味なのか考えています。客が多くて料理の注文がたくさん入り、したくに時間がかかるのだと思っています。

❻ 二人は早く部屋の中に入りたいのに、戸がたくさんあって、なかなか入れないのです。

❼ かみやはき物についても指示があったので、「作法のきびしいうち」だと思ったのです。

❽ なかなか店の中に入れない二人の気持ちを考えながら、二人がしたいことをさがします。

練習② 48~49ページ

注文の多い料理店

文章を読んで、答えましょう。

二人はつぼのクリームを顔にぬって手にぬって、それからくつ下をぬいで足にぬりました。それでもまだ残っていましたから、それは二人ともめいめいこっそり顔へぬるふりをしながら食べました。

それから大急ぎで戸を開けますと、そのうら側には、

【クリームをよくぬりましたか、耳にもよくぬりましたか。】

と書いてあって、小さなクリームのつぼがここにも置いてありました。

「そうそう、ぼくは耳にはぬらなかった。あぶなく耳にひびを切らすとこだった。ここの主人は実に用意周とうだね。」

「ああ、細かいとこまでよく気がつくよ。ところで、ぼくは早く何か食べたいんだが、どうも、こう、どこまでもろう下じゃしかたないね。」

すると、すぐその前に次の戸がありました。

【料理はもうすぐできます。十五分とお待たせはいたしません。すぐ食べられます。早くあなたの頭にびんの中のこう水をよくふりかけてください。】

そして戸の前には、金ぴかのこう水のびんが置いてありました。

二人はそのこう水を、頭へパチャパチャふりかけました。

ところが、そのこう水は、どうもすのようなにおいがするのでした。

「このこう水は変にすくさい。どうしたんだろう。」

「まちがえたんだ。下女がかぜでも引いてまちがえて入れたんだ。」

二人は戸を開けて中に入りました。

戸のうら側には、大きな字でこう書いてありました。

【いろいろ注文が多くてうるさかったでしょう。お気の毒でした。もうこれだけです。どうか、体中に、つぼの中の塩をたくさんよくもみこんでください。】

なるほどりっぱな青い瀬戸の塩つぼは置いてありましたが、今度という今度は、二人ともぎょっとして、おたがいにクリームをたくさんぬった顔を見合わせました。

「どうもおかしいぜ。」

「ぼくもおかしいと思う。」

「たくさんの注文というのは、向こうがこっちへ注文してるんだよ。」

「だからさ、西洋料理店というのは、ぼくの考えるところでは、西洋料理を、来た人に食べさせるのではなくて、来た人を西洋料理にして、食べてやるうちと、こういうことなんだ。これは、その、つ、つ、つ、つまり、ぼ、ぼ、ぼくらが……。」

がたがたがたがたふるえだして、もうものが言えませんでした。

宮沢 賢治「注文の多い料理店」より

❶ 「ここの主人は実に用意周とうだね。」とありますが、こう思ったのはなぜですか。一つに○をつけましょう。

ア（ ）戸の一つひとつに、ていねいに指示を書いているから。
イ（○）客が見落とすことにも、きちんと気がついているから。
ウ（ ）あまるほどたくさんのクリームを用意しているから。
エ（ ）細かいことを言って、店の中に入れてくれないから。

❷ 「どうもすのようなにおいがする」とありますが、二人はなぜだと考えましたか。文章から八字で書きぬきましょう。

下女が中身を［まちがえて入れた］から。

❸ 「今度という今度は、二人ともぎょっとして」について、次の問題に答えましょう。

① 「今度という今度は」とは、「何度も同じようなことがあったが、今度こそは」という意味です。「今度」とは、いつですか。一つに○をつけましょう。

ア（ ）顔や手足にクリームをぬらされたとき。
イ（ ）青い瀬戸の塩つぼを見たとき。
ウ（○）注文についての言葉を読んだとき。
エ（ ）こう水を頭へふりかけたとき。

ヒント 二人が「おかしい」と感じ始めたきっかけは何かな。

② 「ぎょっと」した二人は、おたがいに何を見ましたか。文章から書きぬきましょう。

（クリームをたくさんぬった顔）

❹ 「注文」について、次の問題に答えましょう。

① 「注文」について、どのようなことが分かったのですか。あとの［ ］の中からそれぞれ選んで書きましょう。

（客）が（店）に対してする注文だと考えていたが、本当は（店）が（客）に対してする注文だったということ。

［客　店］

ヒント 「向こう」と「こっち」は、それぞれ何を指しているかな。

② 二人がこれまで「注文」の本当の意味に気がつくことができなかったのはなぜですか。一つに○をつけましょう。

ア（ ）店に入れるか不安で、考えるよゆうがなかったから。
イ（ ）理由を何も考えずに、ただ指示にしたがったから。
ウ（○）指示の内容を自分たちに都合のいいように考えたから。

❺ 「西洋料理店」は、本当はどのようなところでしたか。文章から書きぬきましょう。

（西洋料理を、来た人に食べさせるのではなくて、）来た人を西洋料理にして、食べてやるうち

❶ 耳にクリームをぬり忘れる人がいることに主人は気づいていたので、二人は感心したのです。「用意周とう」とは、準備がぬかりなくいきとどいていることを表す言葉です。

❷ すのようなにおいがする理由について、このあとで考えています。

❸ ①二人は、「注文が多くてうるさかったでしょう」という言葉を見て、「どうもおかしい」と気づいたのです。

②「ぎょっと」した二人は、まずおたがいに顔を見合わせています。

❹ ①「向こうがこっちへ」注文しているとは、どういうことなのか考えます。

②これまで戸の言葉を見たあとの二人のやりとりから、二人が戸の言葉の意味を深く考えずに、勝手に意味や理由を想像してきたことが分かります。

❺ 二人は、今までの店からの注文が、自分たちを食べるためのものだったと気づいたのです。

確かめのテスト①

50〜51ページ

注文の多い料理店
〜どうやって文をつなげればいいの？

おうちのかたへ

明治・大正時代などに書かれた物語では、言葉遣いや仮名遣いが現代とは異なる場合があります。子どもが戸惑っていた場合は、音読などで手助けをしてあげるとよいでしょう。

文章を読んで、答えましょう。　思考・判断・表現

「へい、いらっしゃい、いらっしゃい。それともサラドはおきらいですか。そんならこれから火をおこしてフライにしてあげましょうか。とにかく早くいらっしゃい。」

二人はあんまり心をいためたために、顔がまるでくしゃくしゃの紙くずのようになり、おたがいにその顔を見合わせ、ぶるぶるふるえ、声もなく泣きました。

中では、フッフッと笑って、またさけんでいます。

「いらっしゃい、いらっしゃい。そんなに泣いては、せっかくのクリームが流れるじゃありませんか。へい、ただいま。じき持って参ります。さあ、早くいらっしゃい。」

「早くいらっしゃい。親方がもうナフキンをかけて、ナイフを持って、したなめずりして、お客様がたを待っていられます。」

二人は、泣いて泣いて泣いて泣いて泣きました。

そのとき、後ろからいきなり、

「ワン、ワン、グワア。」

という声がして、あの白熊のような犬が二ひき、戸をつき破って部屋の中に飛びこんできました。かぎあなの目玉はたちまちなくなり、犬どもはウーとうなってしばらく部屋の中をくるくる回っていましたが、また一声、

「ワン。」

と高くほえて、いきなり次の戸に飛びつきました。戸はガタリと開き、犬どもはすいこまれるように飛んでいきました。

その戸の向こうの真っ暗やみの中で、

「ニャアオ、クワア、ゴロゴロ。」

という声がして、それからガサガサ鳴りました。

部屋はけむりのように消え、二人は寒さにぶるぶるふるえて、草の中に立っていました。

見ると、上着やくつやさいふやネクタイピンは、あっちの枝にぶら下がったり、こっちの根元に散らばったりしています。風がどうとふいてきて、草はザワザワ、木の葉はカサカサ、木はゴトンゴトンと鳴りました。

犬がフーとうなってもどってきました。

そして後ろからは、

「だんなあ、だんなあ。」

とさけぶ者があります。

二人はにわかに元気がついて、

「おうい、おうい、ここだぞ、早く来い。」

とさけびました。

みのぼうしをかぶった専門のりょう師が、草をザワザワ分けてやってきました。

そこで二人はやっと安心しました。

宮沢　賢治「注文の多い料理店」より

よく出る **1** 「顔がまるでくしゃくしゃの紙くずのようになり」について、次の問題に答えましょう。

① 二人はこのときどのような気持ちでしたか。一つに○をつけましょう。　10点

ア（　）とてもおどろいて、あきれかえっている。
イ（　）勝手なことを言われて、悲しくなっている。
ウ（◯）あまりにもおそろしくて、おびえている。

② そのような気持ちになったのはなぜですか。考えて五字で書きましょう。　10点

自分たちが［食べられる］と分かったから。

2 「へい、ただいま。じき持って参ります。」について、次の問題に答えましょう。

① この発言は、前後の発言とちがう点があります。何がちがうのですか。文章から書きぬきましょう。　10点

（親方）に対して言った発言であるという点。

② 「持って参ります」とは、何をどのようにして持っていくということですか。　10点

（例 二人）を（例 料理）にして持っていくということ。

3 二人が助かったきっかけは、どのようなことでしたか。　10点

（例 犬たちがきて、戸に飛びついたこと。）

よく出る **4** 「安心しました。」とありますが、二人が安心したのはなぜですか。　15点

（例 りょう師がやってきたのを見て、自分たちは助かったと分かったから。）

できたらスゴイ！ **5** この文章の場面の変化について、次の問題に答えましょう。

① 文章の中で、場面はどのように変化していますか。一つに○をつけましょう。　10点

ア（　）一つ目の場面は二人がおそれている世界だが、二つ目の場面は二人があこがれている世界である。
イ（◯）一つ目の場面は二人がまきこまれた不思議な世界だが、二つ目の場面は現実の世界である。
ウ（　）一つ目の場面は二人が本当に体験している世界だが、二つ目の場面は二人の想像による世界である。

② 二つ目の場面の初めの五字を書きぬきましょう。　5点

［部屋はけむ］

考えを書こう **6** 二人がたいへんな目にあったのは、二人の行動のどのようなところに問題があったからですか。　20点

（例 戸に書かれている言葉の意味をよく考えずに、自分たちに都合よく受け取ったところ。）

1 ①二人はぶるぶるふるえながら泣いています。②自分たちがサラドなどにされて食べられそうだと分かって、おびえています。

2 ①部屋の中には、親方とほかの者たちがいることを読み取りましょう。②二人をサラドやフライなどの料理にして、親方に食べさせようとしているのです。

3 犬たちが戸に飛びつき、中に飛んでいくと、向こう側で声がして部屋が消えてしまいました。

4 りょう師のすがたを見て、二人はもとの世界にもどったのだと安心したのです。

5 一つ目の場面は現実ではない世界、二つ目の場面は現実の世界です。現実にはない部屋が消えた時点で、現実にもどっています。

6 西洋料理店を見つけてから、おそろしい目にあうまでの、二人の行動をふり返ります。戸の言葉を自分たちの勝手な考えで読み取ったことについて書かれていれば正解です。
例2 戸の言葉にけいかいせず、都合のよい解しゃくで不用心に部屋へ入っていったこと。

確かめのテスト② 52〜53ページ

注文の多い料理店 〜 どうやって文をつなげればいいの？

1 読みがなを書きましょう。（一つ2点〔20点〕）

① 気の 毒 に思う。（どく）　② 強く 責任 を感じる。（せきにん）　③ 枝 が折れる。（えだ）　④ 教師 を目指して勉強する。（きょうし）　⑤ 空気の 圧力 をはかる。（あつりょく）　⑥ 商品の 価格 が下がる。（かかく）　⑦ 制度 をあらためる。（せいど）　⑧ 畑の作物に 肥料 をまく。（ひりょう）　⑨ かれとは 旧知 の仲だ。（きゅうち）　⑩ 試合に 逆転 する。（ぎゃくてん）

2 □に漢字を、（　）に漢字と送りがなを書きましょう。（一つ2点〔20点〕）

① 快速 の電車に乗る。　② 損害 を最小にする。　③ 造船 所を見学する。　④ 機械で 精米 する。　⑤ 非道 な行いをせめる。　⑥ かぜを 予防 する。　⑦ アメリカの 西部 に行く。　⑧ かたを（寄せ）合う。　⑨ しょうじを（破る）。　⑩ 新事業を（営む）。

3 次の文を、意味を変えずに二つの文に分けたとき、（　）に合う言葉を、あとのア〜エから選びましょう。（一つ6点〔18点〕）

① ・雨がふったので、遠足は中止になった。 ・雨がふった。（ウ）遠足は中止になった。
② ・雨がふったが、遠足は行われた。 ・雨がふった。（ア）遠足は行われた。
③ ・雨がふったら、遠足は中止だ。 ・雨がふるかもしれない。（エ）遠足は中止だ。

ア しかし　イ ところで　ウ だから　エ そうなれば

4 次の二つの文を、意味を変えることなく一つの文にまとめましょう。（一つ10点〔20点〕）

① 母が料理を作った。ぼくはその料理を食べた。
例 ぼくは母が作った料理を食べた。
② わたしは本を買った。これはその本だ。
例 この本はわたしが買った本だ。

5 次の言葉を使って短い文を作りましょう。（一つ6点〔18点〕）

① とほうもない
例 とほうもない量の本を前にして、どれから読んだらよいか迷う。
② 〜するやいなや
例 目がさめるやいなや、積もった雪が見たくて外に走りでた。
③ 見くびる
例 弱い相手だと見くびっていたら、意外に強くて負けてしまった。

6 正しい意味に○をつけましょう。（一つ2点〔4点〕）

① かつてないほど痛快な気分だ。
ア ○ とても気持ちがよいこと。
イ むねがいたむほど悲しいこと。
② 先ほどお願いされたことについて、承知しました。
ア ゆるしてあげること。
イ ○ 聞き入れること。

準備 54〜55ページ

和の文化を受けつぐ——和菓子をさぐる／文章と図表

かきトリ 新しい漢字

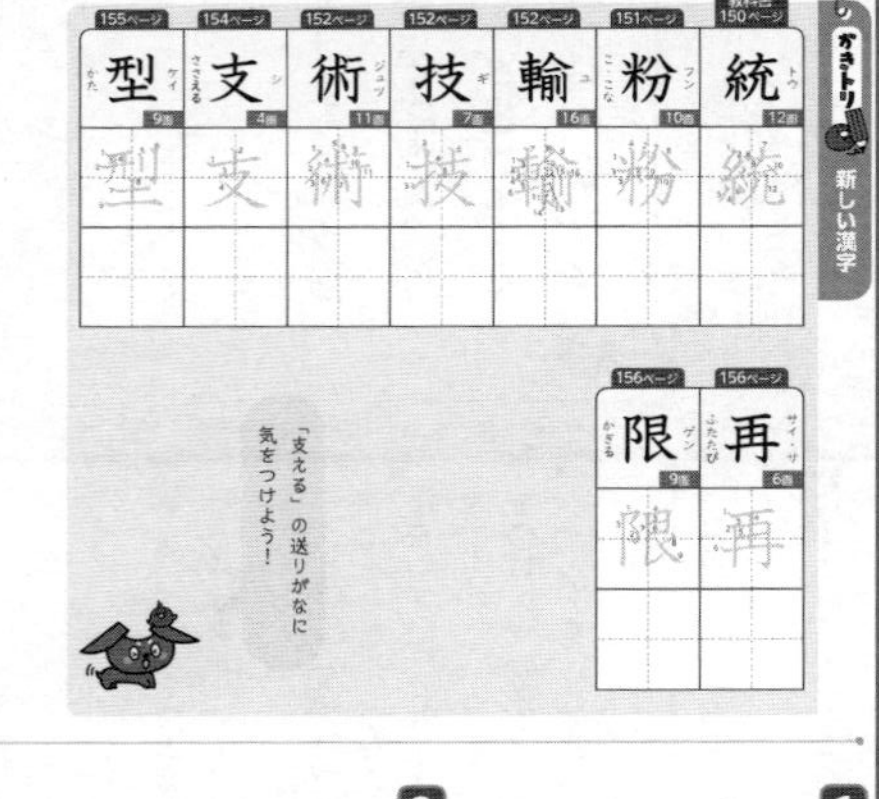

統（150ページ）　粉（151ページ）　輸（152ページ）　技（152ページ）　術（152ページ）　支（154ページ）　型（155ページ）　再（156ページ）　限（156ページ）

「支える」の送りがなに気をつけよう！

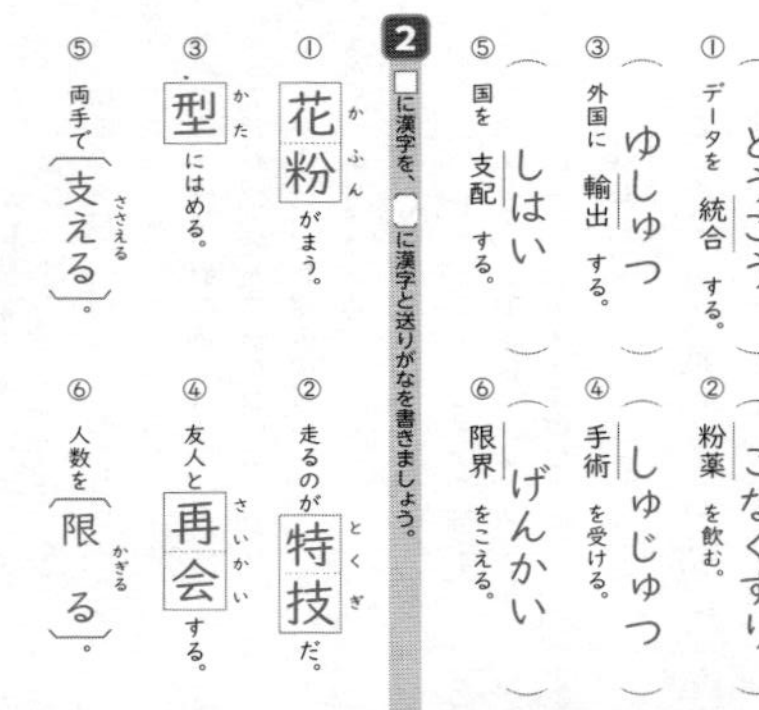

1 □に読みがなを書きましょう。

① データを 統合 する。（とうごう）　② 粉薬 を飲む。（こなぐすり）　③ 外国に 輸出 する。（ゆしゅつ）　④ 手術 を受ける。（しゅじゅつ）　⑤ 国を 支配 する。（しはい）　⑥ 限界 をこえる。（げんかい）

2 □に漢字を、（　）に漢字と送りがなを書きましょう。

① 花粉 がまう。　② 走るのが 特技 だ。　③ 型 にはめる。　④ 友人と 再会 する。　⑤ 両手で（支える）。　⑥ 人数を（限る）。

3 正しい意味に○をつけましょう。

① 伝統の祭りに参加する。
ア ○ 昔から受けつがれている物事。
イ 当たり前だと思われている物事。
② 作品をたくみに仕上げる。
ア 強調しすぎている様子。
イ ○ 上手になしとげる様子。
③ 風情のある庭。
ア 風通しのよさ。
イ ○ しみじみとした味わい。
④ 日本の年中行事について調べる。
ア ○ 毎年決まった時期に行われる行事。
イ 一年じゅういつでも行われる行事。
⑤ するどい感性を持つ。
ア いつも落ち着いている心。
イ ○ 物事を感じ取る心の働き。
⑥ この物語はおくが深い。
ア ○ 深い意味がある。
イ 深くておそろしい。

3分でワンポイント 構成をとらえ、筆者の考えを確かめよう。

★①〜③に当てはまる言葉を□の中から選んで、記号を書きましょう。

序論　和菓子は、伝統的に受けつがれてきた日本の文化の一つである。

本論①　和菓子の①ウ＝いくつかの時代に、外国からの食べ物が伝わり、和菓子にえいきょうをあたえた。

本論②　和菓子とほかの②イとの関わり＝年中行事や茶道と深く関わっている。

本論③　和菓子の文化を支える③エ＝和菓子作りに関わる職人や、和菓子を味わう人たち。

結論　和の文化の歴史や文化との関わり、支える人について考えることで、和の文化を受けついでいくことができる。

ア みりょく　イ 文化　ウ 歴史　エ 人

---

3 ①「雨がふった」と「遠足は中止になった」は前のことがらの後に順当なことがらが続いています。

②「雨がふった」と「遠足は行われた」は前のことがらの後に反対のことがらが続いています。

4 二つの文を一つにまとめるときは、主語と述語の関係を整理して、何を主語にするかに気をつけましょう。

5 ①「とほうもない」は、とんでもない、という意味です。同じ意味を表す言葉に「とてつもない」などがあります。

②「〜するやいなや」は、〜すると同時に、という意味です。二つの行動があいだをあけずに起こるような意味合いで書かれていれば正解です。

③「見くびる」は、たいしたことはないと思って相手を下に見ることです。相手のほうが弱い、などと思って下に見ていることが分かる文なら正解です。

6 ①「痛快」とは、「胸がすくほど気持ちがよい」という意味です。

②「承知」とは、「相手の願いや要求を聞き入れる」という意味です。

3 ②「たくみに」とは、物事を手ぎわよく上手になしとげることです。

③「風情」とは、上品で落ち着いた、しみじみとした味わいが感じられることです。

④「年中行事」とは七夕やお盆など、毎年決まった時期に行われる伝統の行事のことです。

3分でワンポイント

「和の文化を受けつぐ——和菓子をさぐる(中山圭子)」では、文章を「序論」「本論」「結論」に整理することができます。私たちの身近にある和菓子を序論で取り上げ、「和菓子の歴史」や「ほかの文化との関わり」、「和菓子の文化を支える人」について本論で述べ、「和の文化について考えることで、わたしたちも日本の文化を受けついでいくことができる」と結論づけています。

練習　56〜57ページ

和の文化を受けつぐ――和菓子をさぐる

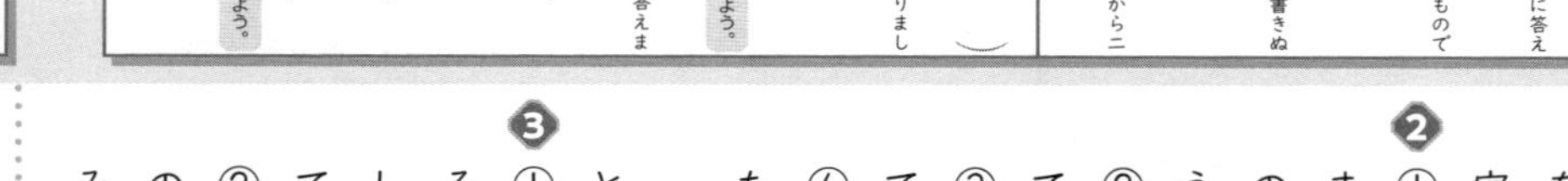
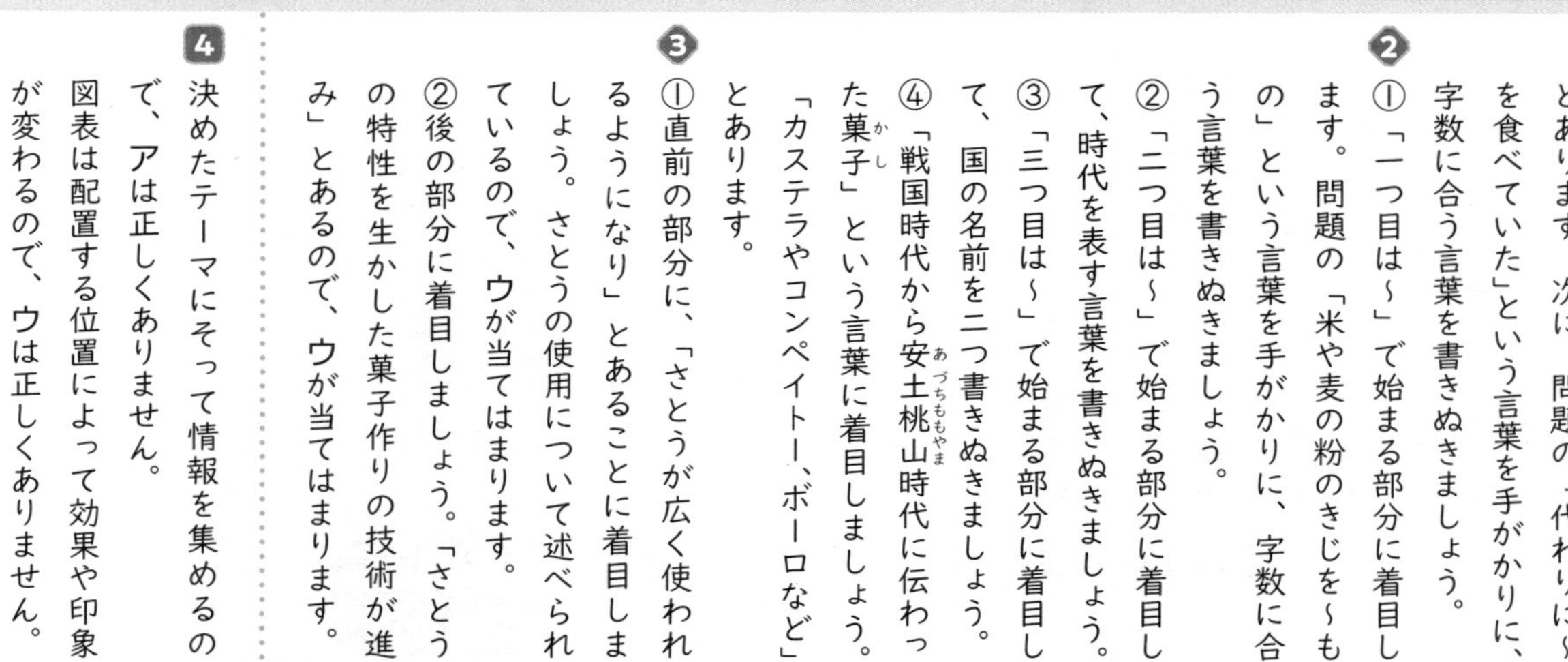
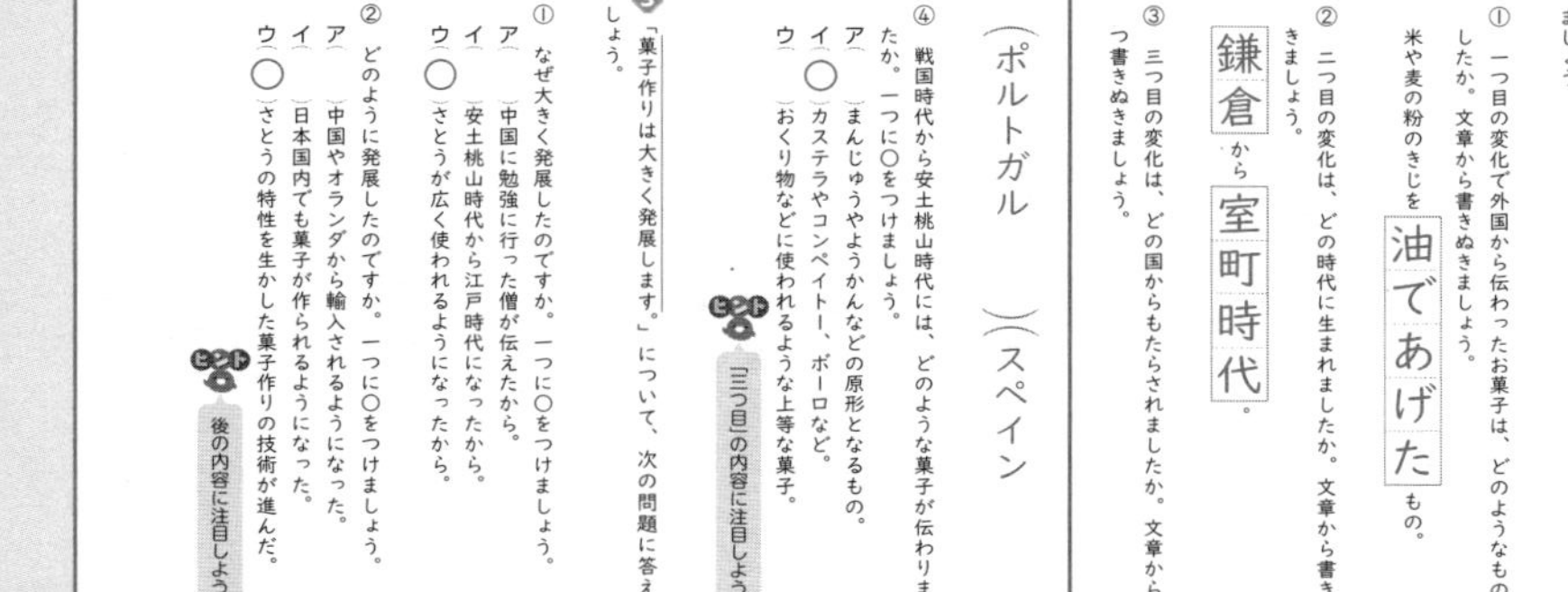
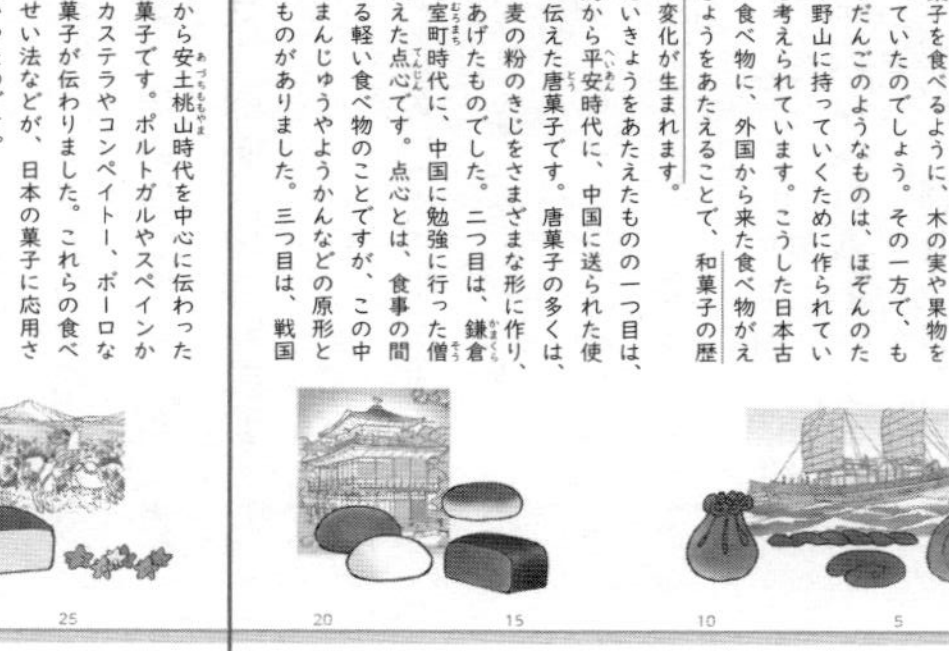

準備　58〜59ページ

和の文化を発信しよう／熟語の構成と意味

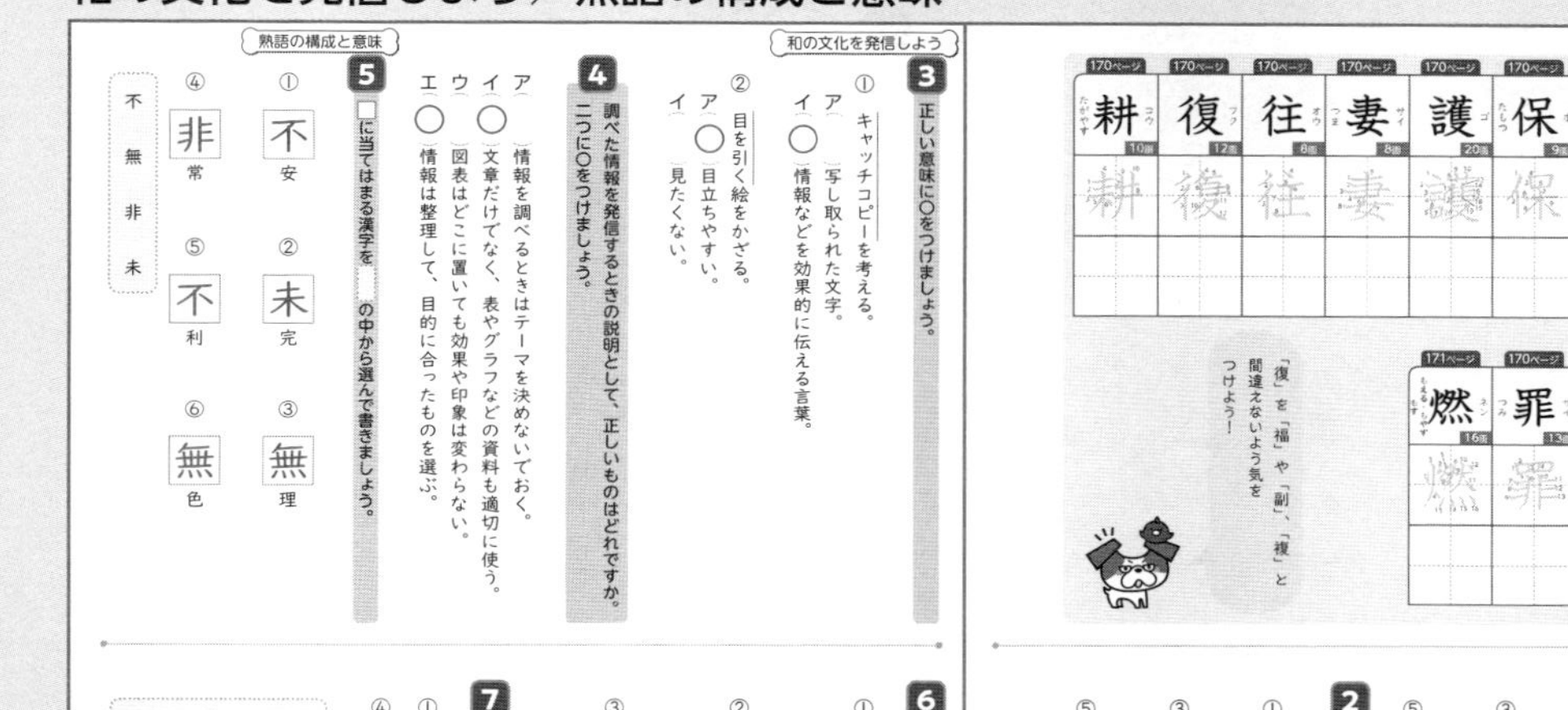
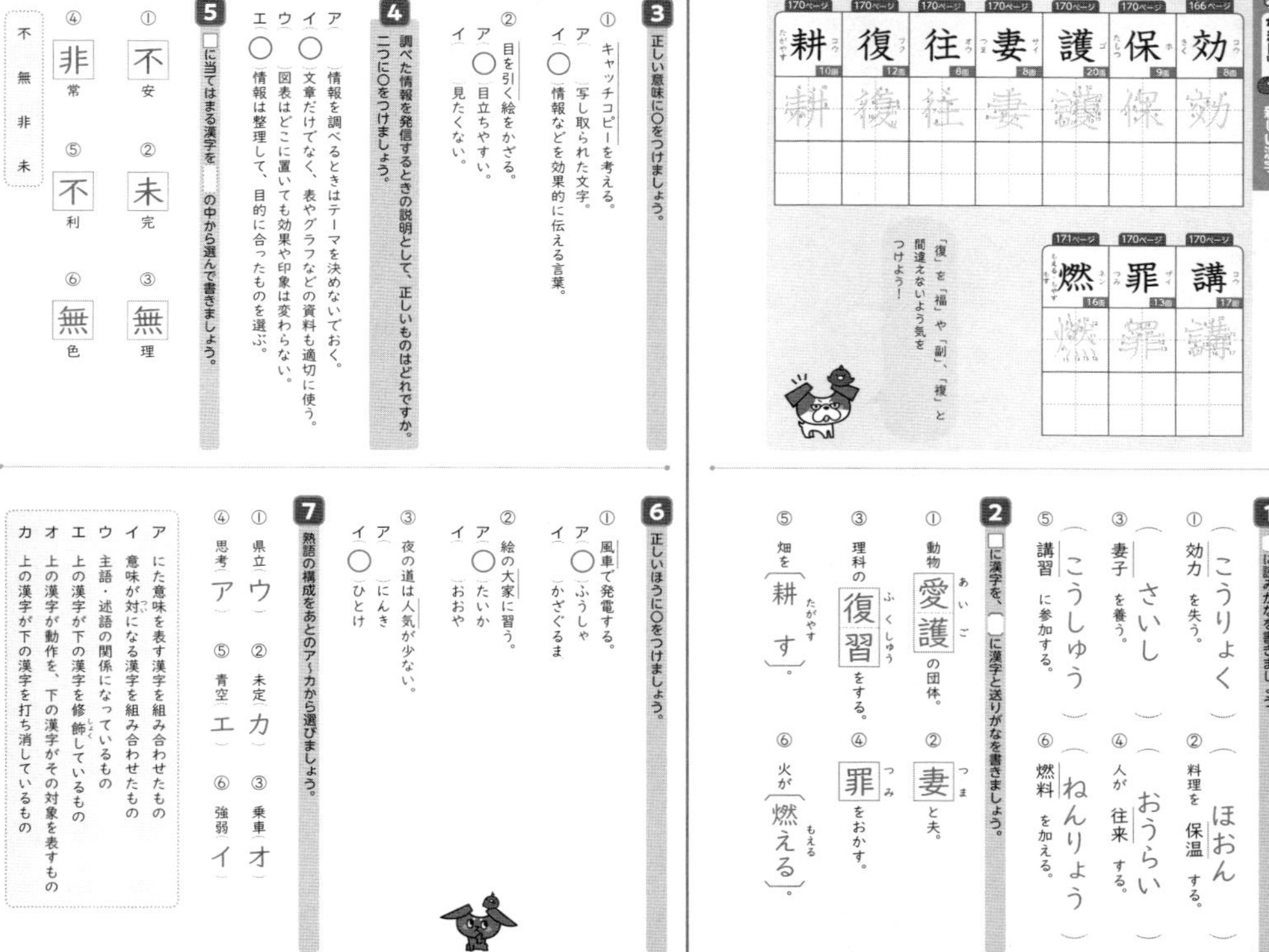

❶ 理由を表す言葉をさがしましょう。直後の部分に「あまい物が少なかったため」とあります。次に、問題の「代わりに～を食べていた」という言葉を手がかりに、字数に合う言葉を書きぬきましょう。

❷ ①「一つ目は～」で始まる部分に着目します。問題の「米や麦の粉のきじを～もの」という言葉を手がかりに、字数に合う言葉を書きぬきましょう。

②「二つ目は～」で始まる部分に着目して、時代を表す言葉を書きぬきましょう。

③「三つ目は～」で始まる部分に着目して、国の名前を二つ書きぬきましょう。

④「戦国時代から安土桃山時代に伝わった菓子」という言葉に着目しましょう。「カステラやコンペイトー、ボーロなど」とあります。

❸ ①直前の部分に、「さとうが広く使われるようになり」とあることに着目しましょう。さとうの使用について述べられているので、ウが当てはまります。

②後の部分に着目しましょう。「さとうの特性を生かした菓子作りの技術が進み」とあるので、ウが当てはまります。

4 決めたテーマにそって情報を集めるので、アは正しくありません。図表は配置する位置によって効果や印象が変わるので、ウは正しくありません。

6 ①「発電する」とあるので、「ふうしゃ」と読みます。

②「習う」とあるので、「その道の高名な実力者」を意味する「たいか」と読みます。

③「夜の道は～少ない」とあるので、「人のいそうなけはい」を意味する「ひとけ」と読みます。

7 ①「県立」は、「県が立てた」と考えます。

②「未定」は、「未」の字が下の漢字を打ち消しています。

③「乗車」は、「車に乗る」と考えます。

④「思考」は、にた意味の漢字を組み合わせたものです。

⑤「青空」は、「青い空」と考えます。

⑥「強弱」は、対の関係にある漢字を組み合わせたものです。

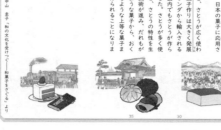

提案します、一週間チャレンジ／和語・漢語・外来語

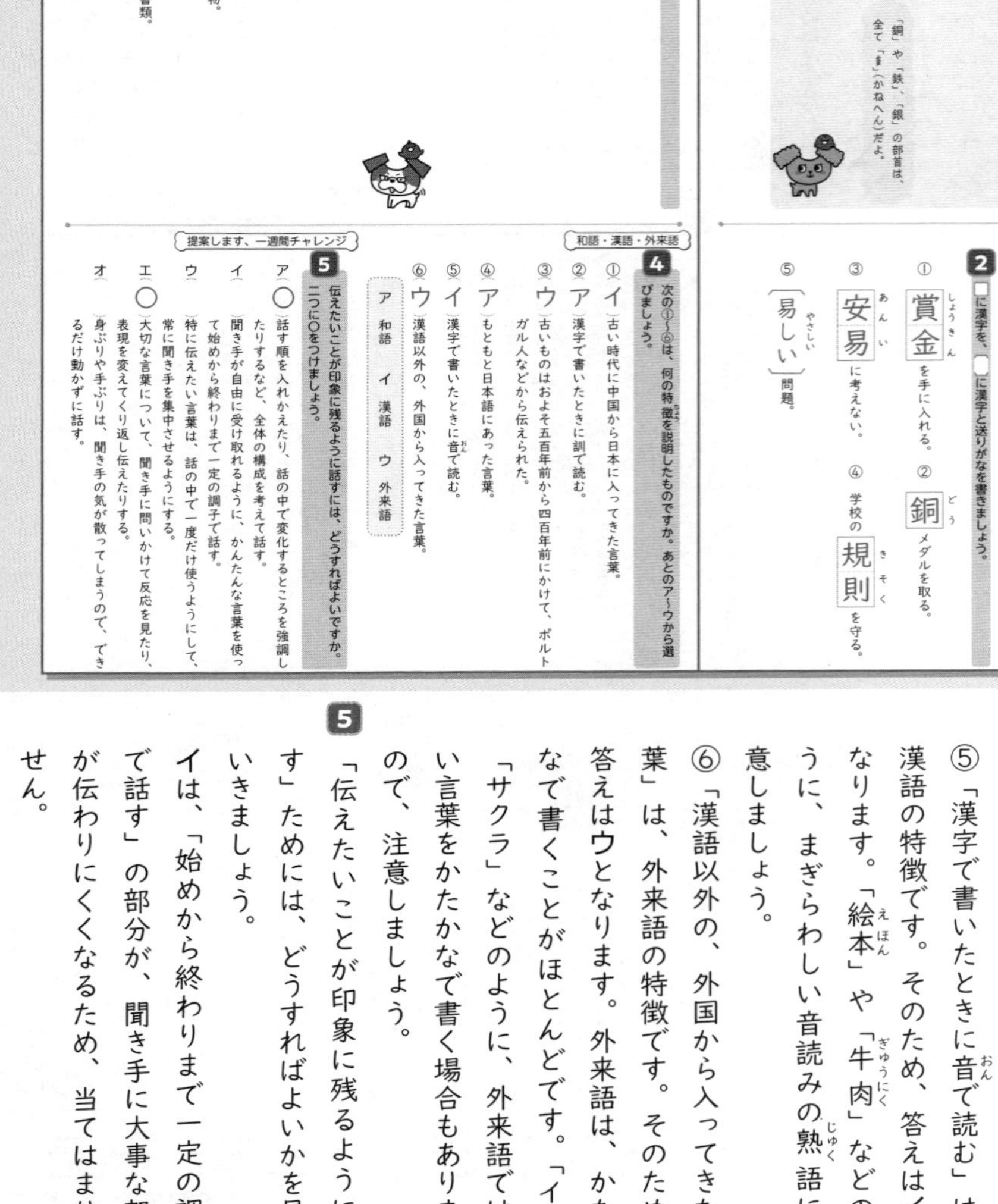

新しい漢字

提 賞 桜 銅 貿 易 規 則

「銅」や「鉄」、「銀」の部首は、全て「金（かねへん）」だよ。

1 □に読みがなを書きましょう。

① 宿題を提出する。（ていしゅつ）
② 桜（さくら）
③ 遠い国との貿易。（ぼうえき）
④ 規約を定める。（きやく）
⑤ 物理の法則。（ほうそく）

2 □に漢字を、（　）に漢字と送りがなを書きましょう。

① 賞金を手に入れる。
② 銅メダルを取る。
③ 安易に考えない。
④ 学校の規則を守る。
⑤ （易しい）問題。

3 正しい意味に○をつけましょう。

① イベントに参加する。　ア（○）もよおし物。　イ（　）急な出来事。
② 話の構成を考える。　ア（　）良いところ。　イ（○）組み立て。
③ 料理をオーダーする。　ア（○）注文。　イ（　）作成。
④ ソプラノの歌声。　ア（○）女性の高い声。　イ（　）男性の低い声。
⑤ オードブルを食べる。　ア（○）コースの最初の料理。　イ（　）最後に食べるあまい物。
⑥ 患者のカルテ。　ア（○）患者の情報を記した書類。　イ（　）患者の病気を治す薬。

和語・漢語・外来語

4 次の①～⑥は、何の特徴を説明したものですか。あとのア～ウから選びましょう。

① イ　古い時代に中国から日本に入ってきた言葉。
② ア　漢字で書いたときに訓で読む。
③ ウ　古いものはおよそ五百年前から四百年前にかけて、ポルトガル人などから伝えられた。
④ ア　もともと日本語にあった言葉。
⑤ イ　漢字で書いたときに音で読む。
⑥ ウ　漢語以外の、外国から入ってきた言葉。

ア 和語　イ 漢語　ウ 外来語

提案します、一週間チャレンジ

5 伝えたいことが印象に残るように話すには、どうすればよいですか。二つに○をつけましょう。

ア（○）話す順を入れかえたり、話の中で変化するところを強調したりするなど、全体の構成を考えて話す。

イ（　）聞き手が自由に受け取れるように、かんたんな言葉を使って始めから終わりまで一定の調子で話す。

ウ（　）特に伝えたい言葉は、話の中で一度だけ使うようにして、常に聞き手を集中させるようにする。

エ（○）大切な言葉について、聞き手に問いかけて反応を見たり、表現を変えてくり返し伝えたりする。

オ（　）身ぶりや手ぶりは、聞き手の気が散ってしまうので、できるだけ動かずに話す。

4 和語・漢語・外来語それぞれの特徴をおさえます。「宿屋」「旅館」「ホテル」などのように、和語・漢語・外来語で同じ意味をもつ言葉についても、覚えておくとよいでしょう。

⑤「漢字で書いたときに音で読む」は、漢語の特徴です。そのため、答えはイとなります。「絵本」や「牛肉」などのように、まぎらわしい音読みの熟語に注意しましょう。

⑥「漢語以外の、外国から入ってきた言葉」は、外来語の特徴です。そのため、答えはウとなります。外来語は、かたかなで書くことがほとんどです。「イヌ」「サクラ」などのように、外来語ではない言葉をかたかなで書く場合もありますので、注意しましょう。

5 「伝えたいことが印象に残るように話す」ためには、どうすればよいかを見ていきましょう。

イは、「始めから終わりまで一定の調子で話す」の部分が、聞き手に大事な部分が伝わりにくくなるため、当てはまりません。

ウは、「話の中で一度だけ使う」の部分が、「特に伝えたい言葉」が印象に残らなくなるため、当てはまりません。

確かめのテスト①

62〜63ページ

和の文化を受けつぐ——和菓子をさぐる 〜 和語・漢語・外来語

おうちのかたへ

和菓子になじみのない場合には、他の「和」の文化を例示するとよいでしょう。例えば、和食や伝統工芸品などです。

文章を読んで、答えましょう。　思考・判断・表現

　このように、和菓子は、さまざまな外国の食べ物のえいきょうを受けるとともに、年中行事や茶道などの日本の文化に育まれながら、その形を確立してきました。では、その和菓子の文化は、どのような人に支えられ、受けつがれてきたのでしょうか。

　まず挙げられるのは、和菓子を作る職人たちでしょう。和菓子作りの技術には、まんじゅうなどの「包む」、どら焼きなどの「焼く」、ようかんなどの「流す」など、さまざまなものがありますが、これらの技術は職人たちから職人たちへ受けつがれてきたものです。職人たちは技術をみがくだけでなく、季節ごとの自然の変化を感じ取ったり、ほかの日本文化に親しんだりすることで、和菓子作りに必要な感性を養います。

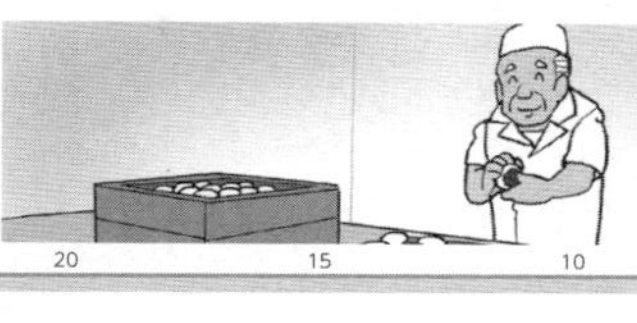

　また、和菓子作りには、梅やきくの花びらなどの形を作るときに使う「三角べら」や「和ばさみ」、らくがんを作るときに使う「木型」など、さまざまな道具が必要です。さらに、あずきや寒天、くず粉などの上質な材料も和菓子作りには欠かせませんが、それらの多くは、昔ながらの手作業によって作られています。和菓子作りに関わる道具や材料を作る人たちも、和菓子の文化を支えているのです。

　一方、和菓子を作る職人がいても、それを食べる人がいなければ、和菓子はいずれなくなってしまうのではないでしょうか。ですから、わたしたちが季節の和菓子を味わったり、年中行事に合わせて作ったりすることも、和菓子の文化を支えることだといえるでしょう。和菓子は、和菓子作りに関わる職人だけではなく、それを味わい楽しむ多くの人に支えられることで、現在に受けつがれているのです。

　このように、和菓子の世界は、知るほどにおくが深いものです。長い時をへて、それぞれの時代の文化に育まれ、いく世代もの人々の夢や創意が受けつがれてきた和菓子には、おいしさばかりでなく、伝統的な和の文化を再発見させてくれるようなみりょくがあるといえるでしょう。

　わたしたちの毎日の生活の中には、和菓子に限らず、筆やろうそく、焼き物やしっ器、和紙、織物など、受けつがれてきた和の文化がたくさんあります。そこにどんな歴史や文化との関わりがあるのか、どんな人がそれを支えているのかを考えることで、わたしたちもまた、日本の文化を受けついでいくことができるのです。

中山　圭子「和の文化を受けつぐ——和菓子をさぐる」より

よく出る

❶ 「その和菓子の文化は、どのような人に支えられ、受けつがれてきたのでしょうか。」とありますが、和菓子の文化を支えてきたのはだれですか。二つに○をつけましょう。　一つ10点(20点)

ア（　）外国の食べ物のえいきょうを受けた人たち。
イ（○）和菓子作りに関わる職人たち。
ウ（　）季節ごとの自然の変化を感じ取る人たち。
エ（○）和菓子を味わい楽しむ人たち。

❷ 「和菓子を作る職人たち」とありますが、職人たちにとって必要なことは何ですか。文章から二つ書きぬきましょう。　一つ10点(20点)

・技術をみがくこと。
・感性を養うこと。

❸ 「和菓子作りに関わる道具や材料を作る人たちも、和菓子の文化を支えているのです。」とありますが、なぜそう言えるのですか。一つに○をつけましょう。　10点

ア（　）和菓子作りには「包む」「焼く」「流す」など、さまざまな技術が必要だから。
イ（○）和菓子作りにはさまざまな道具が必要で、さらにあずきや寒天などの上質な材料も欠かせないから。
ウ（　）作る人がいても、食べる人がいなければ、和菓子はいずれなくなってしまうから。

できたらスゴイ！

❹ 「それを味わい楽しむ」とありますが、何をどうすることですか。文章から三十字でさがし、初めと終わりの五字を書きぬきましょう。　10点

季節の和菓〜りすること。

❺ 「和菓子の世界は、知るほどにおくが深いものです。」とありますが、なぜそう言えるのですか。一つに○をつけましょう。　10点

ア（　）あずきや寒天、くず粉などの上質な材料を使うから。
イ（　）「三角べら」や「和ばさみ」などさまざまな道具が手作業で作られているから。
ウ（○）和菓子を作る職人だけでなく、材料や道具を作る人、味わい楽しむ人など、いく世代もの多くの人に支えられてきたから。
エ（　）梅やきくの花びらの形など、せんさいに作られているから。

❻ 「みりょくがある」とありますが、和菓子のみりょくとは何ですか。文章から書きぬきましょう。　一つ5点(10点)

おいしさに加えて、昔から伝わる和の文化を再び見いだすことができるところ。

考えを書こう！

❼ 「日本の文化を受けついでいくことができるのです。」とありますが、どうすることで日本の文化を受けついでいくことができますか。　20点

例 和の文化の歴史や文化との関わり、支えている人について考えること。

❶ 直後に「まず挙げられるのは」と述べられているため、他にも当てはまる内容があると分かります。後の部分を見ていくと、「和菓子作りに関わる職人だけではなく、それを味わい楽しむ多くの人に支えられる」とあるため、イとエが答えとなります。

❷ 段落の中から、解答らんに合う形で、当てはまる言葉をさがしましょう。

❹ 「どうすること」と問われているので、「〜こと」で終わる部分を、字数を手がかりにさがしましょう。

❺ 直前に「和菓子は、〜いるのです」、直後に「長い時を〜れてきた和菓子」とあります。ここから、作者の考えにもっとも近いのはウであることが分かります。

❻ 文章中の言葉が、問題の文で言いかえられていることに着目しましょう。「〜ばかりでなく」は「〜に加えて」になっています。

❼ 直前の部分に着目しましょう。「そこにどんな歴史や文化との関わりがあるのか、どんな人がそれを支えているのかを考えることで」と述べられているため、この部分が答えの中心となります。「そこ」「それ」の内容について、さらに前の部分を見ていくと、「和の文化」を指すことが分かります。「どうすることで」と問われているため、「〜こと。」で終わることに注意して、一つの文にまとめて答えましょう。

確かめのテスト② 64~65ページ

和の文化を受けつぐ――和菓子をさぐる ～ 和語・漢語・外来語

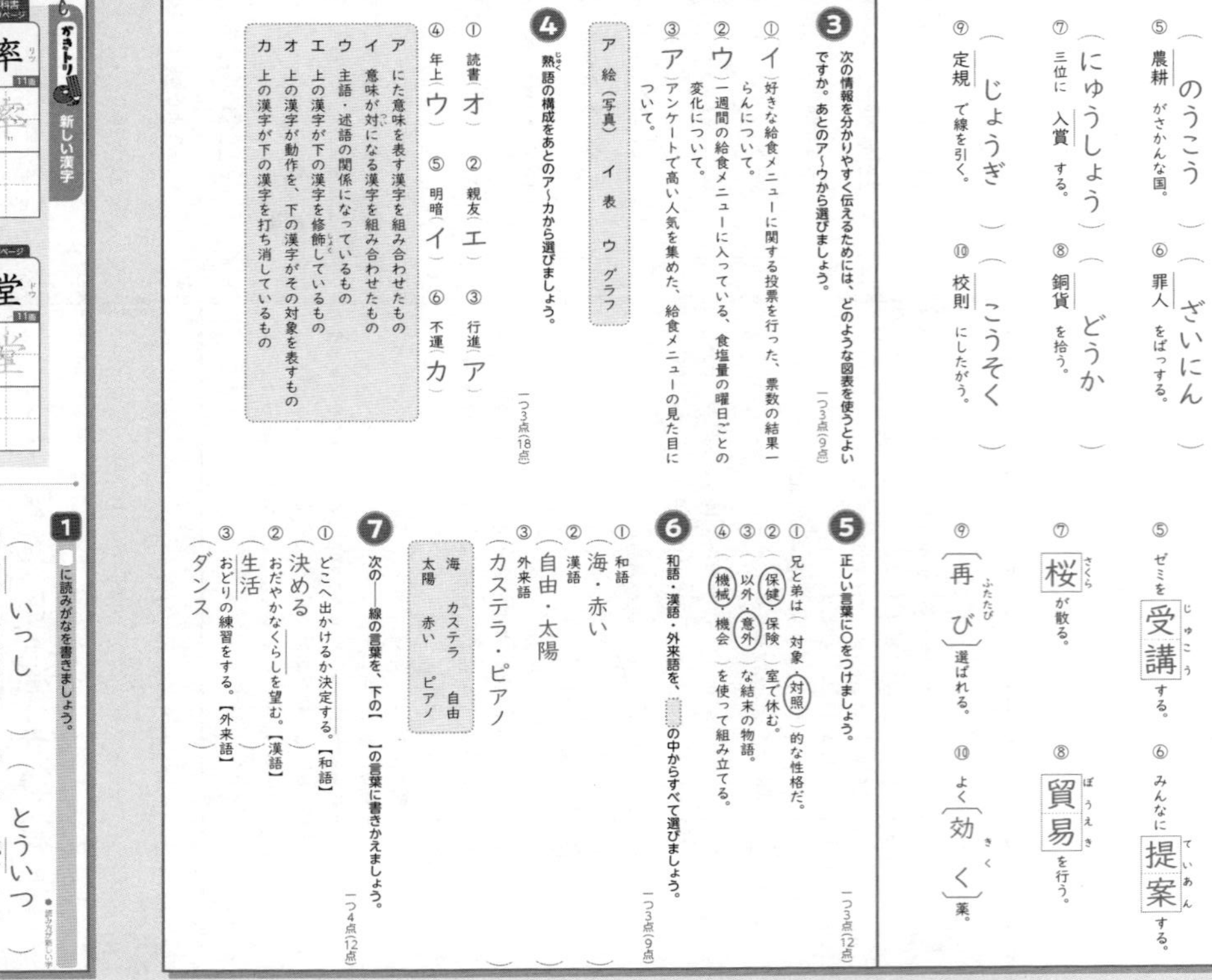

1 読みがなを書きましょう。 一つ2点(20点)

①小麦粉（こむぎこ）でパンを焼く。 ②典型的（てんけいてき）なパターン。
③首位を保（たも）つ。 ④人々を守護（しゅご）する。
⑤農耕（のうこう）がさかんな国。 ⑥罪人（ざいにん）をばっする。
⑦三位に入賞（にゅうしょう）する。 ⑧銅貨（どうか）を拾う。
⑨定規（じょうぎ）で線を引く。 ⑩校則（こうそく）にしたがう。

2 □に漢字を、〔　〕に漢字と送りがなを書きましょう。 一つ2点(20点)

①日本の伝統（でんとう）。 ②石油を輸入（ゆにゅう）する。
③高い技術（ぎじゅつ）をほこる。 ④道を往復（おうふく）する。
⑤ゼミを受講（じゅこう）する。 ⑥みんなに提案（ていあん）する。
⑦桜（さくら）が散る。 ⑧貿易（ぼうえき）を行う。
⑨〔再び〕（ふたたび）選ばれる。 ⑩よく〔効く〕（きく）薬。

3 次の情報を分かりやすく伝えるためには、どのような図表を使うとよいですか。あとのア～ウから選びましょう。 一つ3点(9点)

①（イ）好きな給食メニューに関する投票を行った、票数の結果一らんについて。
②（ウ）一週間の給食メニューに入っている、食塩量の曜日ごとの変化について。
③（ア）アンケートで高い人気を集めた、給食メニューの見た目について。

ア 絵（写真）　イ 表　ウ グラフ

4 熟語の構成をあとのア～カから選びましょう。 一つ3点(18点)

①読書（オ） ②親友（エ） ③行進（ア）
④年上（ウ） ⑤明暗（イ） ⑥不運（カ）

ア にた意味を表す漢字を組み合わせたもの
イ 意味が対になる漢字を組み合わせたもの
ウ 主語・述語の関係になっているもの
エ 上の漢字が下の漢字を修飾しているもの
オ 上の漢字が動作を、下の漢字がその対象を表すもの
カ 上の漢字が下の漢字を打ち消しているもの

5 正しい言葉に○をつけましょう。 一つ3点(12点)

①兄と弟は（対象・(対照)）的な性格だ。
②（(保健)・保険）室で休む。
③（以外・(意外)）な結末の物語。
④（(機械)・機会）を使って組み立てる。

6 和語・漢語・外来語を、□の中からすべて選びましょう。 一つ3点(9点)

①和語（海・赤い）
②漢語（自由・太陽）
③外来語（カステラ・ピアノ）

海　カステラ　自由　太陽　赤い　ピアノ

7 次の――線の言葉を、下の【　】の言葉に書きかえましょう。 一つ4点(12点)

①どこへ出かけるか決定する。【和語】（決める）
②おだやかなくらしを望む。【漢語】（生活）
③おどりの練習をする。【外来語】（ダンス）

3 ①票数の結果を一らんで示すには、イの表が適しています。
②数字の変化を示すには、ウのグラフが適しています。
③見た目を分かりやすく伝えるためには、アの絵（写真）が適しています。

4 ①「読書」は「書を読む」と考えます。
②「親友」は「親しい友」と考えます。
③「行進」は、にた意味の漢字を組み合わせたものです。
④「年上」は「年が上だ」と考えます。
⑤「明暗」は、対（つい）の関係にある漢字を組み合わせたものです。
⑥「不運」は、「不」の字が下の漢字を打ち消しています。

5 ①「二つのものを照らし合わせること」を意味する「対照」が当てはまります。
③「思ってもいなかったこと」を意味する「意外」が当てはまります。

6 ①和語は訓読みをする言葉であるため、「海」「赤い」が当てはまります。
②漢語は音読みをする言葉であるため、「自由」「太陽」が当てはまります。
③外来語は中国以外の外国から入ってきた言葉で、かたかなで書くことがほとんどであるため、「カステラ」「ピアノ」が当てはまります。

準備 66~67ページ

大造じいさんとがん／漢字を使おう６

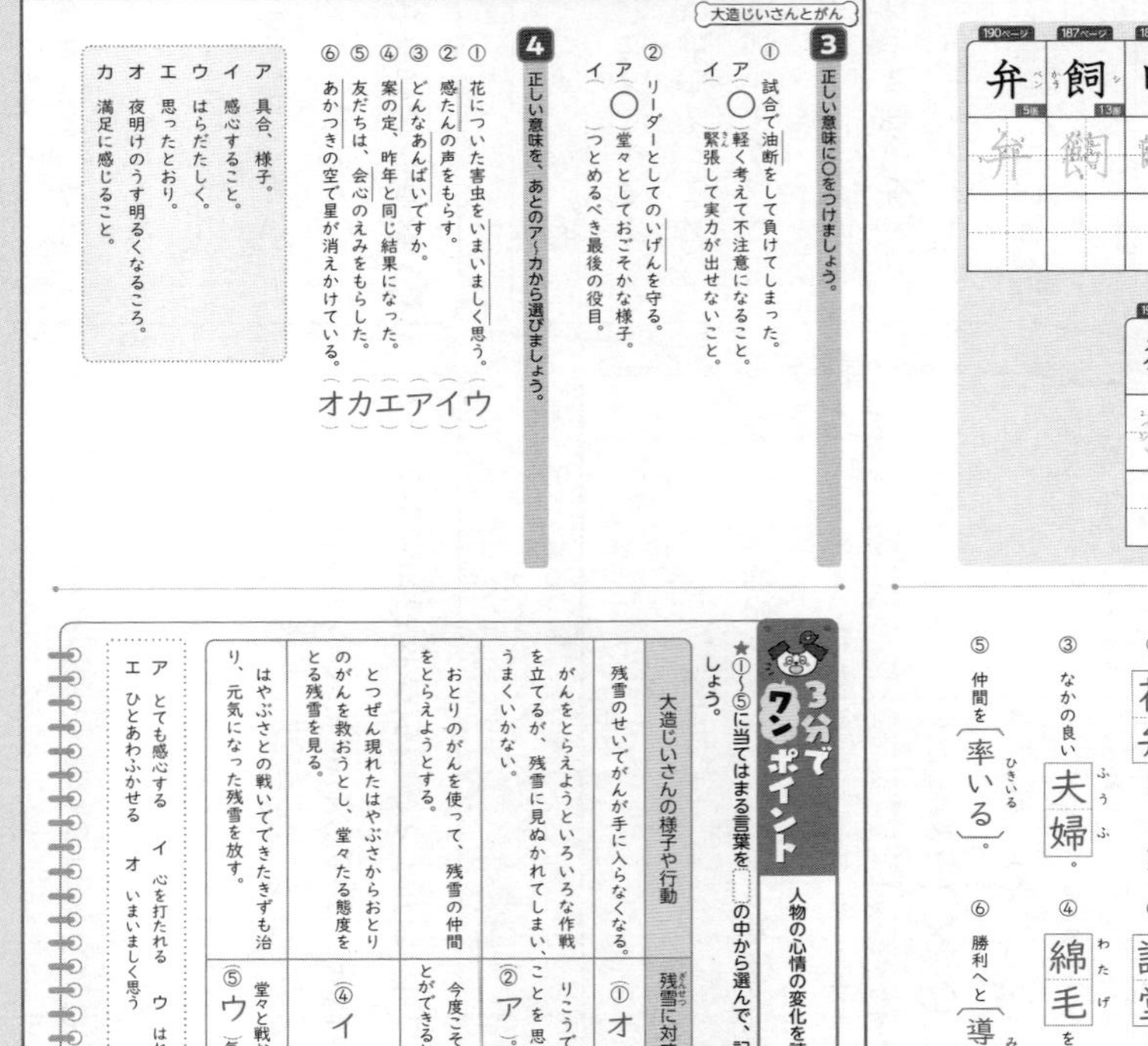

かきトリ 新しい漢字

教科書180ページ	180ページ	183ページ	183ページ	186ページ	187ページ	190ページ
率（リツ・ひきいる）11画	領（リョウ）14画	張（チョウ・はる）11画	導（ドウ・みちびく）15画	略（リャク）11画	飼（シ・かう）13画	弁（ベン）5画

191ページ	197ページ	197ページ	197ページ	197ページ
堂（ドウ）11画	婦（フ）11画	綿（メン・わた）14画	留（リュウ・ル・とめる・とまる）10画	犯（ハン）5画

1 □に読みがなを書きましょう。

①一糸（いっし）みだれぬ動き。 ②天下を統一（とういつ）する。
③自分の領地（りょうち）を守る。 ④むねを張（は）る。
⑤味方と計略（けいりゃく）を練る。 ⑥うさぎを飼育（しいく）する。

2 □に漢字を、〔　〕に漢字と送りがなを書きましょう。

①花弁（かべん）にそっとふれる。 ②講堂（こうどう）に集まる。
③なかの良い夫婦（ふうふ）。 ④綿毛（わたげ）を飛ばす。
⑤仲間を〔率いる〕（ひきいる）。 ⑥勝利へと〔導く〕（みちびく）。

大造じいさんとがん

3 正しい意味に○をつけましょう。

①試合で油断をして負けてしまった。
ア（○）軽く考えて不注意になること。
イ（　）緊張して実力が出せないこと。
②リーダーとしてのいげんを守る。
ア（○）堂々としておごそかな様子。
イ（　）つとめるべき最後の役目。

4 正しい意味を、あとのア～カから選びましょう。

①花についた害虫をいまいましく思う。（ウ）
②感たんの声をもらす。（イ）
③どんなあんばいですか。（ア）
④案の定、昨年と同じ結果になった。（エ）
⑤友だちは、会心のえみをもらした。（カ）
⑥あかつきの空で星が消えかけている。（オ）

ア 具合、様子。
イ 感心すること。
ウ はらだたしく。
エ 思ったとおり。
オ 夜明けのうす明るくなるころ。
カ 満足に感じること。

3分でワンポイント　人物の心情の変化を読み取ろう。

★①～⑤に当てはまる言葉を□の中から選んで、記号を書きましょう。

大造じいさんの様子や行動	残雪に対する気持ち
残雪のせいでがんが手に入らなくなる。	（①オ）。
がんをとらえようといろいろな作戦を立てるが、残雪に見ぬかれてしまい、うまくいかない。	りこうで知恵（ちえ）があることを思い知って、（②ア）。
おとりのがんを使って、残雪の仲間をとらえようとする。	今度こそ（③エ）ことができると期待する。
とつぜん現れたはやぶさからおとりのがんを救おうとし、堂々たる態度をとる残雪を見る。	（④イ）。
はやぶさとの戦いでできたきずも治り、元気になった残雪を放す。	堂々と戦おうとちかい、（⑤ウ）気持ちになる。

ア とても感心する　イ 心を打たれる　ウ はればれとした　エ ひとあわふかせる　オ いまいましく思う

3 ②「いげん」とは、堂々としていておごそかな様子のことです。

4 ①「いまいましい」とは、非常にはらだたしく感じることを言います。
②「感たん」とは、ため息をつくほど大きく心を動かされることを言います。
③「あんばい」とは、料理の味加減の具合から転じて、物事の具合や様子を表すときに使われます。

3分でワンポイント

「大造（だいぞう）じいさんとがん（椋鳩十（むくはとじゅう））」では、「残雪（ざんせつ）」に対する大造じいさんの心情は、物語が進むにしたがって、変化していきます。その気持ちは、ただ「残雪」をいまいましく思うだけではありません。「残雪」の頭のよさに感心したり、仲間を守ろうとするすがたに心を打たれたりする大造じいさんの心情の変化に着目しながら、物語を読み進めましょう。

練習① 68~69ページ

大造じいさんとがん

文章を読んで、答えましょう。

翌日の昼近く、じいさんは、むねをわくわくさせながら、ぬま地に行きました。昨晩、つりばりをしかけておいた辺りに、何かばたばたしているものが見えました。

「しめたぞ!」

じいさんはつぶやきながら、夢中でかけつけました。

「ほほう、これはすばらしい!」

じいさんは、思わず、子どものように声をあげて喜びました。一羽だけであったが、生きているがんがうまく手に入ったので、じいさんはうれしく思いました。

さかんにばたついたとみえて、辺り一面に、羽が飛び散っていました。

がんの群れは、この危険を感じて、え場を変えたらしく、辺りには、一羽も見えませんでした。しかし、大造じいさんは、たかが鳥のことだ、一晩たてば、また、わすれてやってくるにちがいない、と考えて、昨日よりももっとたくさんのつりばりを、ばらまいておきました。

その翌日、昨日と同じころに、大造じいさんは出かけていきました。

秋の日が美しくかがやいていました。

じいさんがぬま地にすがたを現すと、大きな羽音とともに、がんの大群が飛び立ちました。じいさんは、はてな、と首をかしげました。つりばりをしかけておいた辺りで、確かにがんがえさをあさった形跡があるのに、今日は、一羽もはりにかかっていません。いったい、どうしたというのでしょう。

気をつけて見ると、つりばりの糸が、みな、ぴいんと引きのばされています。がんは、昨日の失敗にこりて、えさを、すぐには飲みこまないで、まず、くちばしの先にくわえて、ぐうっと引っ張ってみてから、異状なしとみとめると、初めて飲みこんだものらしいのです。これも、あの残雪が、仲間を指導してやったにちがいありません。

「ううむ!」

椋 鳩十「大造じいさんとがん」より

❶ 「つりばりをしかけておいた辺り」には、何がいましたか。

(一羽の生きている)がん

❷ 「しめたぞ!」について、次の問題に答えましょう。

① このときの大造じいさんはどのような気持ちですか。一つに○をつけましょう。

ア( )初めてがんを見ることができて、大喜びしている。

イ(○)自分が考えた作戦がうまくいって、うれしくなっている。

ウ( )たくさんのがんをつかまえることができて、満足している。

② このときの大造じいさんの様子を、たとえを使って表した一文を、文章から二十八字でさがし、初めの五字を書きぬきましょう。

じいさんは

ヒント 大造じいさんは、ようやくがんをつかまえたよ。

❸ 「昨日よりももっとたくさんのつりばりを、ばらまいておきました。」とありますが、大造じいさんが、そのようなことをしたのはなぜですか。

がんは、一晩たてば、また、(わすれてやってくるにちがいない)と考えたから。

❹ 「はてな、と首をかしげました。」とありますが、なぜですか。一つに○をつけましょう。

ア( )昨日、つりばりをしかけた場所を、わすれてしまったから。

イ( )ぬま地に、たくさんのがんが、集まっている理由が分からなかったから。

ウ(○)つりばりにかかっていると思っていたがんが、一羽もかかっていないことを不思議に思ったから。

❺ 「今日は、一羽もはりにかかっていません。」とありますが、がんがはりにかからなかったのはなぜだと、大造じいさんは考えましたか。文章から書きぬきましょう。

がんの群れは、昨日の 失敗にこりて えさをすぐには飲みこまず、くちばしで 引っ張って、異状 がないことをたしかめてから、えさを飲みこんだから。

ヒント 次の段落に注目しよう。

❻ 「ううむ!」とありますが、大造じいさんが、そのような声をもらしたのはなぜですか。一つに○をつけましょう。

ア( )がんの群れがえさをたくさん食べてうれしかったから。

イ(○)残雪やがんの群れのかしこさに感心したから。

ウ( )残雪が仲間を指導する力がうらやましかったから。

❶ 「ばたばたしているもの」は、一羽のがんでした。

❷ ①特別な作戦がうまくいき、ひさしぶりに一羽のがんをつかまえることができました。

② 「子どものように声をあげて」という表現で、大造(だいぞう)じいさんの喜び方を表しています。なお、5行目の「じいさんはつぶやきながら、夢中でかけつけました」は字数が当てはまりません。

❸ 直前の文章に注目します。大造じいさんは、「たかが鳥のことだ」と、がんをあまり利口でないと考えています。

❹ 大造じいさんは、その日も、つりばりにがんがかかっていると思っていました。しかし、がんの群れは一羽もはりにかからなかったのです。

❺ じいさんが、辺りを「気をつけてみると」、糸の様子が分かりました。そこから、がんがはりにかからなかった理由を大造じいさんが考えています。

❻ 昨日の失敗にこりて、つりばりにかからないようにしたことに感心したのです。

練習② 70~71ページ

大造じいさんとがん

文章を読んで、答えましょう。

大造じいさんは、夏のうちから心がけて、たにしを五俵(ひょう)ばかり集めておきました。そして、それを、がんの好みそうな場所にばらまいておきました。どんなあんばいだったかなと、その夜行ってみると、案の定、そこに集まって、さかんに食べた形跡(せき)がありました。

その翌日も、同じ場所に、うんとこさと、まいておきました。その翌日も、そのまた翌日も、同じようなことをしました。

がんの群れは、思わぬごちそうが四、五日も続いたので、ぬま地のうちでも、そこがいちばん気に入りの場所となったようでありました。

大造じいさんは、会心のえみをもらしました。

そこで、夜の間に、え場より少しはなれた所に、小さな小屋を作って、その中にもぐりこみました。そして、ねぐらをぬけ出して、このえ場にやってくる、がんの群れを待っているのでした。

あかつきの光が、小屋の中に、すがすがしく流れこんできました。

ぬま地にやってくるがんのすがたが、かなたの空に、黒く点々と見えだしました。先頭に来るのが残雪(ざんせつ)にちがいありません。その群れはぐんぐんやってきます。

「しめたぞ! もう少しのしんぼうだ。あの群れの中に一発ぶちこんで、今年こそは目にもの見せてくれるぞ。」

りょうじゅうをぐっとにぎりしめた大造じいさんは、ほおがびりびりするほど引きしまるのでした。

ところが、残雪は、油断なく地上を見下ろしながら、群れを率いてやってきました。そして、ふと、いつものえ場に、昨日までなかった、小さな小屋をみとめました。

「様子の変わった所に近づかぬがよいぞ。」

かれの本のうは、そう感じたらしいのです。ぐっと急角度に方向を変えると、その広いぬま地の、ずっと西側のはしに着陸しました。

もう少しで、たまのとどくきょりに入ってくるというところで、またしても、残雪のために、してやられてしまいました。大造じいさんは、広いぬま地の向こうをじっと見つめたまま、

「ううん。」

とうなってしまいました。

椋 鳩十「大造じいさんとがん」より

❶ 「そこがいちばん気に入りの場所となった」のは、なぜですか。

(例 たにしを四、五日も続けて食べることができたから。)

❷ 「会心のえみをもらしました。」とありますが、このときの大造じいさんはどのような気持ちですか。一つに○をつけましょう。

ア(○)自分が作ったえ場に、がんを集めることに成功したので、満足している。

イ( )思っていたよりもたくさんのがんが集まっていたので、喜んでいる。

ウ( )自分が用意したえさを、がんが好んで食べていたので、うれしくなっている。

❸ 「あかつきの光が、小屋の中に、すがすがしく流れこんできました。」には、大造じいさんのどのような気持ちが表れていますか。一つに○をつけましょう。

ア( )がんをしとめることができるか、心配になっている。

イ(○)作戦がうまくいくという、自信や期待が高まっている。

ウ( )がんが予想どおりやってきたので、うれしくなっている。

ヒント 「すがすがしい」は、心が晴れわたった様子だよ。

❹ 「ぐっと急角度に方向を変える」とありますが、残雪がそのような動きをしたのはなぜですか。文章から書きぬきましょう。

地上に昨日までなかった、小さな小屋があると気づき、(様子の変わった所)には近づかないほうがよいと、(本のう)で感じたから。

❺ 「うなってしまいました。」とありますが、このときの大造じいさんはどのような気持ちですか。一つに○をつけましょう。

ア( )残雪がこの場所以外にもよいえ場を知っていたと分かり、感心している。

イ(○)せっかく立てた作戦も見破られ、残雪ののう力の高さを思い知らされている。

ウ( )りょうじゅうのたまがわずかにとどかなかったので、くやしく思っている。

❻ 残雪は、どのようながんですか。一つに○をつけましょう。

ア( )人間の力をあまく見ていて、思い切りよく行動できるがん。

イ( )気が強くて、自分の仲間のがんたちを支配しているがん。

ウ(○)利口で、自分たちの安全のために用心深く行動するがん。

ヒント 残雪の行動が書かれている部分に注目しよう。

❼ 大造じいさんが、がんをとらえようときん張している様子が分かる一文を、文章からさがし、初めの五字を書きぬきましょう。

りょうじゅ

❶ この場所で、がんは四、五日もごちそうを食べられたのです。

❷ 大造じいさんは、作戦通りがんを集めることができて満足しているのです。

❸ がんを毎日同じ所にやってくるようにおびきよせる作戦の準備が整い、いよいよがんをとらえられる、と期待が高まっているのです。

❹ 小屋を見つけた残雪(ざんせつ)が感じたことは、直前の二文に書かれています。ここでの「様子の変わった所」だと残雪が感じたのは、大造じいさんが作った「小さな小屋」があったからです。

❺ 大造じいさんは今回の作戦に自信を感じていましたが、残雪に見破られてしまいました。残雪ののう力は、思っていた以上に高かったのです。

❻ 様子の変化を見分けるのう力の高さや、しんちょうな行動に着目します。

❼ 「しめたぞ!~」という大造じいさんの発言の後に着目しましょう。がんの群れが近づくのにしたがって、大造じいさんの気持ちが高まっています。

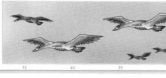

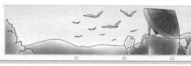

練習③ 72〜73ページ

大造じいさんとがん

文章を読んで、答えましょう。

大造じいさんは、生きたどじょうを入れたどんぶりを持って、鳥小屋の方に行きました。じいさんが小屋に入ると、一羽のがんが、羽をばたつかせながら、じいさんに飛びついてきました。

このがんは、二年前、じいさんがつりばりの計略で生けどったものだったのです。今では、すっかり、じいさんになついていました。ときどき、鳥小屋から運動のために外に出してやるが、ヒュ、ヒュ、ヒュと口笛をふけば、どこにいても、じいさんの所に帰ってきて、そのかた先に止まるほどになれていました。

大造じいさんは、がんがどんぶりからえさを食べているのを、じっと見つめながら、

「今年は、ひとつ、これを使ってみるかな。」

と、独り言を言いました。じいさんは、長年の経験で、がんは、いちばん最初に飛び立ったものの後について飛ぶ、ということを知っていたので、このがんを手に入れたときから、ひとつ、これをおとりに使って、残雪の仲間をとらえてやろうと考えていたのでした。

さて、いよいよ、残雪の一群が今年もやってきたと聞いて、大造じいさんはぬま地へ出かけていきました。

がんたちは、昨年じいさんが小屋がけした所から、たまのとどくきょりの三倍もはなれている地点をえ場にしているようでした。そこは、夏の出水で大きな水たまりができて、がんのえさが十分にあるらしかったのです。

「うまくいくぞ。」

大造じいさんは、青くすんだ空を見上げながら、にっこりとしました。

その夜のうちに、飼いならしたがんを、例のえ場に放ち、昨年建てた小屋の中にもぐりこんで、がんの群れを待つことにしました。

「さあ、いよいよ、戦とう開始だ。」

東の空が真っ赤に燃えて、朝が来ました。

残雪は、いつものように群れの先頭にたって、美しい朝の空を、真一文字に横切ってやってきました。

やがて、え場に下りると、ガー、ガーという、やかましい声で鳴き始めました。大造じいさんのむねはわくわくしてきました。しばらく目をつぶって、心の落ち着くのを待ちました。そして、冷え冷えするじゅう身を、ぎゅっとにぎりしめました。

じいさんは、目を開きました。

「さあ、今日こそ、あの残雪めに、ひとあわふかせてやるぞ。」

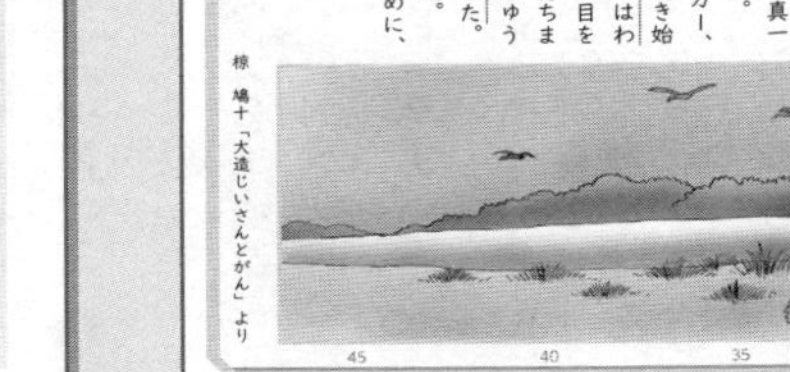

椋 鳩十「大造じいさんとがん」より

❶ 「生きたどじょう」とありますが、大造じいさんはこれをどうするつもりですか。一つに〇をつけましょう。
ア（　）残雪をとらえるための計略に使う。
イ（〇）鳥小屋の中にいるがんに食べさせる。
ウ（　）ぬま地のがんにえさとしてあたえる。

❷ 「じいさんに飛びついてきました。」とありますが、これはがんのどのような様子を表していますか。文章から三字で書きぬきましょう。
大造じいさんに［な れ て］いる様子。

❸ 「これをおとりに使って」について、次の問題に答えましょう。
① 「これ」とは、何を指しますか。
大造じいさんが（例（つりばりの計略で）生けどった）がん。
② 何をするための「おとり」ですか。
（例 残雪の仲間をとらえる）ためのおとり。
③ これは、がんのある行動の特徴を利用した作戦です。どのような特徴ですか。「〜という特徴。」に続くように、文章から二十二字でさがし、初めと終わりの五字を書きぬきましょう。
［いちばん最］〜［ついて飛ぶ］という特徴。

❹ 「例のえ場」は、小屋からどのくらいはなれていましたか。
（例 たまのとどくきょりの三倍。）

❺ 「東の空が真っ赤に燃えて、朝が来ました。」には、大造じいさんのどのような気持ちが表れていますか。一つに〇をつけましょう。
ア（　）残雪がなかなかやってこないことへのいらだち。
イ（　）今回の作戦はかんたんなものだという安心。
ウ（〇）今度こそがんをしとめてやるという強い決意。

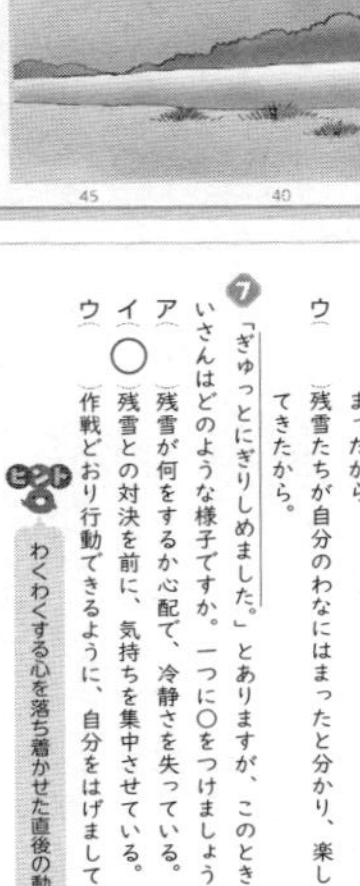

ヒント 直前の大造じいさんの言葉をふり返ろう。

❻ 「大造じいさんのむねはわくわくしてきました。」とありますが、なぜですか。一つに〇をつけましょう。
ア（〇）自分の作戦がきっとうまくいくだろうという期待で、落ち着かなくなったから。
イ（　）今回は失敗するわけにはいかないと思い、きんちょうが高まったから。
ウ（　）残雪たちが自分のわなにはまったと分かり、楽しみになってきたから。

❼ 「ぎゅっとにぎりしめました。」とありますが、このときの大造じいさんはどのような様子ですか。一つに〇をつけましょう。
ア（　）残雪が何をするか心配で、冷静さを失っている。
イ（〇）残雪との対決を前に、気持ちを集中させている。
ウ（　）作戦どおり行動できるように、自分をはげましている。

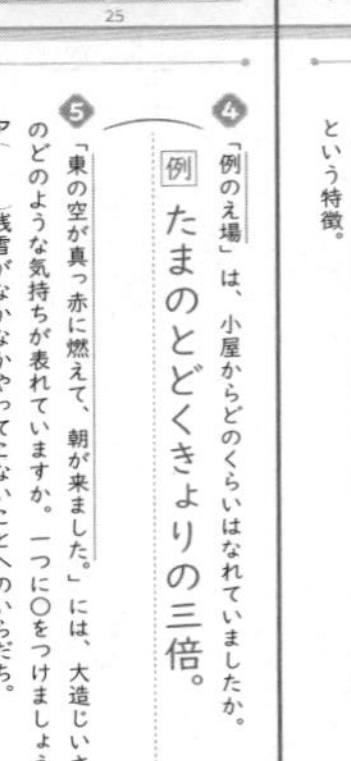

ヒント わくわくする心を落ち着かせた直後の動作だよ。

❶ 鳥小屋の中の一羽のがんが、このあと、どんぶりからえさを食べていることに着目します。

❷ 大造じいさんに「なついていました」、「かた先に止まるほどになれていました」とあります。

❸ ①鳥小屋のがんは「つりばりの計略で生けどった」とあります。「手に入れた」も正解です。
③鳥小屋の中のがんをおとりに使おうとした理由をがんの特徴が書かれている部分からさがしましょう。

❹❺ 「え場」という言葉に着目します。「うまくいく」と思っている作戦の準備が、すっかり整った場面です。「真っ赤に燃えて」という表現に着目しましょう。

❻ このあと、心が落ち着くのを待っています。うまくいきそうな作戦を実行する時が近づき、気持ちが高まって落ち着かないのです。

❼ 心を落ち着かせ、大造じいさんは今日こそ残雪に「ひとあわふかせてやる」と思っています。

準備 74〜75ページ

心情を表す言葉 / 日本語と外国語 / 読書の世界を広げよう / 漢字を使おう７

かきトリ 新しい漢字

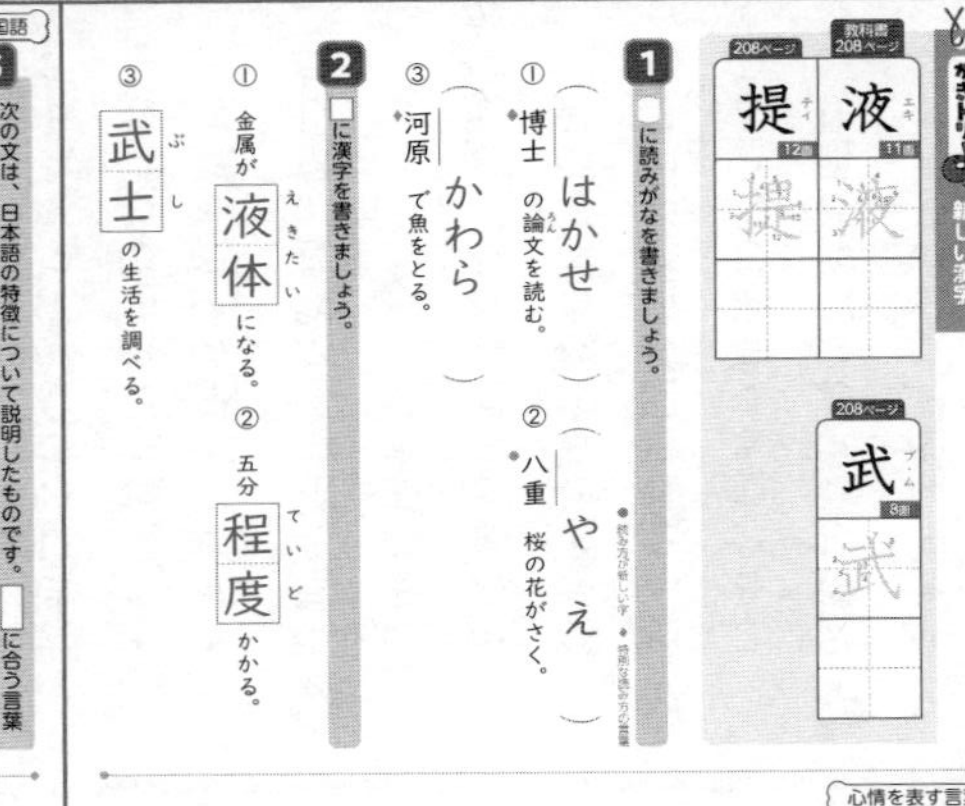

1 □に読みがなを書きましょう。
① 博士（はかせ）の論文を読む。
② 八重（やえ）桜の花がさく。
③ 河原（かわら）で魚をとる。
◆読み方が新しい字　◆特別な読み方の言葉

2 □に漢字を書きましょう。
① 金属が［液体］になる。
② 五分［程度］かかる。
③ ［武士］の生活を調べる。

心情を表す言葉

3 正しい意味に〇をつけましょう。
新しい作品を読んで感めいを受ける。
ア（　）ひどく共感すること。
イ（〇）心に深くきざまれること。

4 正しい意味を、あとのア〜エから選びましょう。
① こんな所にごみがすててあるなんてなげかわしい。（イ）
② テスト前は教室のふんいきがぴりぴりしている。（エ）
③ リレーで一位を取った兄はずっとうかれている。（ア）
④ 毎回ちこくする友人にはいきどおりを感じる。（ウ）

ア 喜ぶ
イ 情けない・悲しい
ウ おこる
エ 緊張する

日本語と外国語

5 次の文は、日本語の特徴について説明したものです。□に合う言葉を、あとから選んで〇をつけましょう。
① 日本語のかなは、「あ・い・う・え・お」と「ん」をのぞくと、□の組み合わせによる音を表します。
ア（　）アルファベットどうし
イ（〇）母音と子音
ウ（　）母音とアルファベット
エ（　）子音とアルファベット
② 日本語にある外来語の多くは、書くときに□を使います。
ア（〇）かたかな
イ（　）ひらがな
ウ（　）漢字
③ 「レモン」や「テニス」のように、日本語として定着した外来語は、もとの国の言葉とは□にちがいが生じます。
ア（　）ルール
イ（　）グループ
ウ（〇）発音

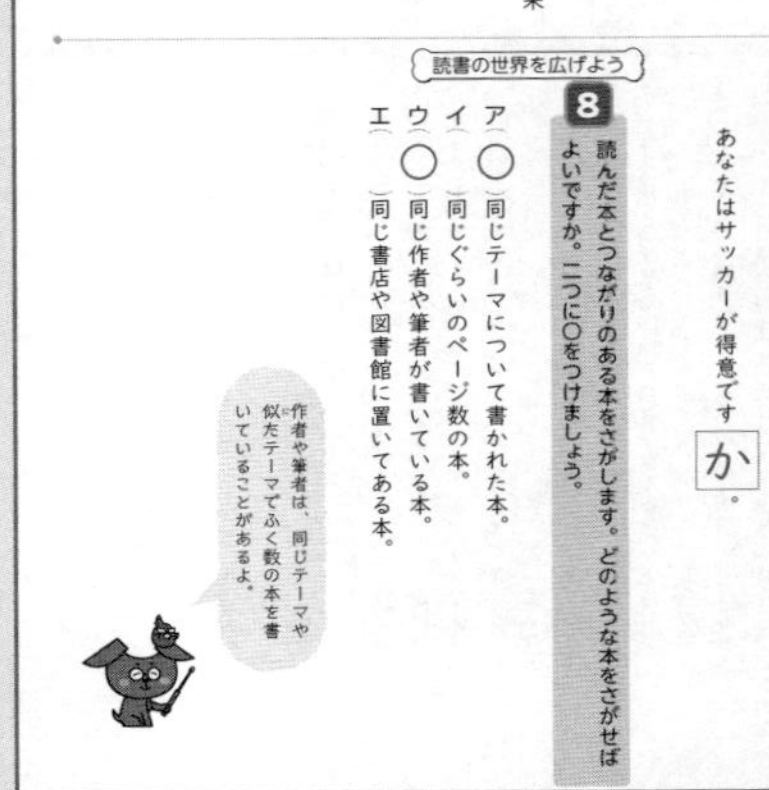

6 次の――のうち、順番を入れかえても文の内容が変わらないのはどれとどれですか。二つに〇をつけましょう。
ア（〇）石田さんが　イ（〇）山内さんに　ウ（　）話しかける。

7 次の□にひらがな一文字を入れて、疑問を表す文にしましょう。
あなたはサッカーが得意です［か］。

読書の世界を広げよう

8 読んだ本とつながりのある本をさがします。どのような本をさがせばよいですか。二つに〇をつけましょう。
ア（〇）同じテーマについて書かれた本。
イ（　）同じぐらいのページ数の本。
ウ（〇）同じ作者や筆者が書いている本。
エ（　）同じ書店や図書館に置いてある本。

作者や筆者は、同じテーマや似たテーマでふく数の本を書いていることがあるよ。

4 ①「なげかわしい」とは、悲しくて情けなく感じられる、という意味です。

5 ①日本語は、母音と子音の組み合わせによって音を表します。母音は、ローマ字で書く「a・i・u・e・o」のことです。また、子音は母音以外、「k・s・t・n…」のことです。
②外来語はいっぱん的に、かたかなを使って書き表します。

6 「石田さんが」↓「山内さんに」↓「話しかける」を「山内さんに」↓「石田さんが」↓「話しかける」としても、文の内容は変わりません。これは、日本語の「が」や「に」といった言葉の役割が関係しています。

7 日本語では、述語の形を変えることで文全体の表す意味のちがいを伝えることができます。疑問のほかにも、過去(〜た)、否定・打ち消し(〜ない)などを伝えることができます。

8 同じ作者や同じ筆者が書いている本は、テーマや内容などに関係の深いものが多いので、読んだ本とつながりのある本をさがすときの手がかりとなります。

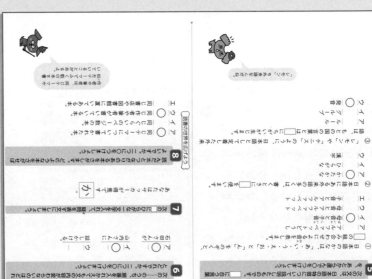

確かめのテスト①

76〜77ページ

大造じいさんとがん
〜 漢字を使おう7

おうちのかたへ

物語の人物の心情を読み取るには、その人物の言葉に注目することが大切です。「大造じいさんとがん」では、じいさんの「今年こそ」「今日こそ」などの言葉から、じいさんが残雪に強い思いを抱いていることが読み取れます。

文章を読んで、答えましょう。　　思考・判断・表現

一羽、飛びおくれたのがいます。大造じいさんのおとりのがんです。長い間飼いならされていたので、野鳥としての本のうがにぶっていたのでした。

はやぶさは、その一羽を見のがしませんでした。

じいさんは、ピュ、ピュ、ピュと、口笛をふきました。こんな命がけの場合でも、飼い主のよび声を聞き分けたとみえて、がんは、こっちに方向を変えました。

はやぶさは、その道をさえぎって、ぱあんと、一けりけりました。ぱっと、白い羽毛が、あかつきの空に光って散りました。が、がんの体は、ななめにかたむきました。もう一けりと、はやぶさがこうげきの姿勢をとったとき、さっと、大きなかげが空を横切りました。残雪です。

大造じいさんは、ぐっと、じゅうをかたに当てて、残雪をねらいました。が、何と思ったか、また、じゅうを下ろしてしまいました。

残雪の目には、人間もはやぶさもありませんでした。ただ救わねばならぬ、仲間のすがたがあるだけでした。いきなり、敵にぶつかっていきました。そして、あの大きな羽で、力いっぱい相手をなぐりつけました。

不意を打たれて、さすがのはやぶさも、空中でふらふらとよろめきました。が、はやぶさもさるものです。さっと体勢を整えると、残雪のむなもとに飛びこみました。

ぱっ

ぱっ

羽が、白い花弁のように、すんだ空に飛び散りました。そのまま、はやぶさと残雪は、もつれ合って、ぬま地に落ちていきました。

大造じいさんはかけつけました。

二羽の鳥は、なおも地上ではげしく戦っていました。が、はやぶさは、人間のすがたをみとめると、急に戦いをやめて、よろめきながら、飛び去っていきました。

残雪は、むねの辺りをくれないにそめて、ぐったりとしていました。しかし、第二のおそろしい敵が近づいたのを感じると、残りの力をふりしぼって、ぐっと長い首を持ち上げました。そして、じいさんを正面からにらみつけました。それは、鳥とはいえ、いかにも頭領らしい、堂々たる態度のようでありました。

大造じいさんが手をのばしても、残雪は、もう、じたばたさわぎませんでした。最期のときを感じて、せめて、頭領としてのいげんをきずつけまいと努力しているようでもありました。大造じいさんは、強く心を打たれて、ただの鳥に対しているような気がしませんでした。

椋　鳩十「大造じいさんとがん」より

---

1 「その道」とありますが、何がどこへ向かう道ですか。　10点

（例 大造じいさんのおとりのがんが、大造じいさんのいる所へ向かう道。）

2 「敵にぶつかっていきました。」とありますが、残雪がこのような行動をとったのはなぜですか。一つに○をつけましょう。　10点

ア（　）自分のほうが強いことを見せようとしたから。
イ（○）おそわれている仲間を救おうとしたから。
ウ（　）自分がねらわれるきけんがあると感じたから。
エ（　）おそわれている仲間は弱いと知っていたから。

3 「はやぶさもさるものです。」とは、どのようなことをいっているのですか。一つに○をつけましょう。　10点

ア（　）強い鳥でも、不意を打たれると弱いということ。
イ（　）自分より強い相手と戦うのは、りっぱだということ。
ウ（○）すぐにこうげきを返せて、さすがだということ。

4 「ぱっ／ぱっ」とは、どのような様子を表していますか。一つに○をつけましょう。　10点

ア（○）残雪とはやぶさが、戦いをくり返している様子。
イ（　）はやぶさが戦いをやめて、飛び去っていく様子。
ウ（　）残雪が一方的に、はやぶさに打たれている様子。

5 「くれないにそめて」とは、残雪のどのような様子を表していますか。一つに○をつけましょう。　10点

ア（　）おこって興奮している様子。
イ（○）けがをして血が出ている様子。
ウ（　）朝日に明るく照らされている様子。

よく出る
6 「第二のおそろしい敵」とありますが、残雪にとっての「第一の敵」「第二の敵」とは、それぞれ何を指していますか。文章から書きぬきましょう。　一つ5点（10点）

第一の敵…（はやぶさ）
第二の敵…（大造じいさん）

7 「残雪は、もう、じたばたさわぎませんでした。」とありますが、大造じいさんは、この様子をどのようにとらえましたか。　10点

（例 残雪が、頭領としてのいげんをきずつけまいと努力しているととらえた。）

できたらスゴイ！
8 残雪のことをいまいましく思ってきた大造じいさんの気持ちが変化し始めたことが、大造じいさんの行動から読み取れる一文を文章からさがし、初めの五字を書きぬきましょう。　10点

が、何と思

考えを書こう
9 「ただの鳥に対しているような気がしませんでした。」とありますが、大造じいさんはこのとき、具体的にどのような気持ちでしたか。　20点

（例 仲間を救おうとする、頭領らしいいげんを持った残雪に強く心を打たれる気持ち。）

---

1 おとりのがんは、口笛を聞いて、大造じいさんの方に向きを変えています。

2 直前の文に着目しましょう。

3 前後の文から、はやぶさが不意を打たれてもすぐに体勢を整えて残雪に向かっていっていることが分かります。

4 このあと、二羽はもつれ合って落ちていきます。

5 残雪（ざんせつ）がぐったりとしていることから考えます。

6 残雪は、空と地上ではやぶさと戦いました。そのあと、目の前に大造じいさんが現れたのです。

7 直後に、頭領としてのいげんをきずつけまいと努力しているように見えると書かれています。

8 仲間を救おうとする残雪のすがたを見て、大造じいさんは心を動かされたのです。

9 残雪の、仲間を守ろうとする勇気や、頭領らしいいげんのある態度について、感心、感動したことが書かれていれば正解です。
例2 最後まで自分の、頭領としてのいげんをきずつけまいと努力している残雪に感動する気持ち。

確かめのテスト② 78~79ページ

大造じいさんとがん ～ 漢字を使おう７

1 読みがなを書きましょう。 一つ2点(20点)

① 雨がふる確率（かくりつ）は低い。
② むれの頭領（とうりょう）を見つける。
③ まだ説明の導入（どうにゅう）だ。
④ 文章を中略（ちゅうりゃく）する。
⑤ 弁解（べんかい）する余地がない。
⑥ アメリカに留学（りゅうがく）する。
⑦ 犯行（はんこう）を未然に防ぐ。
⑧ 古い仏堂（ぶつどう）をおがむ。
⑨ 婦人（ふじん）雑誌を読む。
⑩ 伝統を連綿（れんめん）と受けつぐ。

2 □に漢字を、〔 〕に漢字と送りがなを書きましょう。 一つ3点(30点)

① 原液（げんえき）をうすめる。
② 道程（どうてい）をふり返る。
③ 武者（むしゃ）ぶるいをする。
④ お天気博士（はかせ）。
⑤ 河原（かわら）で語り合う。
⑥ 筆者の主張（しゅちょう）を考える。
⑦ 牛に飼料（しりょう）をやる。
⑧ 金糸（きんし）でししゅうする。
⑨ 池に氷が〔張る〕。
⑩ インコを〔飼う〕。

3 日本語の特徴として正しいものに、○をつけましょう。 4点

ア（ ）一つの文字を二つ以上の音で読むことがある。
イ（○）ちがう語順でも同じ内容を表すことがある。

4 次の意味の言葉を、あとのア～エから選びましょう。 一つ3点(12点)

① 物事の具合。（ア）
② あざやかなこい赤色。（エ）
③ 夜明けのうす明るくなるころ。（イ）
④ 堂々として重々しいこと。（ウ）

ア あんばい　イ あかつき　ウ いげん　エ くれない

5 次の言葉を使って短い文を作りましょう。 一つ7点(14点)

① 感たん
（例 音楽会の演そうのすばらしさに、みんなは感たんの声をあげた。）
② いまいましい
（例 庭で育てていたイチゴの実を鳥に食べられて、いまいましく思った。）

6 次の言葉の使い方が正しいものはどれですか。一つに○をつけましょう。 一つ4点(20点)

① 案の定
ア（ ）マラソンには自信がなかったが、案の定、完走した。
イ（ ）友だちと久しぶりに会えて、案の定、うれしかった。
ウ（○）練習不足のまま試合に出場し、案の定、負けた。

② 会心
ア（ ）転校した友だちに対する会心の気持ちでいっぱいだ。
イ（○）くふうを重ねた結果、会心の作にしあがった。
ウ（ ）運動会に向けて、クラスのみんなで会心した。

③ ひとあわふかせる
ア（○）練りに練った作戦で相手チームにひとあわふかせた。
イ（ ）心のこもった手紙はわたしたちにひとあわふかせた。
ウ（ ）ごうかな料理に、みんながひとあわふかせた。

④ らんまんと
ア（ ）校庭では下級生がらんまんと遊んでいた。
イ（ ）朝から雨がらんまんとふりそそいでいた。
ウ（○）校門の横の桜がらんまんとさきほこっている。

⑤ たかが
ア（○）たかが一度の失敗だったが、大問題になった。
イ（ ）たかが声だけでも聞きたいと思い、母に電話をした。
ウ（ ）たかがあやまちをおかしたとしても、心配はない。

3 日本語は、語順を入れかえても意味が変わらないことがあります。

4 ①「あんばい」は、もとは料理の味加減を表す言葉です。そこから、物事の具合や様子にも使われます。
④「いげん」は、堂々としていて近寄りがたく、重々しい様子を表します。

5 ①「感たん」とは、「感心すること」です。何かに感心したという内容の文であれば正解です。
例2 山の上からの景色を見て、人々は感たんのため息をもらした。
②「いまいましい」とは、はら立たしくくやしいことです。何かにはらが立っている、という内容の文であれば正解です。
例2 試合に負けた後に、相手から送られる視線がいまいましかった。

6 ①「案の定」とは、「予想していたとおり」という意味です。
②「会心」とは、「期待どおりにいって満足する」という意味です。
④「らんまんと」とは、「花がきれいにさきみだれる」という意味です。

準備 80~81ページ

いにしえの人のえがく世界

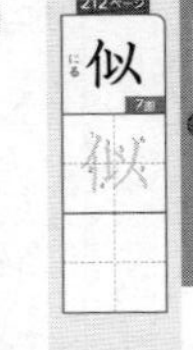

1 □に読みがなを書きましょう。

① 着物が似（に）合っている。
② 現代（げんだい）的な建物。
③ 景色（けしき）をながめる。
④ 人通りの多い時間帯（じかんたい）。

2 □に漢字を、〔 〕に漢字と送りがなを書きましょう。

① 場面を想像（そうぞう）する。
② 季節の変化（へんか）。
③ 顔が〔似て〕いる。
④ 意見を〔述べる〕。

3 次の文は、「枕草子」について説明したものです。□に合う言葉を、あとのア～オから選びましょう。

「枕草子」は、今から千年ほど前に、清少納言という（イ）が書いた本です。書き出しの部分では、（ウ）ごとにそのよさを最も強く感じる時間帯を取り上げ、心ひかれる光景や様子を書いています。

ア 男性　イ 女性　ウ 季節　エ 行事　オ 場所

4 正しい意味に○をつけましょう。

① 自然の美しさに心ひかれる。
ア（ ）どうしても手に入れたいと思うこと。
イ（○）みりょくを感じて好きになること。

② けむりが風にたなびいている。
ア（ ）一面に満ちて広がっている様子。
イ（○）横に長くただよっている様子。

③ その画家の絵がすばらしいのは、言うまでもない。
ア（○）分かりきっていて、言う必要がないこと。
イ（ ）たくみに言い表していること。

5 次は、古文と、古文を現代の言葉に直した文章です。――の言葉の意味を、それぞれ現代の言葉で書きぬきましょう。

> 春はあけぼの。やうやう白くなりゆく山際、少し明かりて、紫だちたる雲の細くたなびきたる。
>
> 清少納言「枕草子」より
>
> 春は明け方。だんだんと白んでいく山のすぐ上の空が、少し明るくなって、紫がかった雲が細くたなびいている様子。
>
> 「いにしえの人のえがく世界」より

① あけぼの…（明け方）
② やうやう…（だんだん）
③ 明かりて…（明るくなって）
④ 紫だちたる…（紫がかった）
⑤ 雲の…（雲が）
⑥ たなびきたる…（たなびいている）

6 次の古文と、古文を現代の言葉に直した文章を読んで、答えましょう。

> 冬はつとめて。雪の降りたるは言ふべきにもあらず、霜のいと白きも、またさらでも、いと寒きに、火など急ぎおこして、炭持てわたるも、いとつきづきし。昼になりて、ぬるくゆるびもていけば、火桶の火も、白き灰がちになりてわろし。
>
> 清少納言「枕草子」より
>
> 冬は早朝。雪が降り積もっているのはもちろん、しもが真っ白におりているのも、またそうでなくても、たいへん寒いときに、火などを急いでおこして、炭火を運んでいくのも、いかにも冬の早朝に似合っている。昼になって、だんだん寒さがゆるんでいくと、火ばちの炭火も、白く灰をかぶってしまってみっともない。
>
> 「いにしえの人のえがく世界」より

(1) 次の現代の言葉は、古文のどの言葉に当たりますか。それぞれ古文から書きぬきましょう。
① 早朝…（つとめて）
② たいへん…（いと）
③ 似合っている…（つきづきし）

(2) 作者は、冬のどのような様子がよいと述べていますか。すべてに○をつけましょう。
ア（○）火をおこして、炭火を運んでいく様子。
イ（○）雪が降って積もっている様子。
ウ（ ）火ばちの炭火が灰をかぶっている様子。

2 ③ 形が似ている「似」と「以」を書きまちがえないよう、気をつけましょう。

4 ②「たなびく」は「雲やけむり、かすみなどが横に長くただよっている様子」のことです。似ている言葉に「なびく」がありますが、「なびく」は、「風や水の勢いにつれて、横にゆらめくように動く様子」を表す言葉で、雲やけむり以外にも使うことをおさえておきましょう。

5 二つの文章を見比べて、古文の言葉がどう現代の言葉に訳されているか確かめます。

6 (1)③「炭火を運んでいくのも」が「炭持てわたるも」に当たります。そこから続く文を読んでいくと「似合っている」が「つきづきし」に当たることが分かります。また、②で「たいへん」が「いと」に当たることにもふれているので、「いとつきづきし」としないように注意しましょう。
(2) 火鉢の炭火が灰をかぶっている様子は、「わろし（みっともない）」とされています。

準備　82~83ページ
「弱いロボット」だからできること／漢字を使おう８／考えのちがい

新しい漢字：製　能　証　豊　囲　団　経　幹　慣　検　築　鉱　脈　航

1 読みがなを書きましょう。
① がんめん　② まさゆめ　③ ほうふ　④ しゅうい　⑤ けいけん　⑥ せいさく

2 □に漢字を、〔　〕に漢字と送りがなを書きましょう。
① 証明　② 団体　③ 新幹線　④ 囲む　⑤ 経る　⑥ 豊か

3 正しい意味に○をつけましょう。
① ア　② ア　③ イ　④ イ

4 話し合いでおたがいの考えがちがうとき、注意することは何ですか。一つに○をつけましょう。
ア

3分でワンポイント
① イ　② ウ　③ ア

練習　84~85ページ
「弱いロボット」だからできること

1 拾えない／手をつないで歩く
2 便利で高い性能／よいもの
3 ウ
4 自動運転／医療の現場
5 なく／してもらって／当然／がまんができ
6 ア

---

3 ②「せん細」とは、「細やかなこと」という意味です。見た目のほっそりとした美しさや、やさしくきずつきやすい性格などに対して用います。

4 話し合いでおたがいの考えがちがうときには、どうすればおたがいが納得し合えるかを考えるために、まずは相手の考えを受け止めることが大切です。そのため、正解はアとなります。

3分でワンポイント

二つの文章を読み比べることで、ロボットとの未来について、多角的に考えることができます。「ロボット開発は進む」では、ロボットの開発が進むことで、より豊かな未来がやってくると述べられています。一方、『弱いロボット』だからできること（岡田美智男）」では、ロボットの高性能化が進むと、より多くの機能や便利さを求めるようになることから、「弱いロボット」が生み出され、ロボットと人間が支え合う心地よい関係を生み出すと述べられています。

1 「これらのロボットは～」とあることから、直前の部分に着目しましょう。「弱いロボット」の具体例として、「自分ではごみを拾えないロボット」と、「いっしょに手をつないで歩くだけのロボット」が挙げられています。

2 「背景」「～という考え」という言葉を手がかりにさがすと、後の部分に『便利で高い性能を持つものほどよいものだ』という考え」とあるのが見つかります。

4 『何かをしてくれる』製品」には、どのようなものがあるのかをさがしましょう。問題の「自動車」や「家庭など」という言葉が、答えの大まかな場所を示す手がかりとなります。

6 文章中に述べられているものを選びましょう。アは、文章の前半に『弱いロボット』は、～重要な視点を投げかけてくれます」とあるため、当てはまります。イは『強いロボット』に進歩していく」、ウは「もっと不便なものになる」の部分が文章中に述べられていないため、当てはまりません。

準備　86～87ページ
どう考える？　もしもの技術／方言と共通語

どう考える？　もしもの技術

1 正しい意味に○をつけましょう。

① 材料の特性を調べる。
ア（○）そのものだけが持つ、すぐれた性質。

イ（　）特別なところのない、ありふれた性質。

② 情報がつつぬけになる。
ア（　）大切な部分が、すっぽりとぬけ落ちていること。

イ（○）話の内容などが、そのまま他の人に伝わること。

③ 説得力のある話をする。
ア（○）自分の意見を相手に納得させる力。

イ（　）無理やりに言うことをきかせる力。

④ 注文に対応する。
ア（　）まともに取り合おうとしないこと。

イ（○）周囲の状況に合わせて物事を行うこと。

⑤ 物事を客観的に考える。
ア（　）お客を喜ばせるように気を配ること。

イ（○）他人としての立場で物事を見ること。

4 次の意見文の□に合う、予想される反対意見はどれですか。一つに○をつけましょう。

「あいさつ運動」は必要か
五年一組　田中　太郎

わたしは、児童会が毎朝みんなにあいさつをする「あいさつ運動」は必要だと思います。なぜなら、「おはよう」とあいさつされることで、ふだんあいさつをしない人も、自然とあいさつを返せるようになると思うからです。

□

しかし、実際にあいさつを交わしてみることで、あいさつの大切さに気づくこともあると思います。そのため、あまりむずかしく考えすぎずに、まずはみんながあいさつをする機会をつくっていくことが大切だと考えます。


ア（　）確かに、児童会の運動で、みんなにあいさつをさせようという考え方は、根本的によくありません。

イ（　）みんなに強制的にあいさつをさせても、あまり意味がないだろうという考え方はまちがっています。

ウ（　）たとえ形式的な運動でも、相手に積極的にあいさつをうながそうとする考えのほうが正しいのです。

エ（○）中には、あいさつは自分からするもので、強制しても意味がないのではと考える人もいるでしょう。

2 意見文を書くために、自分の考えを整理するとき、注意することは何ですか。二つに○をつけましょう。
ア（　）自分の考えを整理することだけに集中して、反対意見については考えないようにする。

イ（○）自分の考えや、その理由を整理しながら、どのような反対意見が出るか予想しておく。

ウ（○）反対意見を予想して、どのように述べれば納得してもらえるか、対応を考えていく。

エ（　）反対意見が予想される場合は、相手の意見が正しいので、自分の意見を変えるようにする。

3 意見文を書くために、文章の構成を考えるとき、注意することは何ですか。二つに○をつけましょう。
ア（　）反対意見を取り入れないことで、自分の考えが伝わりやすいようにする。

イ（○）予想される反対意見と、その対応を取り入れて、自分の考えに説得力が増すようにする。

ウ（　）自分の考えを印象づけられるように、同じ言葉を何度もくり返す構成にする。

エ（○）自分の考えが明確になるように、「始め」「中」「終わり」の構成にする。

方言と共通語

5 共通語とはどのような言葉ですか。二つに○をつけましょう。
ア（　）わたしたちのふだんの言葉とはちがう、めったに使われることのない言葉。

イ（○）テレビやニュースなどで用いられている、全国的に使われている言葉。

ウ（○）メディアを通じて広まった、どこの地域の人たちにも通じる言葉。

エ（　）細やかな感覚や気持ちを伝えることができる、方言よりもすぐれた言葉。

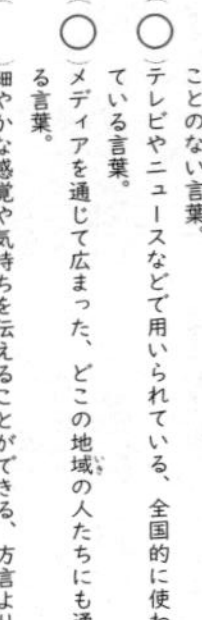

6 方言とはどのような言葉ですか。二つに○をつけましょう。
ア（　）近年になって、テレビなどで耳にするようになった、全国どこでも通じる言葉。

イ（　）共通語が広まったことにより、近年では全く使われなくなってしまった言葉。

ウ（○）わたしたちがふだん、身の回りの人と話すときに使う、その地域の言葉。

エ（○）それぞれの地域に住む人たちの中で、伝統的に使われてきた独特の言葉。

準備　88～89ページ
資料を見て考えたことを話そう／漢字を使おう９

かきトリ　新しい漢字

貴（240ページ・12画）　績（17画）　設（11画）　居（8画）　厚（9画）　暴（15画）　許（11画）　可（5画）　謝（17画）

「厚い」はものの厚さが大きいときに使うよ。「暑い」や「熱い」とまちがえないようにしよう。

1 □に読みがなを書きましょう。
① 食費（しょくひ）を節約する。
② 急に成績（せいせき）がのびる。
③ 人々が居住（きょじゅう）する。
④ 外出の許可（きょか）を出す。
⑤ 月謝（げっしゃ）をしはらう。
⑥ 暴力（ぼうりょく）に反対する。

2 □に漢字を、〔　〕に漢字と送りがなを書きましょう。
① 費用がかかる。
② 議案が可決する。
③ 居間でくつろぐ。
④ ぶ〔厚い〕本を読む。
⑤ 休む小屋を〔設ける〕。
⑥ 馬が〔暴れる〕。

資料を見て考えたことを話そう

3 正しい意味に○をつけましょう。
① 社会問題について考える。
ア（　）社会のテストによく出る問題。

イ（○）社会全体で取り組むべき問題。
② ごみをはいきする。
ア（○）すてること。

イ（　）集めること。

4 資料をもとに考えることについて、次の問題に答えましょう。
① 資料を見て考えるとき、注意することは何ですか。一つに○をつけましょう。
ア（　）参考にする資料は一つだけに決めて、他の資料は見ないようにすること。

イ（○）一つの資料だけではなく、いくつかの資料を組み合わせて考えるようにすること。

ウ（　）内容について考えるよりも、とにかくたくさんの資料を集めること。
② 話すことの構成を考えるとき、注意することは何ですか。一つに○をつけましょう。
ア（　）自分の考えではなく、資料にある事実だけを伝えること。

イ（　）自分の考えに合わない資料は、決して取り入れないこと。

ウ（○）参考にした資料と、最も伝えたいことを明確にすること。

5 資料をもとに考えることについて、次の問題に答えましょう。
① この資料から分かることは何ですか。当てはまる言葉を書きぬきましょう。
最も多くすてられているのが、（食べ残し）だということ。

皮のむきすぎなど、食べられる部分まですてられたもの　57万トン　20.7％
食べ残し　123万トン　44.6％
消費期限切れなど、食べられないまますてられたもの　96万トン　34.7％
合計276万トン

家庭における食品ロスの内訳
（平成30年度 環境省資料より）

② この資料から分かることは何ですか。当てはまる言葉を書きぬきましょう。
食品をすてる最も少ない理由が、（おいしくなかったから）だということ。

食べ残したから	57%
いたんでいたから	23%
賞味期限が切れていたから	6%
消費期限が切れていたから	5%
おいしくなかったから	3%
その他・無回答	6%

家庭における食品をすてた理由
（平成29年度 消費者庁資料より）

2 アは「反対意見については考えない」、エは「自分の意見を変えるようにする」の部分が当てはまりません。

3 アは「反対意見を取り入れない」、ウは「同じ言葉を何度もくり返す」の部分が当てはまりません。

4 アは「確かに」という反対意見にふれるときの表現を使っていますが、意見文の考えを否定してしまっています。イは「～という考え方はまちがっています」、ウは「～とする考えのほうが正しいのです」の部分が当てはまりません。

5 アは「めったに使われることのない」、エは「方言よりもすぐれた」の部分が当てはまりません。

6 アは「全国どこでも通じる」、イは「全く使われなくなってしまった」の部分が当てはまりません。

4 ①資料を見て考えるときには、「いくつかの資料を組み合わせて考えること」が大切であることから、正解はイとなります。
②話すことの構成を考えるときには、「最も伝えたいことを明確にすること」が大切であることから、正解はウとなります。

5 ①「最も多くすてられている」と問題にあるので、当てはまるところを円グラフからさがしましょう。「食べ残し」が四四・六パーセント、「消費期限切れなど、食べられないまますてられたもの」が三四・七パーセント、「皮のむきすぎなど、食べられる部分まですてられたもの」が二〇・七パーセントとなっています。最も割合が高いのは「食べ残し」であることが分かります。なお、円グラフでは円の右側から、割合の高い順に挙げられていることに注意しましょう。
②「最も少ない理由」と問題にあるので、当てはまるところを表からさがしましょう。最も割合が低いのは「おいしくなかったから」の三パーセントであることが分かります。なお、回答は割合の高い順に挙げられていますが、「その他・無回答」がいちばん下にきていることに注意しましょう。

確かめのテスト①

90〜91ページ

「弱いロボット」だからできること 〜 漢字を使おう９

おうちのかたへ

「弱いロボット」が想像できない場合は、身近に「手助けしたいな」と思った経験を問いかけると良いでしょう。

文章を読んで、答えましょう。　思考・判断・表現

　具体的に、「ごみ箱ロボット」の例を見てみましょう。「ごみ箱ロボット」は、その名前のとおり、ごみ箱の形をしたロボットです。見た目はほとんどごみ箱であり、車輪が付いて動けるようになっているものです。このロボットには、ごみを拾うための機能がありません。底に付いた車輪を使って、よたよたと歩きながらごみを見つけます。この歩く動きは、まるでたよりない生き物のように見えます。この「ごみ箱ロボット」の様子を見た人は、思わず、手にしたごみを投げ入れたり、落ちているごみを拾って入れたりします。すると、このロボットは、センサーによってごみが入れられたことを感知し、小さくおじぎをします。ごみを入れた人は、これを見て、何となくうれしい気持ちになるようです。こうやって周りの人の協力を得ながら、このロボットはその場をきれいにすることができるのです。

　このように、「弱いロボット」には、周りの人の協力を引き出したり、行動をさそったりする力があります。「弱いロボット」と関わるわたしたちも、たがいの思いが伝わる気がしたり、手伝うことの喜びを感じたりすることができます。

　この「弱いロボット」が持つ「弱さ」は、人間の赤ちゃんに似ているのではないでしょうか。生まれて半年ほどの赤ちゃんは、歩くこともできませんし、言葉を話すこともできません。一人で何もできないという意味では、「弱い」存在だと言えるでしょう。しかし赤ちゃんは、何もできないのに、周りの大人たちの関心と手助けを引き出します。赤ちゃんがぐずりだすと、大人たちは、「おなかがすいたのだろうか。」「遊んでほしいのかな。」などと考え、ミルクを用意したり、おもちゃで遊んだりします。「弱い」存在でありながら、周囲の人々の協力を引き出すことで、食事をとり、ほしいものを手にすることができるのです。

　赤ちゃんは、自分と人々との関わりだけでなく、周囲の人どうしの協力関係も作り出します。赤ちゃんをともに世話する集団として、周りの大人たちは、赤ちゃんの力になることに喜びを感じることができます。

　「ごみ箱ロボット」が、自分では十分な機能を持たずにその場所をきれいにすることができるのは、こうした関わり合いを、ロボットと人間の間に、あるいは、その場にいる人間どうしの間に作ることができるからなのです。それは、「何かをしてもらう」人間と「何かをしてくれる」ロボットのような関係ではなく、たがいに支え合う心地よい関係だと言えるでしょう。

岡田　美智男「『弱いロボット』だからできること」より

1 「ごみ箱ロボット」とは、どのようなロボットですか。文章から書きぬきましょう。　全部できて20点

車輪 が付いた ごみ箱 のような見た目で、ごみを拾う ための機能がないロボット。

よく出る

2 「この歩く動き」について、次の問題に答えましょう。

① 「この歩く動き」とは、どのような動きですか。文章から書きぬきましょう。　10点

よたよたと歩きながら ごみを見つける動き。

② 「この歩く動き」を見た人は、どのように反応しますか。一つに○をつけましょう。　10点

ア（○）手にしたごみを投げ入れたり、落ちているごみを拾って入れたりする。
イ（　）センサーによってごみが入れられたことを感知し、ほんの小さくおじぎをする。
ウ（　）周りの大人たちの関心や手助けを引き出す。

3 「これを見て」とありますが、「これ」とは何を指していますか。文章から書きぬきましょう。　一つ10点（20点）

ごみ箱ロボット が、おじぎ をする様子。

4 「弱いロボット」と関わることで、人はどのようなことを感じますか。文章から三十一字でさがし、初めの五字を書きぬきましょう。　10点

たがいの気

できたらスゴイ！

5 「人間の赤ちゃんに似ているのではないでしょうか。」とありますが、どのような点が似ているのですか。一つに○をつけましょう。　10点

ア（　）よたよたと歩いて、まるでたよりない生き物のように見える点。
イ（　）作られたばかりで、歩いたり、言葉を話したりすることができない点。
ウ（○）「弱い」存在でありながら、周囲の協力を引き出すことができる点。

6 ロボットと人間について、筆者はどのような関係が理想だと考えていますか。　20点

（例）ロボットと人間、あるいは人間どうしが支え合う心地よい関係。

1 「〜のような見た目」「〜ための機能」という言葉と、指定された字数を手がかりにして、解答らんに合う形で書きぬきましょう。

2 ①指示語の内容をさがすときは、まず直前の部分を見ましょう。「〜ごみを見つける」という問題の言葉も、答えをさがす手がかりとなります。

②直後の部分に「手にしたごみを投げ入れたり、落ちているごみを拾って入れたりします」とあることから、アが正解となります。

3 「〜が」「〜をする」という解答らんの形に合うように、直前の部分から書きぬきましょう。

4 直後の文に「『弱いロボット』と関わるわたしたちも」とあります。字数に注意しながら書きぬきましょう。

5 後の部分に「『弱い』存在でありながら、周囲の人々の協力を引き出すことで……」と述べられていることから、正解はウとなります。

6 筆者の主張や理想とする考えは、文章の最後に書かれている場合が多くあります。この問題でも、最後の部分にある「たがいに支え合う心地よい関係」という言葉を答えの中心にしましょう。「たがいに」では分かりにくいため、さらに前の部分を見ると、「ロボットと人間の間に、あるいは、その場にいる人間どうしの間に」と述べられています。

準備 94〜95ページ

手塚治虫／漢字を使おう 10／わたしの文章見本帳

新しい漢字

採　評　授　備　舎　演　税

余　素　財　貯　布　告　務

1 □に読みがなを書きましょう。

① 小さな社をたてる。（やしろ）　② 組織に所属する。（そしき）

③ 石を採集する。（さいしゅう）　④ いたる所で評判になる。（ひょうばん）

⑤ 大学の授業を受ける。（じゅぎょう）　⑥ 余計な発言をつつしむ。（よけい）

2 □に漢字を、〔　〕に漢字と送りがなを書きましょう。

① 駅舎が新しくなる。　② 劇の演目を伝える。

③ 税金をおさめる。　④ 質素な生活を送る。

⑤ 非常時に〔備える〕。　⑥ おかしが一つ〔余る〕。

3 正しい意味に○をつけましょう。（手塚治虫）

① ちこくしたら、大目玉をくらうだろう。
ア（　）かんちがいされる。
イ（○）ひどくしかられる。

② つらい練習も、歯を食いしばってがんばった。
ア（○）必死でこらえて。
イ（　）うまく力をぬいて。

③ 小さな子どもがバスの車内でわめく。
ア（　）高らかな声で笑う。
イ（○）大きな声でさけぶ。

4 次の①〜④の場面で書く文章の種類を、あとのア〜エから選びましょう。（わたしの文章見本帳）

① 本を読んで、感じたり思ったりしたことを伝えたいとき。（エ）

② 学級文庫にまんがを置いてよいかについて、自分の考えを伝えたいとき。（ア）

③ クラスで行ったボランティア活動について、他のクラスの人や先生たちに伝えたいとき。（ウ）

④ 学級園に植えた野菜を観察して、育つ様子を書き留めたいとき。（イ）

ア 意見文　イ 記録文　ウ 報告文　エ 感想文

3分でワンポイント（手塚治虫）　人物の生き方をとらえよう。

★①〜⑤に当てはまる言葉を□の中から選んで、記号を書きましょう。

どんな人物か	・多くのまんが、アニメーションの作品を残した。 ・まんがは（①ウ）だと証明した。
小学生のころ	・まんがをかくのが得意だった。 ・どうしたらおもしろいまんがをかけるか考え、（②オ）をくふうした。
戦争中	・まんがをかいて、戦争の（③ア）にたえ、周囲の人をにげました。 ・戦争の体験は、（④エ）をうったえる作品の源となった。
まんが家になる	・新聞でまんがの連載を始めた。 ・（⑤イ）をまんがに応用した。
その後の功績	・アニメーションを作ることに成功した。 ・海外で日本のまんがが文化について講演を行った。

ア おそろしさやつらさ　イ 映画の手法　ウ すばらしい芸術　エ 平和の大切さと命のとうとさ　オ 絵のかき方やストーリー

確かめのテスト② 92〜93ページ

「弱いロボット」だからできること 〜 漢字を使おう９

1 読みがなを書きましょう。（一つ2点〔20点〕）

① 裁判の証人。（しょうにん）　② 集団で行動する。（しゅうだん）

③ 会費をおさめる。（かいひ）　④ 板で囲う。（かこ）

⑤ 百年を経る。（へ）　⑥ 身体能力が高い。（のうりょく）

⑦ 歯の検査をする。（けんさ）　⑧ 人間関係を構築する。（こうちく）

⑨ 鉱山を見学する。（こうざん）　⑩ 指で脈をはかる。（みゃく）

2 □に漢字を、〔　〕に漢字と送りがなを書きましょう。（一つ2点〔20点〕）

① 製品を作る。　② 高い知能を持つ。

③ 今年の秋は豊作だ。　④ 城を包囲する。

⑤ 目的地までの経路。　⑥ いっち団結する。

⑦ 根幹にせまる。　⑧ 太平洋を航海する。

⑨ 体を寒さに〔慣らす〕。　⑩ 一時代を〔築く〕。

3 正しい意味に○をつけましょう。（一つ6点〔18点〕）

① 赤ちゃんがぐずる。
ア（○）きげんが悪くなって泣き出す。
イ（　）ゆっくりと動き出す。

② 人間と動物が共存する。
ア（　）競い合って生きる。
イ（○）争わずにいっしょに生きる。

③ 多角的な事業を行う。
ア（　）むずかしいことが多いさま。
イ（○）多くの方面にわたっているさま。

4 （　）に合う言葉を、あとのア〜エから選びましょう。（一つ5点〔15点〕）

① 意見文を書くときは、（イ）を予想して、それに対してどう考えているかを書くことで、説得力が増します。

② 自分の考えだけでなく、ほかの人の考えや客観的な（ウ）も結びつけて考えることも大切です。

③ 自分の考えや理由などが明確になるよう、（ア）を考えます。

ア 構成　イ 反対意見　ウ 事実　エ 題材

5 方言と共通語のちがいとして、正しいものはどれですか。二つに○をつけましょう。（一つ6点〔12点〕）

ア（　）共通語は全国的に使われている言葉で、同じものがちがう名でよばれることがある。

イ（○）共通語は日本全国に広まっていて、どこに行っても通じないということはほとんどない。

ウ（○）方言は近年、メディアによって共通語が広まるあまり、すがたを消しつつある所もある。

エ（　）方言を使うことで、共通語と同じように、より細やかな感覚や気持ちを伝えることができる。

6 思考・判断・表現　次の二つの資料から、食品ロスを減らすための取り組みとして考えられることを書きましょう。（15点）

食品・食材	割合
野菜類	56.5%
調味料・油	13.4%
果物	11.3%
とうふ・なっとうなど	9.1%
つけもの・つくだに	8.8%
総菜類	8.5%
米・パンなど	8.4%
乳製品・たまご	7.2%
粉類（小麦粉など）	7.1%
菓子類	6.6%

家庭におけるすててしまいがちな食品・食材の割合

作ろうスープ!!
あまった食材を活用しよう

（例 あまった野菜をスープにして食べる。）

---

4 ①反対意見を予想して、どう説得するかを考えることで、文章の説得力が増します。
②予想される反対意見のほかに客観的な事実もふくめて考えることで、自分の考えも深まるほか、説得力も増します。
③自分の考えや反対意見への対応が明確になるよう、「始め」「中」「終わり」と文章の構成を考えましょう。

5 アは「同じものがちがう名でよばれることがある」のは方言の特徴であるため、当てはまりません。
エは「より細やかな感覚や気持ちを伝えることができる」のは方言の特徴であるため、共通語と同じように」の部分が当てはまりません。

6 表から、「家庭におけるすててしまいがちな食品・食材の割合」の中で、最も高いのが「野菜類」であることが分かります。また、ポスターに「あまった食材を活用しよう」とあることや、野菜のイラストがあることから、食品ロスを減らすための取り組みとして、野菜スープを作ることが考えられます。

3 ①「大目玉をくらう」とは、「ひどくしかられる」ことを表す言葉です。
②「歯を食いしばる」は、くやしさやくつうなどを歯をかみ合わせて必死にこらえるという意味です。
③「わめく」は、「大声をだしてさけぶ」という意味です。

4 ア〜エが、それぞれどのような目的で書かれる文章なのかを確かめましょう。

3分でワンポイント

伝記は、人物のとくちょうや行ったことなどが、時系列にそって書かれていることが多いです。「手塚治虫（国松俊英）」では、彼が小学生のころや戦争中にどのようなことをしてきたかをくわしく説明しています。それぞれの時期において、彼がどのような状況にあったか、何をしていたかを整理しながら読み進めましょう。

手塚治虫

❂ 文章を読んで、答えましょう。

小学校での治は、いじめられっ子だった。「どうしたら、いじめられないようになるのかな。」と治は考えた。いじめっ子にはできなくて、自分にはできることを見つけ、やってみせればいい。

「そうだ、まんがをかくことだったら、だれにも負けないぞ。」

治が得意のまんがをかいてみせると、いじめっ子たちはおどろいた。治はいじめっ子たちに、好きなまんがの主人公をかいてやり、ノートにかいたまんがの作品を見せた。その出来ばえに、だれもが感心して、いじめはなくなっていった。

どうしたらおもしろいまんがをかけるのか。絵のかき方やストーリーについてくふうしたので、治のまんがはどんどんうまくなっていった。そして前よりも、もっとまんがが好きになった。

三年生の二学期から、クラスの担任は乾秀雄先生になった。乾先生は作文に力を入れていたので、作文の時間が増えた。

治は、作文の時間が好きだった。題材が見つからないでこまっている子もいたが、治には書きたいことがたくさんあった。作文を書くのは楽しく、原こう用紙に十枚、二十枚書くのも平気だった。五十枚以上書いて、みんなをおどろかせたこともあった。

乾先生の指導で作文をたくさん書いたことは、大人になってから、まんがのストーリーを考えるときに役立った。

三年生のときには、星や宇宙に興味を持つようになり、昆虫採集も始めた。

四年生になって、治のかいた「ピンピン生チャン」というまんがが、教室で大評判になった。そのころ、日本は戦争中で、本屋にもまんがが本は売っていなかった。それでみんなは、治がノートにかいたまんがを回覧して楽しんでいたのである。

ある日、治のまんがを読んでいた女の子が先生に見つかり、ノートを取り上げられた。

「きっと大目玉をくらうぞ。二度とまんがをかいたらいけないと言われるんだろうな。」

治は覚ごを決めた。

ところが、乾先生はおこるどころか、よくできているとほめてくれたのだ。

「このまんがの続きをかいたら、わたしにも読ませてほしいな。」

先生の言葉に、治はほっとした。そして先生は続けて、こう言った。

「手塚は大人になったら、まんが家になれるかもしれないよ。」

治は、最初びっくりし、次には飛び上がりたいほど、うれしい気持ちになった。先生は、治のまんがをみとめてくれ、大きな自信と勇気をあたえてくれた。

国松 俊英「手塚治虫」より

❶「いじめはなくなっていった。」とありますが、なぜですか。

いじめっ子たちは、治に（好きなまんがの主人公）をかいてもらったり、治がかいた（まんが（の作品））を見たりして、それらの（出来ばえに感心した）から。

❷「教室で大評判になった。」とありますが、治のかいたまんがが大評判になったことには、どのような背景がありましたか。一つに○をつけましょう。

ア（　）戦争中で、まんが本を買うお金がなかったので、みんなは無料で手に入るものでがまんするしかなかった。
イ（◯）戦争中で、まんが本を買うことができなかったので、みんなは代わりに楽しめるものを求めていた。
ウ（　）戦争中で、買ったまんが本を読むとおこられるが、友達がかいたまんがを読むことはゆるされていた。

❸「治はほっとした。」とありますが、なぜですか。一つに○をつけましょう。

ア（　）自分のまんがを読んだ子が、しかられなかったから。
イ（　）大人でも、自分のまんがを楽しめるのだと知ったから。
ウ（　）先生のいかりがすぐにおさまり、ゆるしてくれたから。
エ（◯）これからも、まんがをかいてよいのだと分かったから。

❹「びっくりし」とありますが、治がおどろいたのはなぜですか。一つに○をつけましょう。

ア（◯）まんが家になれるかもしれないと言うほど、自分のまんがをみとめてくれたから。
イ（　）自分のかいた作品の続きを楽しみにしてくれるほど、先生はまんがが好きだと分かったから。
ウ（　）まんが家になりたいという自分の夢をだれにも話したことがないのに、先生は知っていたから。

ヒント：乾先生のどんな発言にびっくりしたのかな。

❺ 小学生のころの治の様子として、当てはまらないものはどれですか。二つに○をつけましょう。

ア（　）作文の時間に長い文章を楽しんで書いていた。
イ（　）まんがの絵のかき方やストーリーをくふうしていた。
ウ（◯）おもしろいまんがかけなくてこまっていた。
エ（　）まんがをかくことならだれにも負けないと思っていた。
オ（◯）まんが以外のものにはあまり興味を持っていなかった。

❻ 乾先生は、治にどのようなえいきょうをあたえましたか。それが書かれている文を文章から二つさがし、それぞれ初めの五字を書きぬきましょう。

・乾先生の指
・先生は、治

ヒント：乾先生の授業の特徴や発言に注目しよう。

❶ 7行目に、「その出来ばえ」に「感心して」とあります。

❷ 次の二文で、戦争中の様子が説明されています。

❸ まんがをかくことを禁止されなかったのです。

❹ 先生が「まんがをみとめてくれ」たので、おどろいたのです。

❺ 問題の選択しは、小学生のときの治について書かれています。その中から、文章の内容に合わないものを選んで答えましょう。ウは、治のかいたまんがを、みんなが楽しんで読んでいるので当てはまりません。エは、「三年生のときには、星や宇宙に興味を持つようになり、昆虫採集も始めた」とあるので当てはまりません。

❻ 先生が作文に力を入れていたことと、治のまんがをほめてくれたことを読み取りましょう。

手塚治虫

❂ 文章を読んで、答えましょう。

中学を卒業した後、治は、大学の附属医学専門部に入学した。医師になる勉強をしながら、まんがをかき続けた。自分のかいた作品を持っていくつかの新聞社をたずねると、ある新聞社が、治のまんがを採用してくれた。一九四六年（昭和二十一年）の一月四日から、四コマまんがが「マアチャンの日記帳」の連載を始めた。ペンネームは、好きな虫であるオサムシからつけた「治虫」を使った。新人まんが家、手塚治虫の誕生である。

しばらくして手塚治虫は、ベテランのまんが家、酒井七馬と二人でまんが本を作った。一九四七年（昭和二十二年）一月に刊行したまんが「新宝島」は、大ヒット作となった。この本がヒットしたのは、治虫が全く新しい手法でまんがをかいたからである。

それまでのまんがは、演劇の舞台のように固定された画面でかかれていた。同じ画面に、同じ大きさの人物が出てきて、せりふをしゃべるだけである。けれど治虫は、まんがにもっと動きをあたえ変化をつけようと、映画の手法であるクローズアップやロングショットを使った。

大切な場面になると、何コマも使って同じ人物をかいていき、顔の表情や動きをいきいきとえがき出した。画面を上からや下からなど、いろんな角度から見てかく手法もとった。どれも、それまでなかったまんがのかき方だ。スピード感が出て、はく力があり、人物の心の動きまでが読む人に伝わってくる。治虫は小学生のころから、たくさんの映画を見てきた。そのことが役立った。

治虫は、まんがの仕事をしながら、医学の勉強を続けていた。けれど、医学の勉強とまんがの両立はむずかしくなっていく。どうしたらよいのか、治虫はなやんだ。母に相談すると、

「あなたは、どっちの仕事が好きなの。」

と聞かれた。治虫は、

「もちろんまんがです。」

と答えた。

すると母は、きっぱり言った。

「では、まんが家になりなさい。人間は、好きな道をまっすぐに進むのがよいのです。」

それで迷いがふっ切れた。治虫は、まんが家として生きることを決意した。

国松 俊英「手塚治虫」より

❶「新人まんが家、手塚治虫の誕生」とありますが、いつのことですか。一つに○をつけましょう。

ア（　）自分のかいた作品を持って、新聞社をたずねたとき。
イ（　）いくつかの新聞社が、治のまんがを採用したとき。
ウ（　）新聞社が、ペンネームを考えてくれたとき。
エ（◯）手塚治虫という名前で新聞の連載が始まったとき。

❷「全く新しい手法」について、次の問題に答えましょう。

① 「全く新しい手法」とは、どのような手法ですか。当てはまるものすべてに○をつけましょう。

ア（◯）同じ人物を何コマも使ってかく手法。
イ（　）画面を固定してかく手法。
ウ（◯）クローズアップやロングショットを取り入れてかく手法。
エ（　）人物を全て同じ大きさでかく手法。
オ（◯）画面をいろんな角度から見てかく手法。

② 「全く新しい手法」でかかれたまんがは、それまでのまんがと比べて、どのような点ですぐれていたのですか。それが分かる一文を文章からさがし、初めの五字を書きぬきましょう。

スピード感

③ 治虫が「全く新しい手法」でまんがをかくうえで、どのようなことが役に立ちましたか。文章から十二字で書きぬきましょう。

たくさんの映画を見てきたこと。

ヒント：まんがではない、あるものの手法を取り入れたよ。

❸「治虫はなやんだ。」とありますが、なぜですか。

（例 まんがの仕事と医学の勉強の両立がむずかしくなってきたから。）

❹「もちろん」には、治虫のどのような思いがこめられていますか。一つに○をつけましょう。

ア（　）どちらの道もあきらめきれないという思い。
イ（◯）ずっと変わらずまんがをかくことが好きだという思い。
ウ（　）母の期待しているとおりに答えたいという思い。

ヒント：すぐに「まんが」だと答えている様子に注目しよう。

❺「迷いがふっ切れた。」とありますが、なぜですか。文章から書きぬきましょう。

人間は、（好きな道をまっすぐに進むのがよい）という母の考えにしたがい、（まんが家として生きる）ことに決めたから。

❶ 直前の二文の内容をよく読みましょう。

❷ ②「どれも、それまでなかったまんがのかき方」について、「スピード感が出て、はく力があり、人物の心の動きまでが読む人に伝わってくる。」という一文があることに着目します。

❸ 直前に「どうしたらよいのか」とあります。何を「どうしたらよいのか」について、さらにさかのぼると、「医学の勉強とまんがの両立はむずかしくなっていく」とあることから、ここをおさえて書きましょう。

例2 まんがの仕事をしながら、医学の勉強を続けるのがたいへんだったから。

❹「もちろん」は、すでに気持ちが決まっているときに使います。まんがは、治虫にとって、まっすぐに進むべき「好きな道」だったのです。

❺ 母の言葉を聞いて、「好きな道」である、まんがの道に進むと決めたのです。「ふっ切れる」とは、迷いやわだかまりが発散する様子を表す言葉です。

確かめのテスト①　100〜101ページ

手塚治虫 〜 漢字を使おう10

おうちのかたへ

伝記を読み取る際は、その人物が生きた時代背景を理解することが大切です。

戦争時代の暗い世相を知れば、その中でもまんがを描き続けた治虫の意志を想像することができます。

文章を読んで、答えましょう。　思考・判断・表現

こうして売れっ子のまんが家になっていった治虫だが、さらにもう一つの夢を大切に育てていた。アニメーションを作ることである。そのため、ディズニーの映画が来ると、必ず映画館に足を運んだ。長編アニメ「バンビ」が公開されたときは、初日の一回目に行き、夜まで七回の上映を全部見た。毎日映画館に行って、「バンビ」を計八十回も見て、作り方を研究した。

一九六一年（昭和三十六年）、治虫は東京の練馬区に、アニメーションのスタジオを作った。最初は実験アニメーションから始め、翌年には日本初のテレビアニメーション「鉄腕アトム」の製作を始めた。長い間の夢をとうとう実現させたのである。

この後も、治虫はねむる時間をけずって、長編まんがやアニメーションの仕事をこなしていった。一九七七年（昭和五十二年）には、全部で三百巻になる「手塚治虫漫画全集」の刊行も始まった。

一九八〇年（昭和五十五年）には、治虫はアメリカの国連本部や大学で、現代日本のまんがが文化について講演を行った。アジアやヨーロッパのアニメーション映画祭にも積極的に出かけ、まんがは世界共通の言葉であると話した。

今、まんがやアニメーションは、日本のすぐれた文化として、世界でみとめられている。日本のまんがが世界に広がっていったのは、治虫のまんがへの情熱と大きな努力があったからである。

じょうぶだった治虫だが、六十歳に近づいたころ、体は病におかされた。病院に入っても、病室のベッドで体を起こしてまんがをかき、新しい作品の構想を練った。しかし、だんだんねむってばかりいるようになった。ふっと意識がもどると、治虫はけん命に手を動かしてたのんだ。

「えん筆をくれ。」

命がつきようとするしゅんかんまで、新しい作品を待つ人たちのために、まんがをかこうとしたのである。

一九八九年（平成元年）二月九日、手塚治虫は帰らぬ人となった。

治虫がなくなっても、かれが残したまんがとアニメーションは、みずみずしい命を持って生き続けている。

国松 俊英「手塚治虫」より

よく出る

1 「もう一つの夢」について、次の問題に答えましょう。

① 「もう一つの夢」とは、どのようなことですか。文章から書きぬきましょう。（10点）

（アニメーションを作る）こと。

② 「もう一つの夢」を実現するために、治虫はどのような努力をしましたか。（15点）

（例 ディズニーの映画を映画館でたくさん見て、作り方を研究した。）

③ 「もう一つの夢」は、どのようなことによって実現しましたか。（一つ5点（10点））

（例 アニメーションのスタジオ）を作り、（日本初のテレビアニメーションの製作）を始めたことで実現した。

2 「まんがは世界共通の言葉である」とは、どのような意味ですか。一つに○をつけましょう。（10点）

ア（○）まんがは、世界中の人に思いを伝えることができる。

イ（　）まんがは、世界中のだれもがかくことができる。

ウ（　）まんがは、世界中のだれもが好きなものである。

まちがい注意

3 病で入院したとき、治虫はどうしましたか。（15点）

（例 病室のベッドで体を起こしてまんがをかき、新しい作品の構想を練った。）

4 「治虫はけん命に手を動かしてたのんだ。／『えん筆をくれ。』」とありますが、なぜこのようなことをしたのですか。（10点）

（例 （人生の終わりまで、）新しい作品を待つ人たちのために、まんがをかこうとしたから。）

5 「みずみずしい命を持って生き続けている。」とは、どのような意味ですか。一つに○をつけましょう。（10点）

ア（　）手塚治虫がなくなった後も、手塚治虫が好きだった人々は、かれの功績をたたえ続けている。

イ（　）手塚治虫がなくなった現在でも、ほかの人によってまんがやアニメーションが作られ続けている。

ウ（○）手塚治虫の作品は、現在の人にとっても生き生きとした新せんなものであり、愛され続けている。

考えて書こう

6 手塚治虫の功績とはどのようなことですか。文章中の言葉を使って書きましょう。（20点）

（例 日本初のテレビアニメーションを作り、まんがを日本のすぐれた文化として世界に広げたこと。）

---

1 ①②――線直後の文に夢が、さらにその後に夢のためにどうしたかが書かれています。
③「長い間の夢をとうとう実現させた」という文の前に着目しましょう。二つ目の空らんは、「『鉄腕アトム』のアニメーションの製作」なども正解です。

2 「世界共通の言葉」があれば、思っていることや考えていることを、自由に伝えられます。

3 19行目から、治虫が病で入院したときの様子が書かれています。「病院に入っても、病室のベッドで体を起こしてまんがをかき、新しい作品の構想を練った。」とあります。内容を一文にまとめましょう。

4 直後の文から分かります。
例2 命がつきようとするしゅん間まで新しい作品を待つ人たちのためにまんがをかこうとしたから。

5 治虫の作品が、今でも生き生きとしたものであることを表しています。

6 文章から分かる、まんがやアニメーションに対する強い情熱、または日本のまんがを世界に広めた功績について書いていれば正解です。
例2 アニメーションやまんがの製作に力を注ぎ、たくさんの作品を世にのこしたこと。

確かめのテスト② 102~103ページ

手塚治虫 ～ 漢字を使おう 10

1 読みがなを書きましょう。 一つ2点(20点)

① 大きな財産をきずく。（ざいさん）
② お年玉を貯金する。（ちょきん）
③ テーブルを布でふく。（ぬの）
④ 校舎で走ってはいけない。（こうしゃ）
⑤ 駅前で演説する。（えんぜつ）
⑥ 空港で税関をとおる。（ぜいかん）
⑦ 余談で気分をまぎらす。（よだん）
⑧ 素質をみきわめる。（そしつ）
⑨ 毛布をかぶってねる。（もうふ）
⑩ メモに要素を整理する。（ようそ）

2 □に漢字を、〔 〕に漢字と送りがなを書きましょう。 一つ3点(30点)

① 採用 活動を行う。
② 表現力に定評がある。
③ わざを伝授する。
④ 予備を用意する。
⑤ 宿舎にとまる。
⑥ ドラマに出演する。
⑦ 正直に告白する。
⑧ 任務をはたす。
⑨ 生徒会長を〔務める〕。
⑩ 自分の思いを〔告げる〕。

3 次の言葉の使い方が正しいものはどれですか。一つに○をつけましょう。 一つ4点(20点)

① ふるい起こす
ア（ ）朝ねぼうをして、ぼくは母にふるい起こされた。
イ（ ）大切な物をこわされて、いかりをふるい起こす。
ウ（○）勇気をふるい起こして、さわいでいる人を注意した。

② うったえる
ア（○）生きることのすばらしさをうったえる小説である。
イ（ ）案の中から、多数決でうったえることにした。
ウ（ ）友人に親切にしてもらって、心からうったえた。

③ ふっ切れる
ア（ ）遠くに引っこした友だちとの付き合いがふっ切れた。
イ（○）なやんでいたが、先生の言葉を聞いてふっ切れた。
ウ（ ）うまくいっても、すぐにふっ切れてはいけない。

④ みずみずしい
ア（ ）畑に、みずみずしい数の作物が実った。
イ（ ）あまりにもみずみずしいできだから、やり直そう。
ウ（○）新人作家のみずみずしい感覚で書かれた作品だ。

⑤ 打ちこむ
ア（○）兄は、休みの日にもサッカーの練習に打ちこんでいる。
イ（ ）とてもつかれていて、だらだらと勉強に打ちこんだ。
ウ（ ）悲しんでいる人に、やさしい言葉を打ちこんであげる。

4 正しい意味に○をつけましょう。 一つ3点(9点)

① 校外学習の資料を回覧する。
ア（ ）かべやけいじ板にはり出してみんなで読むこと。
イ（○）何人かで順番に回して読むこと。

② 空想にふけっていた。
ア（ ）未来のことを予測すること。
イ（○）現実にはないことを想像すること。

③ 好きな作家の生涯について調べる。
ア（○）生まれてから死ぬまでの間。
イ（ ）家族や友人などの人間関係。

5 次の言葉を使って短い文を作りましょう。 一つ7点(21点)

① 大目玉をくらう
〔例 ろう下を走っていたら、先生から大目玉をくらった。〕

② 歯を食いしばる
〔例 コーチの指導はきびしかったが、歯を食いしばってがんばった。〕

③ 両立
〔例 中学生の兄は、生徒会の活動と勉強を両立してがんばっている。〕

確かめのテスト 104ページ

わたしの文章見本帳

1 読みがなを書きましょう。 一つ6点(36点)

① 任務を終える。（にんむ）
② 種類を増やす。（しゅるい）
③ 整理する。（せいり）
④ 真面目な友達。（ともだち）
⑤ 大接戦となる。（せっせん）
⑥ リーダーの判断。（はんだん）

2 □に漢字を、〔 〕に漢字と送りがなを書きましょう。 一つ7点(42点)

① 最後の通告。
② 相手に応じる。
③ 短歌をよむ。
④ 勝利を予想する。
⑤ 本当か〔確かめる〕。
⑥ 事実を〔告げる〕。

3 報こく文を書くときに注意することは何ですか。一つに○をつけましょう。 10点

ア（ ）調べて分かった事実と実際に体験した出来事に内容をしぼり、自分の感想は書かないようにする。

イ（○）調べて分かったことや体験した事実と、そこから自分で考えたり感じたりしたことは分けて書く。

4 五年生になってからの学校生活で体験した出来事について、短い報こく文を書きましょう。 12点

〔例 十月十日の放課後に、クラス対こうのドッジボール大会が行われました。大会後の、みんなの力を出し切った表情が印象的でした。〕

---

3 ①「ふるい起こす」とは、「はげまして気力をさかんにする」という意味の言葉です。

②「うったえる」には、「感情や感覚に働きかける」という意味があります。他にも、「苦痛やうらみを言い知らせる」という意味や、「裁判所などの機関に申し出る」という意味もあります。

③「ふっ切れる」とは、「迷いやわだかまりが発散する」という意味の言葉です。

④「みずみずしい」とは、「若々しく生き生きとしている」という意味の言葉です。

⑤「打ちこむ」とは、「全力を注いで熱中する」という意味の言葉です。

4 ①「回覧」とは、「何人かで順番に回して読むこと」です。

②「空想」とは、「現実にはないことを想像すること」です。

③「生涯」とは、「生まれてから死ぬまでの間」のことです。

5 ①好ましくないことをしてひどくしかられた、という内容であれば正解です。

例2 弟は試合中のミスプレーのせいで、コーチから大目玉をくらった。

②つらいことや大変なことを必死になってこらえるという内容であれば正解です。

例2 人々の批判にも、わたしは自分の信念を守るために歯を食いしばった。

③二つの物事を挙げて、どちらもうまくいく、きちんと成り立つという意味で使っていれば正解です。

例2 父は仕事と健康の両立を意識しながら日々がんばっている。

2 ①「通告」は、決まったことがらなどをあらたまった態度で相手に伝え知らせることを言います。

3 報告文では、自分の考えや感想は事実と分けて書くようにします。

4 報告文は、調べて分かったことや、活動したり体験したりしたことなどを伝える文章です。報告文を書くときに注意することを確かめながら、学校生活の中での体験を書きましょう。

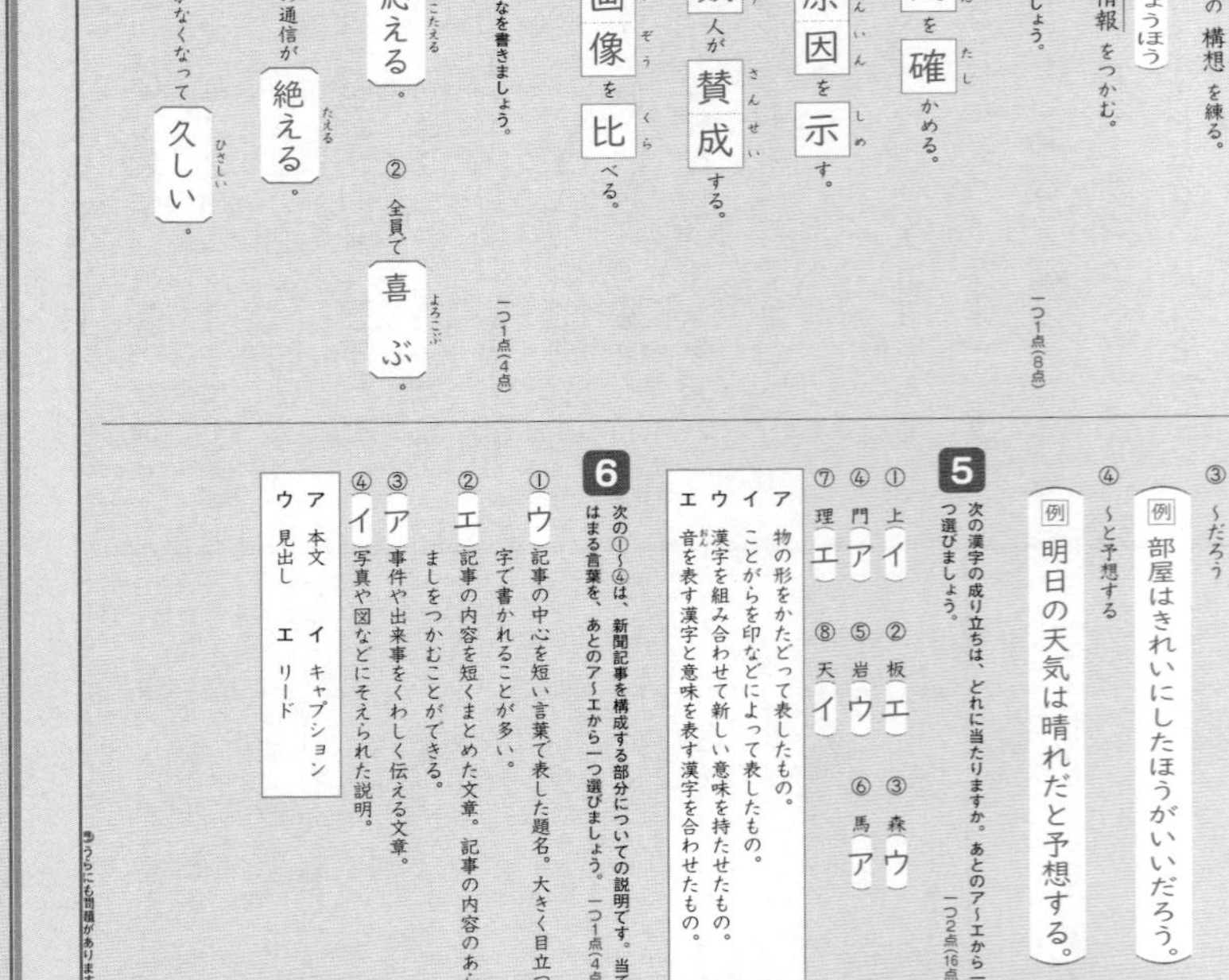

夏のチャレンジテスト

教科書 10〜109ページ

名前　　月　日

時間 40分

思考・判断・表現 ／60　合格80点 ／100

答え 34ページ

1 読みがなを書きましょう。　一つ1点(8点)

① 清潔（せいけつ）な状態（じょうたい）。
② 歴史（れきし）に関する知識（ちしき）。
③ 長編（ちょうへん）小説の構想（こうそう）を練る。
④ 有益（ゆうえき）な情報（じょうほう）をつかむ。

2 漢字を書きましょう。　一つ1点(8点)

① 質問（しつもん）を確（たし）かめる。
② 問題の原因（げんいん）を示（しめ）す。
③ 複数（ふくすう）人が賛成（さんせい）する。
④ 二つの画像（がぞう）を比（くら）べる。

3 漢字と送りがなを書きましょう。　一つ1点(4点)

① 期待に応える（こたえる）。　② 全員で喜ぶ（よろこぶ）。
③ 現地からの通信が絶える（たえる）。
④ そこへ行かなくなって久しい（ひさしい）。

4 思考・判断・表現　次の言葉を使って、文を作りましょう。　一つ2点(8点)

① 〜にちがいない
例 妹のしわざにちがいない。
② 〜はずだ
例 たくさん練習したから、できるはずだ。
③ 〜だろう
例 部屋はきれいにしたほうがいいだろう。
④ 〜と予想する
例 明日の天気は晴れだと予想する。

5 次の漢字の成り立ちは、どれに当たりますか。あとのア〜エから一つ選びましょう。　一つ2点(16点)

① 上 イ　② 板 エ　③ 森 ウ
④ 門 ア　⑤ 岩 ウ　⑥ 馬 ア
⑦ 理 エ　⑧ 天 イ

ア 物の形をかたどって表したもの。
イ ことがらを印などによって表したもの。
ウ 漢字を組み合わせて新しい意味を持たせたもの。
エ 音（おん）を表す漢字と意味を表す漢字を合わせたもの。

6 次の①〜④は、新聞記事を構成する部分についての説明です。当てはまる言葉を、あとのア〜エから一つ選びましょう。　一つ1点(4点)

① ウ 記事の中心を短い言葉で表した題名。大きく目立つ字で書かれることが多い。
② エ 記事の内容を短くまとめた文章。記事の内容のあらましをつかむことができる。
③ ア 事件や出来事をくわしく伝える文章。
④ イ 写真や図などにそえられた説明。

ア 本文　イ キャプション
ウ 見出し　エ リード

うらにも問題があります。

7 思考・判断・表現　次の文章を読んで、答えましょう。

やっぱり精度のいい天体望遠鏡が欲しいなと、幸太（こうた）は思う。淳（じゅん）も同じらしく、レンズをのぞきこんだまま言った。

「ああ、一〇〇ミリ口径、ううん、ぜいたくは言わない。せめて八〇ミリ口径の天体望遠鏡があればな。」

淳の気持ちはわかる。ぼんやりとしか見えないM8が、精度のいい天体望遠鏡なら、もっと大きくクリアに見ることができる。それは単に大きくはっきり見えるということではない。口径が大きく精度のいい望遠鏡ほど、その星雲の「奥深く（おくぶか）」にまで到達（とうたつ）できるのだった。まるで宇宙船（うちゅうせん）に乗って、星雲に入っていく感覚に近かった。

もちろん、幸太や淳が買おうと思っている天体望遠鏡は、それほど性能（せいのう）のいいものではない。小学生でも買える程度（ていど）のものなのだ。ぜいたくを言うつもりはない。

天文クラブの観望会や天体観測会のときは、会長やほかの会員の望遠鏡をのぞかせてもらっている。何十万円もする性能のいい天体望遠鏡は、光の弱い天体までもクリアに見ることができる。だけど、それはやっぱり他人の望遠鏡だ。いつでも自由につかえる望遠鏡が欲しかった。

しかし、いまはこの星空を楽しみたかった。幸太は気持ちを切りかえるみたいに言った。

「M20も見える。」

「青白く光ってるよね。」

M20は、M8のすぐ上にある星雲である。M8に比べると、かすかにしか見えない。

「そんなに星がええもんか。双眼鏡（そうがんきょう）でも、大きく見えるのか。どりゃ。わしにも見せてくれんか。」

幸太が双眼鏡から目をはなすと、すぐそばにおじいちゃんがいた。

「うん。いいよ。のぞいてみなよ。」

幸太が横にずれると、おじいちゃんが腰（こし）を下ろした。

「ほう。なかなかきれいなものだな。」

「真ん中に、ピンク色にぼんやり光るのが見えるだろ。それがM8。」

「星がいっぱいありすぎて、わしにはようわからん。だが、きれいなもんだ。」

射手座（いてざ）も、M8やM20も、銀河の中に見える星々である。射手座のあたりは、星空の中でも、もっとも星が密集（みっしゅう）しているところだから、おじいちゃんにはどれがM8で、どれがM20なのかはわからない。しかし、星々のきらめきや星雲の輝き（かがやき）に、肉眼では見られない美しさを感じとっているらしかった。そのせいか、しばらく双眼鏡から目をはなさなかった。

横山充男（よこやまみつお）「星空へようこそ」より

(1) 「精度のいい天体望遠鏡が欲しい」とありますが、具体的にはどれぐらいの天体望遠鏡が欲しいのですか。次の□にあてはまる言葉を文章中から書きぬきましょう。　一つ5点(10点)

一〇〇ミリ口径 か、せめて 八〇ミリ口径 の天体望遠鏡。

(2) 「光の弱い天体までもクリアに見ることができる」とありますが、「クリアに見ることができる」ときにはどんな感覚になるのですか。文章中から十八字で書きぬきましょう。　7点

宇宙船に乗って、星雲に入っていく感覚

(3) 「気持ちを切りかえる」とありますが、それまでの幸太はどうだったのですか。一つに○をつけましょう。　6点

ア 小学生にはぜいたくなものばかり欲しがっていた。
イ 淳につられて変に大人びたことをしたがっていた。
ウ ○ 今のそうびでは見えないことばかりを考えていた。
エ 何に使うかも考えず道具をそろえようとしていた。

(4) 「星がいっぱいありすぎて、わしにはようわからん。」とありますが、おじいちゃんにわかりにくいのはなぜですか。次の□に当てはまる言葉を文章中から書きぬきましょう。　7点

星空の中でも、もっとも 星が密集 しているところだから。

(5) 次の①〜④は、M8、M20のどちらに当てはまりますか。M8だけに当てはまるものはア、M20だけに当てはまるものはイ、両方に当てはまるものはウの記号を書きましょう。　一つ3点(12点)

① ピンク色にぼんやり光って見える。 ア
② 銀河の中に見える。 ウ
③ 青白く光っている。 イ
④ もう一方より、かすかにしか見えない。 イ

(6) 「しばらく双眼鏡から目をはなさなかった。」とありますが、このようなおじいちゃんの様子を見て、幸太はどのように感じたでしょうか。考えて書きましょう。　10点

例 おじいちゃんが、自分たちと同じように星の美しさを感じ取ってくれてうれしい。

4 それぞれ意味の通った文が書けていれば正解です。

5 ①対（つい）となる「下」とあわせて覚えましょう。

6 実際に新聞記事を見て、どこが本文や見出しに当たるかを確かめてみてもよいでしょう。

7 (1)「淳（じゅん）も同じらしく」に注目しましょう。淳と幸太（こうた）の気持ちは同じです。

(2)「感覚」という言葉を手がかりにしてさがしましょう。単に大きく見えるだけでなく、近づけた感じがすることを表しています。

(3)「しかし、いまはこの星空を楽しみたかった」の前に書かれています。それまでは、楽しみきれていなかったのです。

(4)あとの部分に「……おじいちゃんには……わからない」と書かれています。

(5)①は「真ん中に……それがM8。」から、②は「M8やM20も、銀河の中に見える星々である。」から、③は「M20も見える。」「青白く光ってるよね。」から、④は「M8に比べると、かすかにしか見えない。」から分かります。

(6)幸太は星が好きで、望遠鏡を持っていなくても、双眼鏡（そう）でどうにか見てみようとするほどです。そんなに幸太の好きなものならと思って、おじいちゃんも見てみようという気持ちになったのでしょう。幸太が気持ちよく場所をゆずったこと、今見ていた星を見てもらおうとして、熱心に説明していることなどをふまえて考えましょう。おじいちゃんが星の美しさを感じ取っていること、あるいは星をきれいだと言ってくれたことと、それをうれしいと思ったことが書かれていれば正解（かい）です。

おうちのかたへ

地域の天文クラブに参加するほどの天文好きの「幸太」と「淳」の二人が主人公の物語です。幸太がなぜ気持ちを切り替えたのか、またおじいちゃんはなぜ双眼鏡から目をはなさなかったのかなど、人物の行動にはどのような心情や意図が表れているのかに注目して読み取りましょう。

冬のチャレンジテスト　教科書112〜207ページ

名前　　月　日

時間 40分

思考・判断・表現 /59　合格80点 /100

答え35ページ

1 読みがなを書きましょう。　一つ1点(8点)

① 食堂（しょくどう）に集まり、弁当（べんとう）を食べる。

② 印象（いんしょう）的な建造物（けんぞうぶつ）。

③ 適切（てきせつ）な順序（じゅんじょ）にならべる。

④ 犯罪（はんざい）を防（ふせ）ぐ方法を考える。

2 漢字を書きましょう。　一つ1点(8点)

① 技術（ぎじゅつ）を高く保（たも）つ。

② 非常（ひじょう）に高額（こうがく）な車。

③ 合格（ごうかく）者数が減少（げんしょう）する。

④ 友達に留学（りゅうがく）のための本を貸（か）す。

3 漢字と送りがなを書きましょう。　一つ1点(4点)

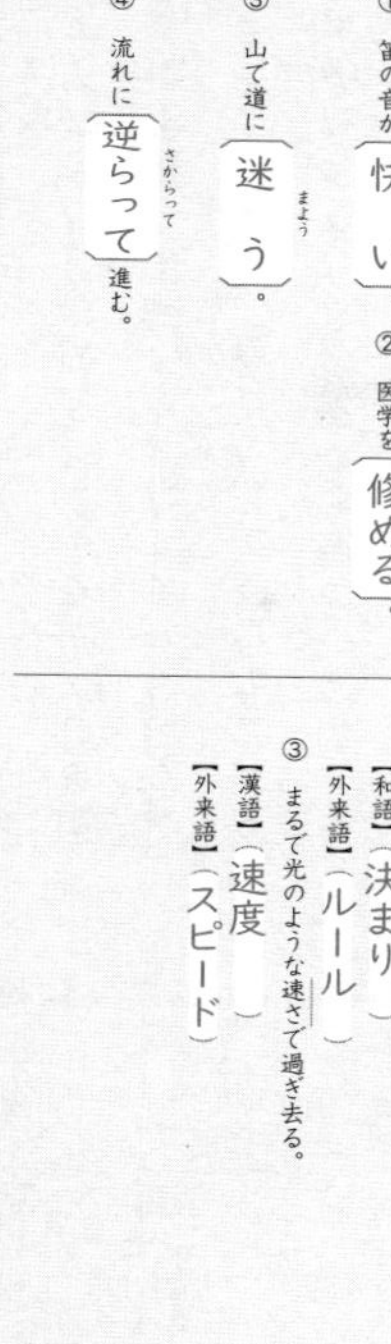

① 笛の音が快い（こころよい）。② 医学を修める（おさめる）。

③ 山で道に迷う（まよう）。

④ 流れに逆らって（さからって）進む。

4 次の言葉を使って、文を作りましょう。　思考・判断・表現　一つ3点(9点)

① うかれる
例 クリスマスが近づいてうかれる。

② むねがいたむ
例 悲しい話を聞いてむねがいたむ。

③ 張りつめる
例 試合直前の空気が張りつめる。

5 次の熟語の構成は、ア〜オのどれに当たりますか。記号で答えましょう。　一つ3点(9点)

① 作曲（エ）　② 往復（イ）　③ 親友（ウ）

ア 意味のにた漢字どうしを二つ組み合わせた熟語
イ 意味が対になっている漢字を二つ組み合わせた熟語
ウ 上の漢字が下の漢字を説明している熟語
エ 上の漢字が表す動作や作用を、下の漢字が受けている熟語
オ 上の漢字が下の漢字の意味を打ち消している熟語

6 次の文の——線の言葉を、それぞれ（　）の言葉に書きかえましょう。　一つ2点(12点)

① 友人や家族にめぐまれて、わたしはハッピーだ。
【和語】（幸せ）
【漢語】（幸福）

② 公園で遊ぶときは、みんなで規則を守ろう。
【和語】（決まり）
【外来語】（ルール）

③ まるで光のような速さで過ぎ去る。
【漢語】（速度）
【外来語】（スピード）

うらにも問題があります。

7 文章を読んで、答えましょう。　思考・判断・表現

　あなたは、川の水がなぜなくならないか、考えたことがありますか。水は上から下へ流れています。ですから、いつかなくなってもよさそうなものなのに、なくならないのはなぜでしょうか。日本のような急しゃ面の国土では、雨は一日で海へ行ってしまってもよいはずです。それなのに、晴れた日でも流れているのはなぜでしょうか。

　そのひみつこそ森林にあります。森林は、そのふところ深く雨を受け入れると、少しずつ地下へ送りこみ、やがて下流へはき出してくれます。地下水の流れは、非常にゆっくりとしています。ふった雨が地下にしみこみ、再び地表にわき出てくるには、三百年も五百年もかかっているほどです。ですから、わたしたちは、江戸時代の雨も飲んでいることでしょう。

　ゆっくりと地下をくぐってきたわき水は、集まって谷川になり、小さな川になり、やがて大きな流れになって、平野をうるおしてくれます。日本で、少しくらい日照りが続いても水が絶えないのは、国土の三分の二をしめる大森林のおかげです。

　もう一つ不思議なことがあります。森林の土は、なぜ雨に流されてなくなってしまわないのでしょうか。

　わたしたちが、ベランダやコンクリートの道の上に、植木ばちの土をひっくり返したりして放っておくと、雨や風でいつのまにか土はなくなってしまいます。ところが、山のしゃ面にはいつも土があります。

　それもまた、森林のおかげです。森林の木の根がしっかりと土をかかえて、しゃ面にはり付けているのです。土ばかりではありません。土の下にある岩石も、木の根がだきかかえてくれています。

　もしも山々に木がなかったら、土ははがれ、山はくずれ、日本列島は石だらけになっていたことでしょう。雨のたびに、土砂とこう水が下流をおそい、人々は平野に住むことができなかったことでしょう。山くずれや水害から平野を守ってくれているのも森林なのです。

　さて、こうして森林に守られながら、昔から平野には水田が開かれてきました。豊かな土と豊かな水にめぐまれて、平野のお米は、毎年よく実りました。

　でも、どうして、毎年毎年同じようにお米を作り続けることができたのでしょうか。どうして、土がなくなってしまったり、土地がやせてしまったりしなかったのでしょうか。

　それは、森林が絶えず土と養分をおぎなってくれたからです。水田に引く水の中に、土がふくまれています。また、森林の草や落ち葉が肥料に使われてきました。そのうえ、何年かに一度はこう水がやってきて、たくさんの土を田につぎ足していきました。

富山 和子「森林のおくりもの」
平成27年度版 東京書籍「新編 新しい国語 五」より

(1) 「雨は一日で海へ行ってしまってもよいはずです。」とありますが、このような考えが出てくるのはなぜですか。　5点
例 日本は急しゃ面の国土で、水は上から下へ短い時間で流れると考えられるから。

(2) 「わたしたちは、江戸時代の雨も飲んでいる」とありますが、このようにいえるのはなぜですか。　5点
例 雨が地下にしみこみ、再び地表にわき出てくるには、三百年も五百年もかかるから。

(3) 「日本で、少しくらい日照りが続いても水が絶えない」のはなぜですか。一つに○をつけましょう。　5点
ア（　）川は谷川がいくつか集まってできているので、日照りでも川の水が全部なくなることはないから。
イ（○）日照りが続く間も、過去に森林にしみこんだ雨水がゆっくりわき出て川となって流れてくるから。
ウ（　）森林にたくわえられた雨水は、日照りが続いて土がかわくとわき出すようになっているから。
エ（　）地下には水が流れていて、上流からくる川の水が少なくなっても、川底から水がわき出すから。

(4) 「森林の土は、なぜ雨に流されてなくなってしまわないのでしょうか。」について、次の問題に答えましょう。
① この問いに対する答えを書きましょう。　5点
例 森林の木の根が、しっかりと土をかかえて、しゃ面にはりついているから。
② ①で答えた森林の働きは、人々にどんなえいきょうをあたえましたか。　一つ5点(10点)
森林が（山くずれや水害）を防ぐので、人々は（平野に住むことができた。）

(5) 「毎年毎年同じようにお米を作り続けることができた」ことの理由に、当てはまらないのはどれですか。一つに○をつけましょう。　5点
ア（　）こう水で、土がたくさん運ばれてきたから。
イ（　）森林の草や落ち葉が、水田の肥料になったから。
ウ（○）森林から流れる水に、養分がふくまれていたから。
エ（　）水田に水を引くとき、土も流されてきたから。

(6) 「森林のおくりもの」という題名には、筆者のどんな思いがこめられていると思いますか。考えて書きましょう。　15点
例 森林は、人間が安全で豊かにくらすうえで大切なはたらきをしてくれているので、森林に感しゃしたいという思い。

4 それぞれ意味の通った文が書けていれば正解です。

②「むねがいたむ」とは、悲しいことや心配なことに、心をいためている様子のことです。

③「張りつめる」とは、きん張したり心が引きしまったりする様子のことです。

5 ①上の「作」が動作を表し、下の「曲」がそれを受けています。

②「往」（行く）と「復」（帰る）という、意味が対になっている漢字を組み合わせています。

③上の「親」が下の「友」を説明しています。

6 和語は訓で読む言葉、漢語は漢字で書かれた音で読む言葉、外来語はカタカナで書かれる言葉であることが多いです。

7 (1)水が上から下へ流れること、日本の国土が急しゃ面であることが書けていれば正解です。

(2)第二段落の内容をとらえましょう。森林が受け入れた雨は、少しずつ地下にいき、少しずつ地表にわき出します。この流れが非常にゆっくりで、時間がかかると説明しているのです。

(3)前の二つの段落の内容をおさえましょう。雨は森林の深くにしみこみ、長い時間がたってから少しずつわき出します。雨がふらない間も、地下の水がわき出し、川として流れるのです。

(4)①次の段落で、森林から土がなくならない不思議さについて説明しています。さらにそのあとに、森林のおかげだと書かれています。

②木がなかったら、雨のたびにどんなことが起こるかが説明されています。

(5)森林が「土と養分をおぎなってくれたから」だと説明されています。具体的にどのようにおぎなってくれたかは、そのあとに三つ挙げられています。

(6)筆者は、わたしたちの生活が森林の働きによって、安全で豊かなものになっていることを説明しています。森林がわたしたちの生活を守ってくれていることに対する感しゃ、または森林のおかげでよい生活を送っているという喜びなどが書かれていれば正解です。

おうちのかたへ

森林が人間生活に与える恩恵や影響について書かれた説明文からの出題です。事実や根拠、意見を見極めましょう。それぞれに線を引いたり、枠で囲ったりすることで、文章の構造が分かりやすくなります。また、文章の要約に挑戦してみても良いでしょう。

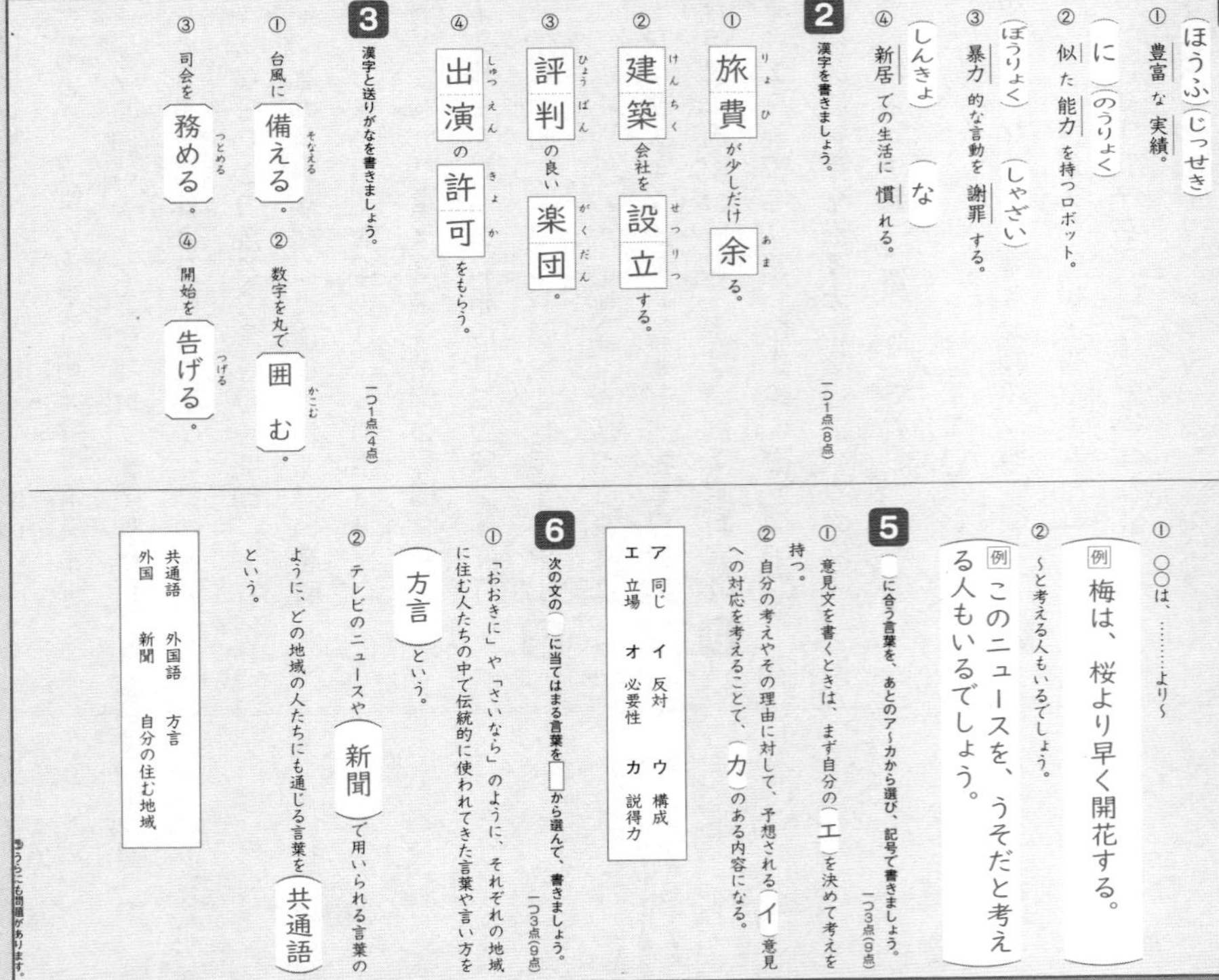

春のチャレンジテスト

教科書 210〜267ページ

名前　　月　日

時間 40分

思考・判断・表現 ／62　合格80点 ／100

答え 36ページ

1 読みがなを書きましょう。　一つ1点（8点）

① 豊富（ほうふ）な実績（じっせき）。

② 似（に）た能力（のうりょく）を持つロボット。

③ 暴力（ぼうりょく）的な言動を謝罪（しゃざい）する。

④ 新居（しんきょ）での生活に慣（な）れる。

2 漢字を書きましょう。　一つ1点（8点）

① 旅費（りょひ）が少しだけ余（あま）る。

② 建築（けんちく）会社を設立（せつりつ）する。

③ 評判（ひょうばん）の良い楽団（がくだん）。

④ 出演（しゅつえん）の許可（きょか）をもらう。

3 漢字と送りがなを書きましょう。　一つ1点（4点）

① 台風に備える（そなえる）。　② 数字を丸で囲む（かこむ）。

③ 司会を務める（つとめる）。　④ 開始を告げる（つげる）。

4 思考・判断・表現　次の言葉を使って、文を作りましょう。　一つ6点（12点）

① ○○は、……より〜

例 梅は、桜より早く開花する。

② 〜と考える人もいるでしょう。

例 このニュースを、うそだと考える人もいるでしょう。

5 （　）に合う言葉を、あとのア〜カから選び、記号で書きましょう。　一つ3点（9点）

① 意見文を書くときは、まず自分の（エ）を決めて考えを持つ。

② 自分の考えやその理由に対して、予想される（イ）意見への対応を考えることで、（カ）のある内容になる。

ア 同じ　イ 反対　ウ 構成
エ 立場　オ 必要性　カ 説得力

6 次の文の（　）に当てはまる言葉を□から選んで、書きましょう。　一つ3点（9点）

① 「おおきに」や「さいなら」のように、それぞれの地域に住む人たちの中で伝統的に使われてきた言葉や言い方を（方言）という。

② テレビのニュースや（新聞）で用いられる言葉のように、どの地域の人たちにも通じる言葉を（共通語）という。

共通語　外国語　方言
外国　新聞　自分の住む地域

うらにも問題があります。

7 文章を読んで、答えましょう。　思考・判断・表現

賢治（けんじ）は、学校にもどると実験室にとじこもり、持って帰った石のかけらや土をけんび鏡で調べた。単調な仕事にあきてくると、賢治は仕事のことをわすれて、石や土の不思議な模様（もよう）をながめた。

（命のないものでも、こんなにすばらしい美しさを持っている。）

それは、美しい空想となって、どこまでも広がっていく。

（この美しさを文章にすることができたら、どんなにすてきだろう。）

賢治は、急に童話が書いてみたくなった。その気持ちを詩にうたいたくなった。童話の中では、現実にできないことがいくらでもできる。現実には見えないものまで見ることができる。動物も人間も自由に言葉がかわせる。だれもが仲良くくらせる理想的な世界だってつくることができる。こうして、賢治は童話を書き始め、心にうかぶ思いを詩に書いた。

その後、一九二一年（大正十年）、稗貫（ひえぬき）農学校の教師になったが、童話や詩を書けば書くほど、きびしい自然の中で生きる農民たちへの熱い思いがわいてくる。

（教師として、生徒たちをりっぱに育てることも大切な仕事である。だが、それだけて、本当の農民の苦しみは分からない。雨がふれば、大水で田んぼが流され、日照りが続けば、いねがかれるのをじっと見ているほかにどうすることもできない人たち。その人たちのことを思うと、このまま教師をしてはいられない。その人たちといっしょになって働き、その人たちのために、今すぐ役立たなくてはならないのだ。）

そう思うと、もうがまんができなかった。一九二六年（大正十五年）、賢治は、校長や両親の止めるのをふり切って、きっぱりと教師をやめ、自ら農民として生きることを決心した。

賢治は、北上川（きたかみ）のほとりの、林に囲まれたおかの上の家に、独りで住むことにした。この家は、妹のとし子（こ）が静養をしていた所である。とし子がなくなった後、ずっと空き家になっていた。

賢治は、大工さんにたのんで、いたみかけた土台を取りかえ、階下の部屋を造りかえてもらった。ここへ農民たちを集めて、新しい未来について話し合おうというのだ。二階は書さいにして、農作業のできない日は、読書をしたり文章を書いたりすることにした。

賢治は、この家にこしてくると、さっそくあれた土地を切りひらいて畑を作り、なす、かぼちゃ、きゅうり、トマトなどのなえを植えた。朝は暗いうちに起きだし、夜おそくまでどろまみれになって働いた。食べる物といえば、げん米（まい）とみそしると野菜ぐらいなもので、肉類はいっさい口にしなかった。ふろに入る代わりに、井戸水で体をふいた。

西本鶏介（にしもとけいすけ）「宮沢賢治（みやざわけんじ）」より

(1) 「石のかけらや土をけんび鏡で調べた。」とありますが、賢治は「石」や「土」をながめながら、どんなことを感じていましたか。一文の初めの五字を書きぬきましょう。　5点

命のないも

(2) 「稗貫農学校の教師になった」賢治は、やがてどんなことを思い始めますか。　一つ5点（10点）

生徒たちをりっぱに育てることも大切な仕事だが、それだけでは本当の農民の苦しみは分からない。

(3) 「もうがまんができなかった。」とありますが、賢治は何に対してがまんができなかったのですか。一つに○をつけましょう。　5点

ア（　）このまま童話や詩を書き続けること。
イ（○）このまま教師として働き続けること。
ウ（　）貧しい農民として苦しみ続けること。
エ（　）校長や両親が自分の自由をうばうこと。

(4) 「ここ」について、次の問題に答えましょう。

① 「ここ」のある建物は、具体的にはどこにありますか。文章から十五字でぬき出し、初めの五字を書きぬきましょう。　5点

北上川のほ

② 「ここ」は、もともと何に使われていた場所ですか。文章から書きぬきましょう。　完答10点

賢治の妹であるとし子が、静養していた所。

(5) 賢治が童話や詩を書きたくなった理由が書かれている段落（だん）をさがし、初めの五字を書きぬきましょう。（「、」も字数に数えます。）　5点

賢二は、急

(6) 「新しい未来」とありますが、賢治が思いえがいていた「新しい未来」とは、どんなものだと思いますか。考えて書きましょう。　10点

例 だれもが仲良く協力し合って農作業を楽しみ、ぜいたくはせず、自分たちで作った農作物を食べて元気にくらす未来。

4 それぞれ意味の通った文が書けていれば正解（かい）です。

① 「○○は、……より〜」という言葉は、〜の程度について、……よりも○○が大きい場合につかいます。

7 (1)賢治（けんじ）は仕事にあきてくると、「石や土の不思議な模様（もよう）をながめ」て、「命のないものでも、こんなにすばらしい美しさを持っている。」と石や土などの自然に美しさを感じていたと書いてあります。

(2)賢治は教師として働きながらも、「童話や詩を書けば書くほど、きびしい自然の中で生きる農民たちへの熱い思いがわいてくる。」とあります。賢治にとって、童話を書くことへの強い思いと、農民への熱い思いはかたく結びついていたのです。そして、「本当の農民の苦しみは分からない。」と思い始めているのです。

(3)賢治の農民たちへの思いはやがてどんどん強まっていきます。やがて、「その人たちといっしょになって働き、その人たちのために、今すぐ役立たなくてはならないのだ。」とまで思うようになりました。その結果、賢治は「自ら農民として生きることを決心した」のです。

(4)「ここ」は、教師をやめて農民として生きることを決心した賢治が移り住んだ場所です。そして移り住んだ家は、妹のとし子（こ）が静養をしていた家でもあります。大切な妹の思い出をわすれないためにも、ここで新しい生活をしようと考えたのかもしれません。

(5)賢治が石や土をながめながら、その美しさに空想をふくらませていた場面を読み返しましょう。「この美しさを文章にすることができたら、どんなにすてきだろう。」と考えた賢治は、そのあと童話を書いてみたくなったのです。

(6)賢治が農民たちに対して持っていた思いや、自分の理想を童話の中にえがこうとしたことなどをヒントにしながら、賢治にとっての「新しい未来」とは何だろうかと考えてみましょう。

おうちのかたへ

教科書で学習した「注文の多い料理店」の作者である宮沢賢治の伝記からの出題です。賢治が何を考えて、どのような行動を起こしたのかを読み取りましょう。
また、「注文の多い料理店」以外の宮沢賢治の作品を読んでみたり、興味のある分野の偉人の伝記を読んでみたりしてもよいですね。

5年 国語のまとめ

学力診断テスト

名前　　月　日

時間 40分　合格70点　／100

答え 37ページ

1 読みがなを書きましょう。　一つ1点(8点)

① 飼（か）い主としての 義務（ぎむ）を果たす。

② 新しい器具の 導入（どうにゅう）を 提案（ていあん）する。

③ 暴力（ぼうりょく）をふるうことは 犯罪（はんざい）です。

④ 責任（せきにん）のある 役職（やくしょく）につく。

2 漢字を書きましょう。　一つ2点(16点)

① てきせつ（適切）な はんてい（判定）をする。

② どくとく（独特）の音楽を きず（築）きあげる。

③ じゅぎょう（授業）の ふくしゅう（復習）をする。

④ じょうほう（情報）が ほうふ（豊富）に集まる。

3 次の①～⑤の熟語の構成は、ア～オのどれにあたりますか。記号で答えましょう。　一つ1点(5点)

① 絵画（ア）　② 消火（エ）　③ 新米（ウ）　④ 無料（オ）　⑤ 強弱（イ）

ア　意味のにた漢字どうしを二つ組み合わせた熟語
イ　意味が対になっている漢字を二つ組み合わせた熟語
ウ　上の漢字が下の漢字を説明している熟語
エ　上の漢字が表す動作や作用を、下の漢字が受けている熟語
オ　上の漢字が下の漢字の意味を打ち消している熟語

4 次の文の――線の言葉を、特別な言葉を使った敬語にして、全文を書きかえましょう。　一つ2点(6点)

① 先生が来るそうだ。
（先生がいらっしゃるそうだ。）

② これはお客様からもらったものです。
（これはお客様からいただいたものです。）

③ 校長先生にお礼を言いましょう。
（校長先生にお礼を申し上げましょう。）

5 田中さんの学校では、図書館を昼休みだけでなく放課後も使用することに、賛成か反対かの意見を書くことになりました。次の田中さんの意見文を読み、問題に答えましょう。

> わたしは、図書館の放課後使用に賛成します。
> その理由は、今のように、昼休みしか使えないと、本を選んだり、本で調べる時間が少くなすぎるからです。

① ――部には、言葉の使い方のまちがいが一つ、送りがなのまちがいが一つあります。その前の文章をよく読んで、正しく書き直しましょう。　5点

（本を選んだり、本で調べたりする時間が少なすぎるからです。）

② 次の メモ は、田中さんの友達の大原さんが書いたものです。この メモ の内容をもとに、意見文を書きましょう。書くときは、田中さんの書き方を参考にし、「わたしは、」に続く形で書きましょう。　10点

メモ 〈意見〉図書館の放課後使用には反対
〈理由〉図書委員の人たちの仕事が増えて、大変だと思う。

わたしは、（例 図書館の放課後使用には反対します。その理由は、放課後も使えるようにすると、図書委員の人たちの仕事が増えて、大変だからです。）

●うらにも問題があります。

6 文章を読んで、答えましょう。　思考・判断・表現

ギリシアというところは、年間の雨量が日本の四分の一、四〇〇ミリです。しかもこの雨は、全部冬のあいだに降っています。春、夏、秋はほとんど一滴の雨も降りません。ですからギリシアにおいては、この冬のあいだに降ったわずか四〇〇ミリの雨が、利用できるかできないかということで、人間の生存というのは決まってしまいます。

エーゲ海にあるクレタ島の、東のほうの山の中にあるラシチという盆地に行ったときのことです。この盆地は、だいたい長さ一二キロ、一〇キロの楕円形の盆地です。バスで行ったのですが、山をこえてその盆地にはいったとき、私はびっくりしてしまいました。その小さな盆地には、なんと、風車が六〇〇〇も回っているのです。見わたすかぎり、まっ白い帆の布をはった風車が、のどやかに回っています。

その盆地は石灰岩の地帯で、冬のあいだ降った水が、みんな地下水でたまっています。地下にたまった水を汲み上げて灌漑*ができれば、そこで農業ができるわけです。クレタ島のそのあたりの山は、ほとんどはげ山同然のところなのですけれど、この盆地だけは、緑したたる沃野*がひろがっています。

それはひとえにその風車のおかげです。風車で地下にたまった水を汲み上げているのです。水を汲み上げるポンプはおもしろいことに、一九二三年ぐらいまでは動力を使って動かしていましたが、いまは動力をやめて、自然の風で回る風車に変わっています。風車の歴史からいえばまるで反対ですが、風車はそんなことにおかまいなしに、のどかにゆったりと回っています。

だいたい二〇メートルぐらいの深さから水を汲み上げているのですが、風車のわきにはコンクリートのタンクがあって、汲み上げた水をそこにためています。そのためた水をホースで畑にまいて、ひじょうにすばらしい沃野になっているわけです。そういうことを見ても、いかに人間の生活が水に関係しているかということがわかります。

風車を動力から自然の力にしたのは、油も何もいらないので、お金がかからないからです。さらにもう一つ大事なことは、ふつう、エネルギーの利用というと、すぐ電気を考えます。ところが、電気だけがエネルギーではありません。その風車は電気をおこして動いているのではなくて、ただクランクがついていて、のんびり水を汲み上げているだけです。

こういう風車の利用のしかたというのが、これからの省エネルギー時代、地域主義の時代には、エネルギーを輸送するときのエネルギーの損失を考えなくてもよいから参考になるのではないかと思うのです。

＊ 灌漑…田畑に水をひいて、土地をうるおすこと。
＊ 沃野…土地が肥え、作物がよくできる平野。

根本 順吉「地球はふるえる」より

(1) 「人間の生存というのは決まってしまいます。」とありますが、どういうことについて、筆者はこのように述べていますか。一つに〇をつけましょう。　4点

ア（　）春・夏・秋に降る雨ではなく、冬に降る雨だけを取り出して使えるか。
イ（　）日本と同じで年間で四〇〇ミリしか降らない雨をうまく利用できるか。
ウ（　）冬の間に降るわずかな雨を飲み水として利用できるかどうか。
エ（〇）一年を通して四〇〇ミリしか降らない雨を、利用できるかどうか。

(2) 「私はびっくりしてしまいました。」とありますが、どういうことについて筆者はびっくりしたのですか。文章中の言葉を使って書きましょう。　8点

（例 小さなぼん地に、六〇〇〇もの風車が回っていること。）

(3) 「緑したたる沃野がひろがっています。」とありますが、なぜですか。文章中から□に当てはまる言葉をぬき出して書きましょう。　4点

冬の間に地下にたまった［地下水］を風車で汲み上げて、灌漑をしているから。

(4) 「おもしろい」とありますが、筆者はどういうことについて「おもしろい」と言っていますか。文章中から□に当てはまる言葉をぬき出して書きましょう。　一つ4点(8点)

風車の［歴史］に逆行して、水を汲み上げる［ポンプ］に自然の風の力を利用していること。

(5) 「風車を動力から自然の力にした」とありますが、それはなぜですか。その理由を二つ、文章中の言葉を使って書きましょう。　一つ8点(16点)

（例 お金がかからないから。）
（例 エネルギーの損失を考えなくていいから。）
※順番はちがっていてもよい。

(6) この文章を読んで、エネルギーの利用について、あなたはどのように考えましたか。文章中の言葉を使って書きましょう。　10点

（例 エネルギーをつくり出すのはかん単なことではないのだと思いました。エネルギーをむだ使いしないように心がけたいと思います。）

4 ①「いらっしゃる」は「来る」の尊敬語です。
②「いただく」は「もらう」の謙譲語です。
③「申し上げる」は「言う」の謙譲語です。

5 ①言葉の使い方のまちがいは、「本を読んだり」の「～たり、～たり」という言い方が、「本で調べる」の部分で対応していないことです。送りがなは、「少くなすぎる」の「く」が不要です。
②田中さんの意見文の形をまねて、メモの内容が過不足なく入るように書きましょう。

6 (1)直前に「ですからギリシアにおいては、この冬のあいだに降ったわずか四〇〇ミリの雨が、利用できるかできないかということで」と書かれているのに着目します。
(2)直後に、「その小さな盆地には、なんと、風車が六〇〇〇も回っているのです。見わたすかぎり、まっ白い帆の布をはった風車が、のどやかに回っています」と書かれています。筆者は、クレタ島へ行って、小さな盆地に六〇〇〇もの風車が回っているのを見て、おどろきました。
(3)直後に「それはひとえに風車のおかげです。風車で地下にたまった水を汲み上げているのです」とあるのに着目します。「それ」とは、クレタ島のラシチという盆地に沃野が広がっていることを指しています。
(4)地下にたまった水を汲み上げるポンプを動かすのに、動力を使っていたことが、直後の内容からわかります。ところが、この歴史を逆行するかのように、今は、風車を使ってポンプを動かしているのです。
(5)あとに続く内容に着目しましょう。理由の一つは、直後に書かれています。もう一つは、最後の二つの段落の内容をまとめましょう。
(6)筆者は、最後の段落でエネルギーの利用について自分の考えを述べています。この部分に着目しながら、自分の考えを書きましょう。

おうちのかたへ

地球環境についての説明文からの出題です。筆者がどのような意見を持ち、どのような事実や事例を根拠に挙げているのかを確認しましょう。
また、書き出しや文末の言い回しや接続語を確認することで文と文、段落どうしの関係を把握することができます。

メモ

メモ

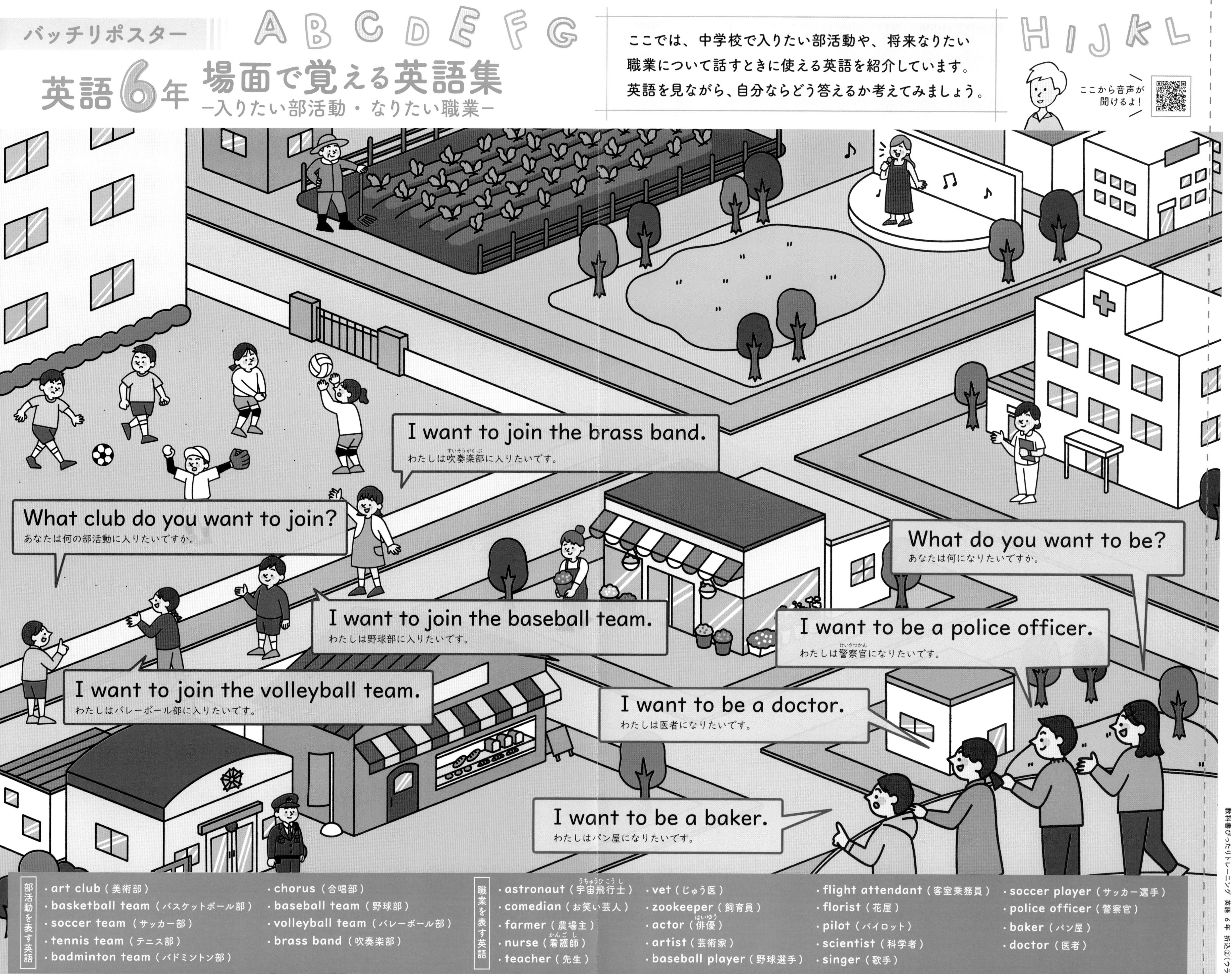

バッチリポスター
英語6年
場面で覚える英語集
−入りたい部活動・なりたい職業−
ABCDEFG
HIJKL
ここでは、中学校で入りたい部活動や、将来なりたい職業について話すときに使える英語を紹介しています。英語を見ながら、自分ならどう答えるか考えてみましょう。
ここから音声が聞けるよ！
I want to join the brass band.
わたしは吹奏楽部に入りたいです。
What club do you want to join?
あなたは何の部活動に入りたいですか。
I want to join the baseball team.
わたしは野球部に入りたいです。
I want to join the volleyball team.
わたしはバレーボール部に入りたいです。
What do you want to be?
あなたは何になりたいですか。
I want to be a police officer.
わたしは警察官になりたいです。
I want to be a doctor.
わたしは医者になりたいです。
I want to be a baker.
わたしはパン屋になりたいです。
部活動を表す英語
・art club（美術部）
・basketball team（バスケットボール部）
・soccer team（サッカー部）
・tennis team（テニス部）
・badminton team（バドミントン部）
・chorus（合唱部）
・baseball team（野球部）
・volleyball team（バレーボール部）
・brass band（吹奏楽部）
職業を表す英語
・astronaut（宇宙飛行士）
・comedian（お笑い芸人）
・farmer（農場主）
・nurse（看護師）
・teacher（先生）
・vet（じゅう医）
・zookeeper（飼育員）
・actor（俳優）
・artist（芸術家）
・baseball player（野球選手）
・flight attendant（客室乗務員）
・florist（花屋）
・pilot（パイロット）
・scientist（科学者）
・singer（歌手）
・soccer player（サッカー選手）
・police officer（警察官）
・baker（パン屋）
・doctor（医者）

バッチリポスター

英語6年 場面で覚える英語集
―日課・したこと・感想―

ここでは、1日の生活ですること、過去にしたこと、感想について話すときに使える英語を紹介しています。英語を見ながら、自分ならどう答えるか考えてみましょう。

ここから音声が聞けるよ！

What did you do yesterday?
あなたは昨日何をしましたか。

I enjoyed camping.
わたしはキャンプを楽しみました。

I sometimes watch TV.
わたしはときどきテレビを見ます。

I always wash the dishes.
わたしがいつも皿を洗います。

How was your summer vacation?
あなたの夏休みはどうでしたか。

I usually take out the garbage.
わたしがたいていごみを出します。

I made dinner.
わたしは晩ご飯を作りました。

I went to Osaka.
わたしは大阪へ行きました。

It was great.
すばらしかったです。

しおり

動作を表す英語

- get up（起きる）
- go to school（学校に行く）
- go to bed（ねる）
- take a bath（ふろに入る）
- do my homework（宿題をする）
- watch TV（テレビを見る）
- brush my teeth（歯をみがく）
- go home（家に帰る）
- take out the garbage（ごみを出す）
- wash the dishes（皿を洗う）

過去の動作を表す英語

- went（行った）
- saw（見た）
- enjoyed（楽しんだ）
- ate（食べた）
- made（作った）

教科書ぴったりトレーニング 英語 6年 がんばり表

いつも見えるところに、この「がんばり表」をはっておこう。
この「ぴたトレ」を学習したら、シールをはろう！
どこまでがんばったかわかるよ。

好きななまえをつけてね！

なまえ

ぴた犬（おとも犬）シールをはろう

シールの中から好きなぴた犬を選ぼう。

おうちのかたへ

がんばり表のデジタル版「デジタルがんばり表」では、デジタル端末でも学習の進捗記録をつけることができます。1冊やり終えると、抽選でプレゼントが当たります。「ぴたサポシステム」にご登録いただき、「デジタルがんばり表」をお使いください。LINE または PC・ブラウザを利用する方法があります。

LINE用　PC・ブラウザ用

★ぴたサポシステムご利用ガイドはこちら★
https://www.shinko-keirin.co.jp/shinko/news/pittari-support-system

スタート

Lesson 1　This is me.

- 8～9ページ　ぴったり1 2　できたらシールをはろう
- 10～11ページ　ぴったり1 2　できたらシールをはろう
- 12～13ページ　ぴったり1 2　できたらシールをはろう
- 14～15ページ　ぴったり3　できたらシールをはろう
- 16～17ページ　ぴったり1 2　できたらシールをはろう
- 18～19ページ　ぴったり1 2　できたらシールをはろう
- 20～21ページ　ぴったり1 2　できたらシールをはろう
- 22～23ページ　ぴったり3　できたらシールをはろう

Lesson 2　Welcome to Japan.

- 24～25ページ　ぴったり1 2　できたらシールをはろう
- 26～27ページ　ぴったり1 2　できたらシールをはろう
- 28～29ページ　ぴったり3　できたらシールをはろう
- 30～31ページ　ぴったり1 2　できたらシールをはろう
- 32～33ページ　ぴったり1 2　できたらシールをはろう
- 34～35ページ　ぴったり3　できたらシールをはろう

Lesson 3　What time do you get up?

- 36～37ページ　ぴったり1 2　できたらシールをはろう
- 38～39ページ　ぴったり1 2　できたらシールをはろう
- 40～41ページ　ぴったり1 2　できたらシールをはろう
- 42～43ページ　ぴったり3　できたらシールをはろう
- 44～45ページ　ぴったり1 2　できたらシールをはろう
- 46～47ページ　ぴったり1 2　できたらシールをはろう
- 48～49ページ　ぴったり1 2　できたらシールをはろう
- 50～51ページ　ぴったり3　できたらシールをはろう

Lesson 4　My Summer Vacation

- 52～53ページ　ぴったり1 2　できたらシールをはろう
- 54～55ページ　ぴったり1 2　できたらシールをはろう
- 56～57ページ　ぴったり3　できたらシールをはろう
- 58～59ページ　ぴったり1 2　できたらシールをはろう
- 60～61ページ　ぴったり1 2　できたらシールをはろう
- 62～63ページ　ぴったり3　できたらシールをはろう

Lesson 5　Where do you want to go?

- 64～65ページ　ぴったり1 2　できたらシールをはろう
- 66～67ページ　ぴったり1 2　できたらシールをはろう
- 68～69ページ　ぴったり3　できたらシールをはろう
- 70～71ページ　ぴったり1 2　できたらシールをはろう
- 72～73ページ　ぴったり1 2　できたらシールをはろう
- 74～75ページ　ぴったり3　できたらシールをはろう

Lesson 6　My Best Memory

- 76～77ページ　ぴったり1 2　できたらシールをはろう
- 78～79ページ　ぴったり1 2　できたらシールをはろう
- 80～81ページ　ぴったり3　できたらシールをはろう

Lesson 7　My Dream

- 82～83ページ　ぴったり1 2　できたらシールをはろう
- 84～85ページ　ぴったり1 2　できたらシールをはろう
- 86～87ページ　ぴったり3　できたらシールをはろう

Lesson 8　My Junior High School Life

- 88～89ページ　ぴったり1 2　できたらシールをはろう
- 90～91ページ　ぴったり1 2　できたらシールをはろう
- 92～93ページ　ぴったり1 2　できたらシールをはろう
- 94～95ページ　ぴったり3　できたらシールをはろう

ゴール

最後までがんばったキミは「ごほうびシール」をはろう！

ごほうびシールをはろう

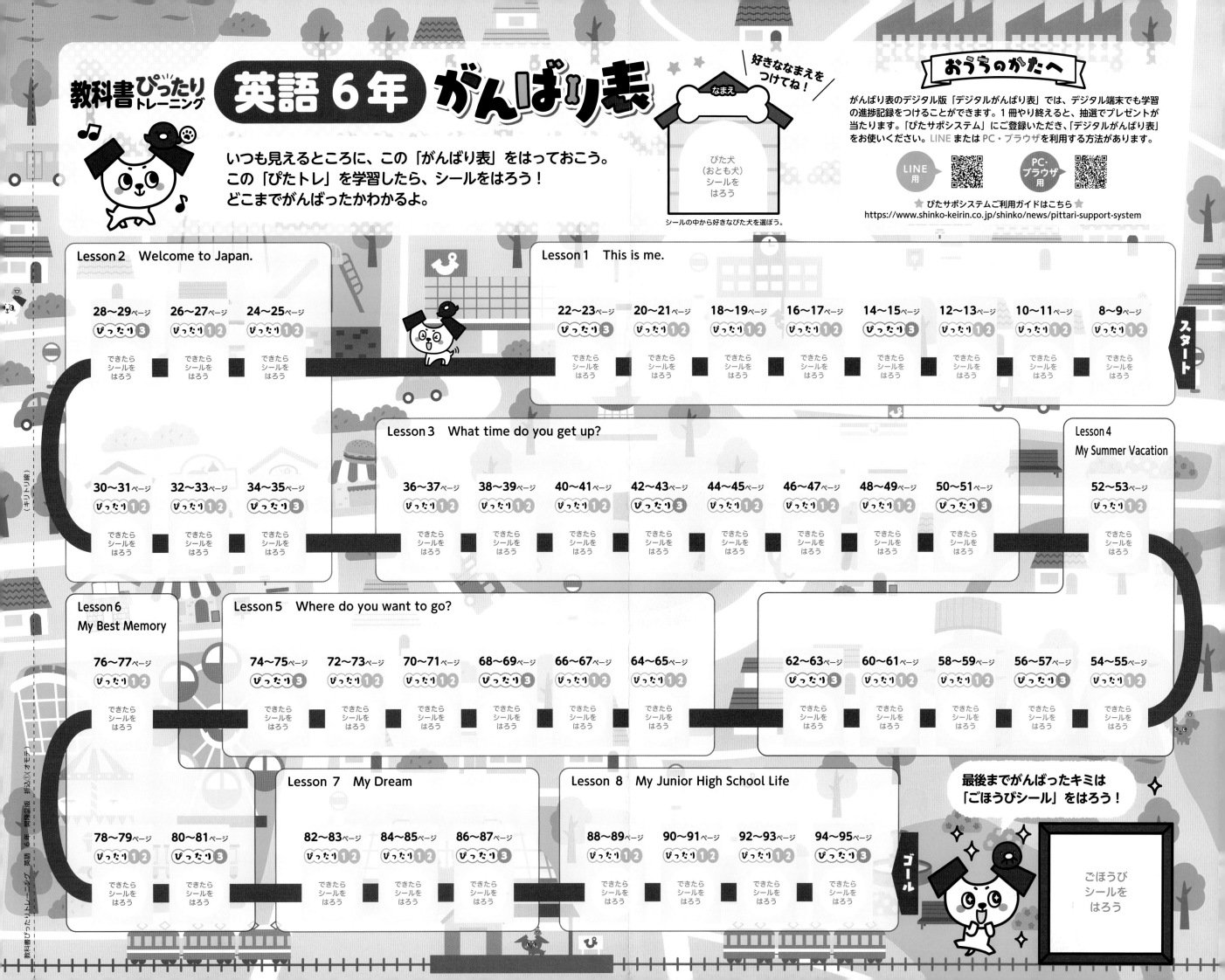

教科書ぴったりトレーニングの使い方

『ぴたトレ』は教科書にぴったり合わせて使うことができるよ。教科書も見ながら、勉強していこうね。
ぴた犬たちが勉強をサポートするよ。

ふだんの学習

ぴったり1 準備

教科書のだいじなところをまとめていくよ。
めあて でどんなことを勉強するかわかるよ。
音声を聞きながら、自分で声に出してかくにんしよう。
QR コードから「3 分でまとめ動画」が見られるよ。

※QR コードは株式会社デンソーウェーブの登録商標です。

↓

ぴったり2 練習

「ぴったり１」で勉強したこと、おぼえているかな？
かくにんしながら、自分で書く練習をしよう。

↓

ぴったり3 確かめのテスト

「ぴったり１」「ぴったり２」が終わったら取り組んでみよう。
学校のテストの前にやってもいいね。
わからない問題は、ふりかえり  を見て前にもどってかくにんしよう。

↓

実力チェック

- 夏のチャレンジテスト
- 冬のチャレンジテスト
- 春のチャレンジテスト
- 6年 英語のまとめ 学力診断テスト

夏休み、冬休み、春休み前に使いましょう。
学期の終わりや学年の終わりのテストの前にやってもいいね。

ふだんの学習が終わったら、「がんばり表」にシールをはろう。

別冊

丸つけラクラク解答

問題と同じ紙面に赤字で「答え」が書いてあるよ。
取り組んだ問題の答え合わせをしてみよう。まちがえた問題やわからなかった問題は、右の「てびき」を読んだり、教科書を読み返したりして、もう一度見直そう。

おうちのかたへ

本書『教科書ぴったりトレーニング』は、教科書の要点や重要事項をつかむ「ぴったり１ 準備」、おさらいをしながら単語や表現の書き取りに慣れる「ぴったり２ 練習」、テスト形式で学習事項が定着したか確認する「ぴったり３ 確かめのテスト」の３段階構成になっています。教科書の学習順序やねらいに完全対応していますので、日々の学習（トレーニング）にぴったりです。

「観点別学習状況の評価」について

学校の通知表は、「知識・技能」「思考・判断・表現」「主体的に学習に取り組む態度」の３つの観点による評価がもとになっています。

問題集やドリルでは、一般に知識を問う問題が中心になりますが、本書『教科書ぴったりトレーニング』では、次のように、観点別学習状況の評価に基づく問題を取り入れて、成績アップに結びつくことをねらいました。

ぴったり３ 確かめのテスト

- 「知識・技能」のうち、特に技能（具体的な情報の聞き取りなど）を取り上げた問題には「技能」と表示しています。
- 「思考・判断・表現」のうち、特に思考や表現（予想したり文章で説明したりすることなど）を取り上げた問題には「思考・判断・表現」と表示しています。

チャレンジテスト

- 主に「知識・技能」を問う問題か、「思考・判断・表現」を問う問題かで、それぞれに分類して出題しています。

別冊『丸つけラクラク解答』について

おうちのかたへ では、次のようなものを示しています。

- 学習のねらいやポイント
- 他の学年や他の単元の学習内容とのつながり
- まちがいやすいことやつまずきやすいところ

お子様への説明や、学習内容の把握などにご活用ください。

内容の例

おうちのかたへ

このユニットでは、過去に行った場所やしたことを伝える表現を練習しました。I went to～.（私は～へ行きました。）などに対して、Sounds good!（楽しそうだね。）などを使って感想を伝えてみてください。

\\ 音声クイズつき！ //

イラストでおぼえる 6年

英語カード

右のQRコードから、
音声を聞くことができます。

1 job
□ actor

2 job
□ artist

3 job
□ astronaut

4 job
□ baker

5 job
□ baseball player

6 job
□ comedian

7 job
□ doctor

8 job
□ farmer

9 job
□ flight attendant

10 job
□ florist

11 job
□ nurse

12 job
□ pilot

13 job
□ police officer

14 job
□ scientist

使い方

❶音声を聞いて、英語を読んでみましょう。イラストと合わせて覚えましょう。

❷日本語とイラストを見て、英語を言えるか確認(かくにん)してみましょう。

❸音声クイズを聞いて、答えのカードを探(さが)してみましょう。

1 職業

□ 俳優(はいゆう)

2 職業

□ 芸術家

3 職業

□ 宇宙飛行士(うちゅうひこうし)

4 職業

□ パン屋

5 職業

□ 野球選手

6 職業

□ お笑い芸人

7 職業

□ 医者

8 職業

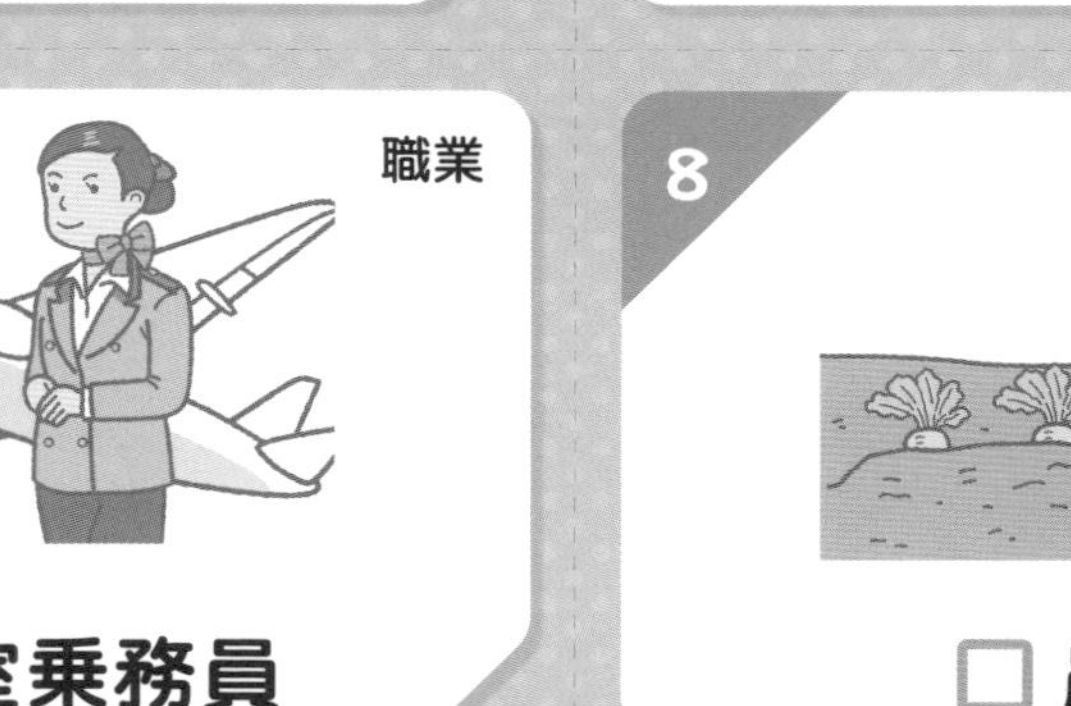

□ 農場主

9 職業

□ 客室乗務員

10 職業

□ 花屋

11 職業

□ 看護師(かんごし)

12 職業

□ パイロット

13 職業

□ 警察官(けいさつかん)

14 職業

□ 科学者

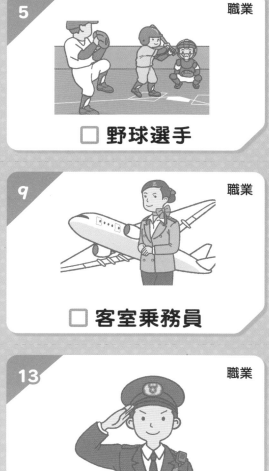

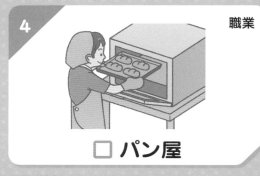

15
job
☐ singer
16
job
☐ soccer player
17
job
☐ teacher
18
job
☐ vet
19
job
☐ zookeeper
20
animal
☐ bird
21
animal
☐ chicken
22
animal
☐ dolphin
23
animal
☐ elephant
24
animal
☐ frog
25
animal
☐ giraffe
26
animal
☐ koala
27
animal
☐ monkey
28
animal
☐ mouse
29
animal
☐ octopus
30
animal
☐ panda

18
職業
じゅうい
□ 獣医
17
職業
□ 先生
16
職業
□ サッカー選手
15
職業
□ 歌手
22
動物
□ イルカ
21
動物
□ ニワトリ
20
動物
□ 鳥
19
職業
□ 動物園の飼育員
26
動物
□ コアラ
25
動物
□ キリン
24
動物
□ カエル
23
動物
□ ゾウ
30
動物
□ パンダ
29
動物
□ タコ
28
動物
□ ネズミ
27
動物
□ サル

31 animal
☐ penguin

32 animal
☐ pig

33 animal
☐ snake

34 animal
☐ whale

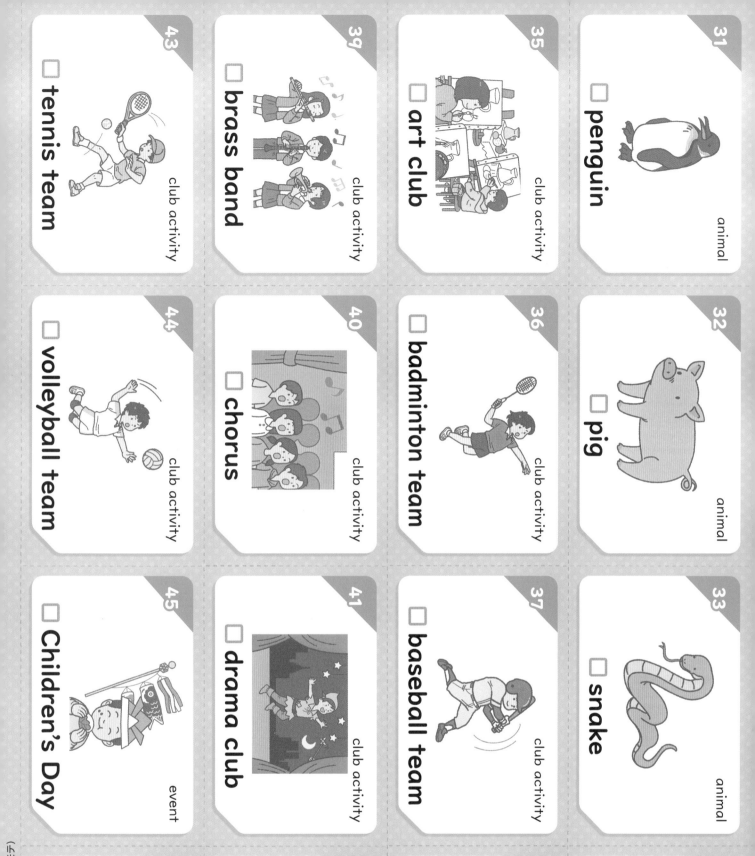

35 club activity
☐ art club

36 club activity
☐ badminton team

37 club activity
☐ baseball team

38 club activity
☐ basketball team

39 club activity
☐ brass band

40 club activity
☐ chorus

41 club activity
☐ drama club

42 club activity
☐ soccer team

43 club activity
☐ tennis team

44 club activity
☐ volleyball team

45 event
☐ Children's Day

46 event
☐ drama festival

34 動物 □ クジラ
33 動物 □ ヘビ
32 動物 □ ブタ
31 動物 □ ペンギン
38 部活動 □ バスケットボール部
37 部活動 □ 野球部
36 部活動 □ バドミントン部
35 部活動 □ 美術部
42 部活動 □ サッカー部
41 部活動 □ 演劇部（えんげきぶ）
40 部活動 □ 合唱部
39 部活動 □ 吹奏楽部（すいそうがくぶ）
46 行事 □ 学芸会
45 行事 □ こどもの日
44 部活動 □ バレーボール部
43 部活動 □ テニス部

47 event
☐ entrance ceremony

51 event
☐ New Year's Day

55 event
☐ Star Festival

59 nature
☐ lake

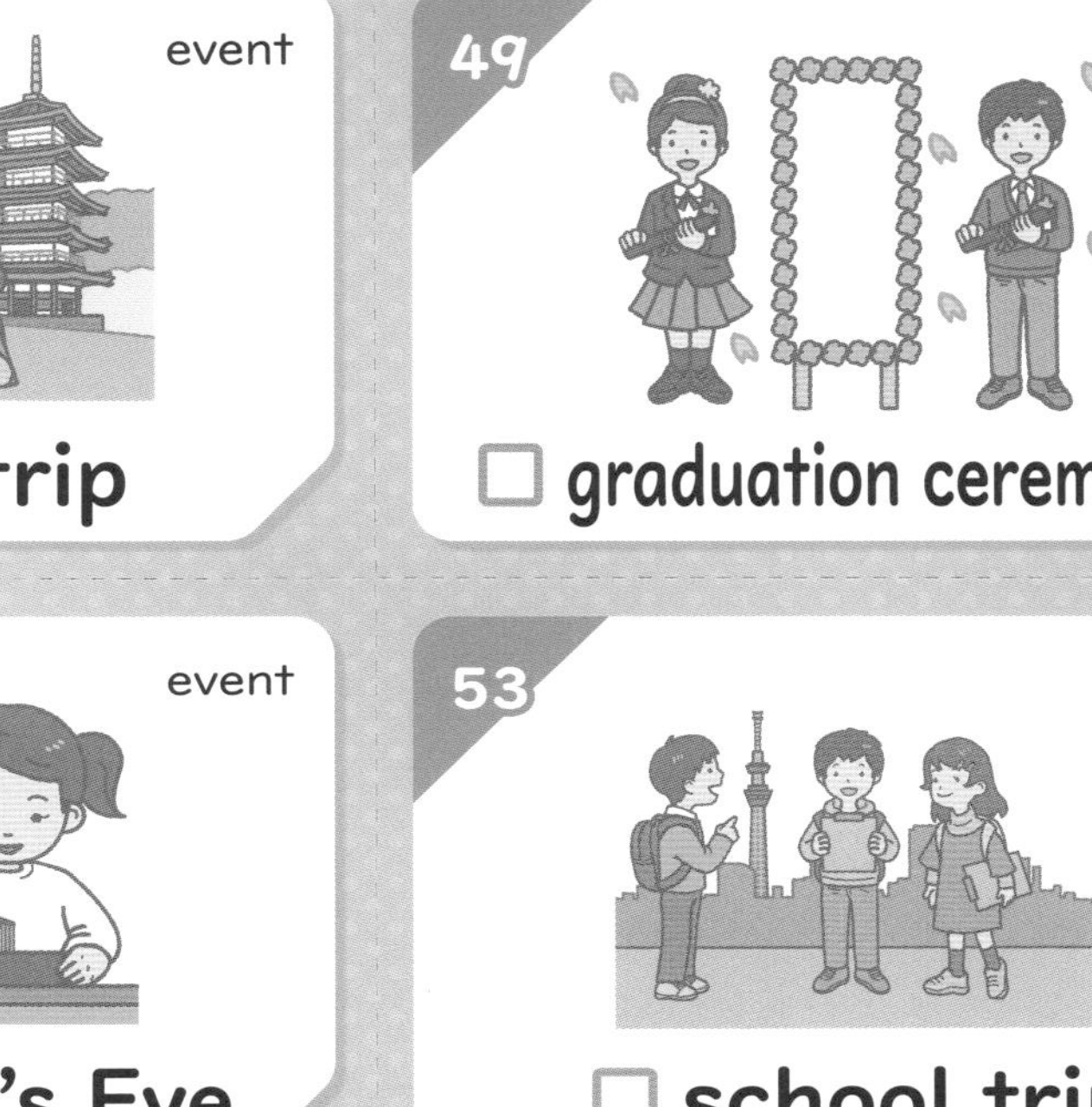

48 event
☐ field trip

49 event
☐ graduation ceremony

52 event
☐ New Year's Eve

53 event
☐ school trip

56 event
☐ swimming meet

57 event
☐ volunteer day

60 nature
☐ mountain

61 nature
☐ river

50 event
☐ music festival

54 event
☐ sports day

58 nature
☐ beach

62 nature
☐ sea

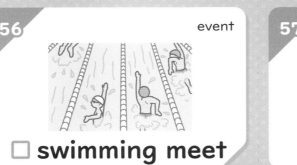

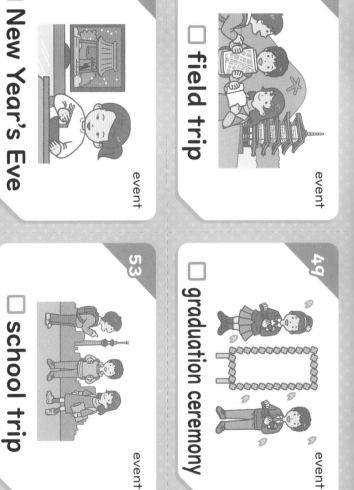

50
行事
□ 音楽祭
49
行事
□ 卒業式
48
行事
□ 遠足
47
行事
□ 入学式
54
行事
□ 運動会
53
行事
□ 修学旅行
52
行事
□ 大みそか
51
行事
□ 元日
58
自然
□ ビーチ
57
行事
□ ボランティアの日
56
行事
すいえいきょうぎかい
□ 水泳競技会
55
行事
□ 七夕
62
自然
□ 海
61
自然
□ 川
60
自然
□ 山
59
自然
□ 湖

63 ☐ Australia country

64 ☐ Brazil country

65 ☐ Canada country

66 ☐ China country

67 ☐ Egypt country

68 ☐ France country

69 ☐ Germany country

70 ☐ India country

71 ☐ Italy country

72 ☐ Japan country

73 ☐ Kenya country

74 ☐ Korea country

75 ☐ Peru country

76 ☐ Russia country

77 ☐ Spain country

78 ☐ Thailand country

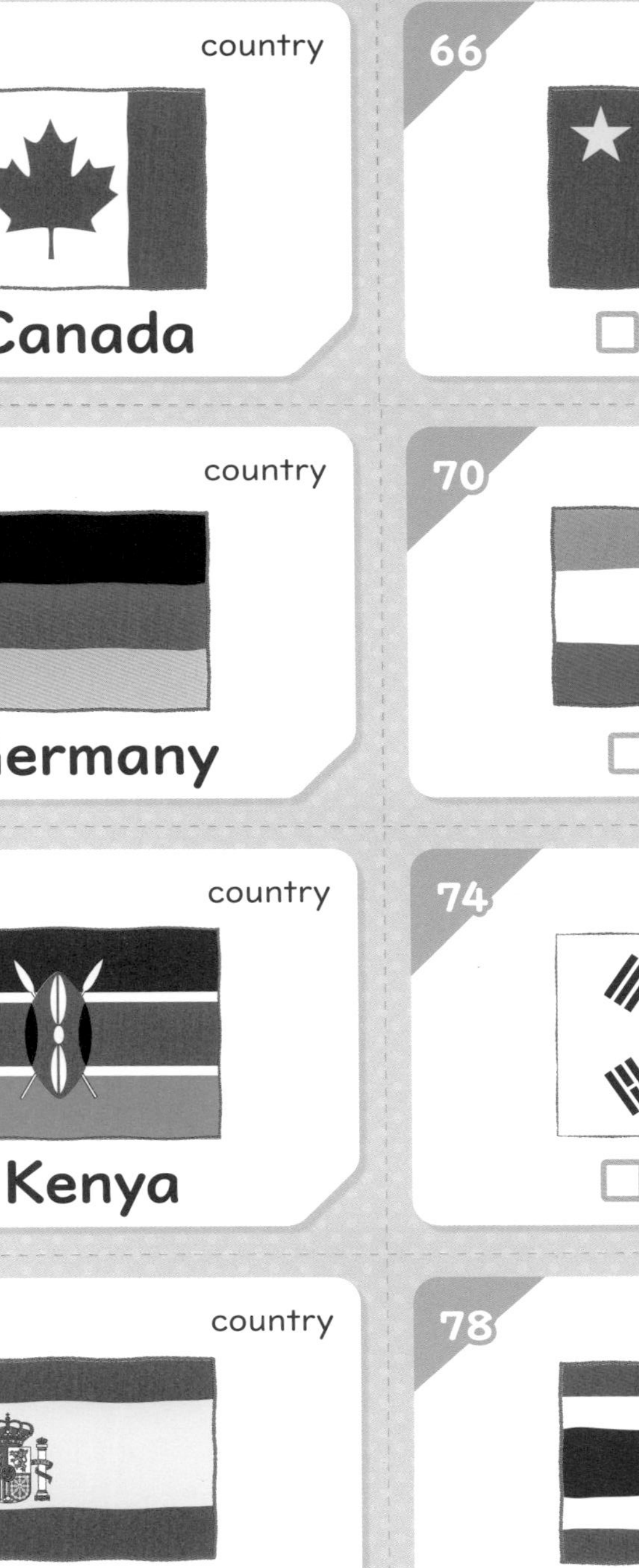

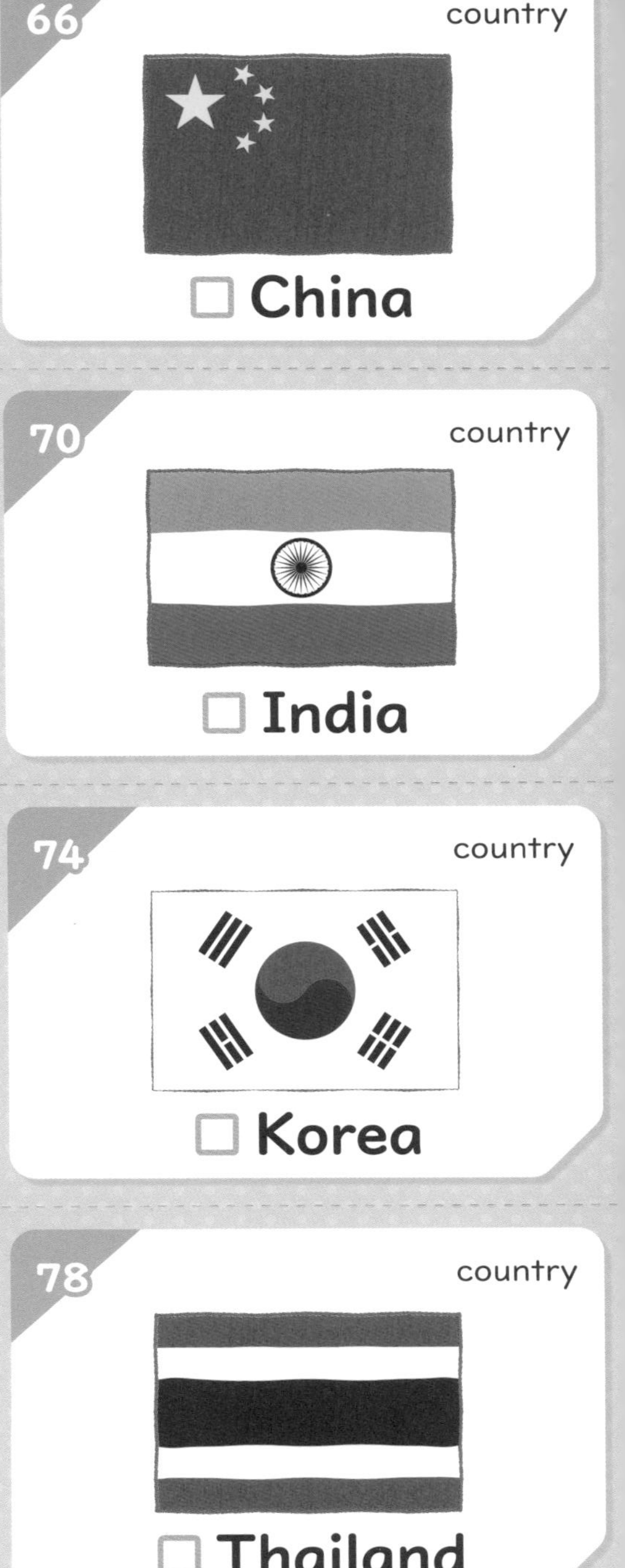

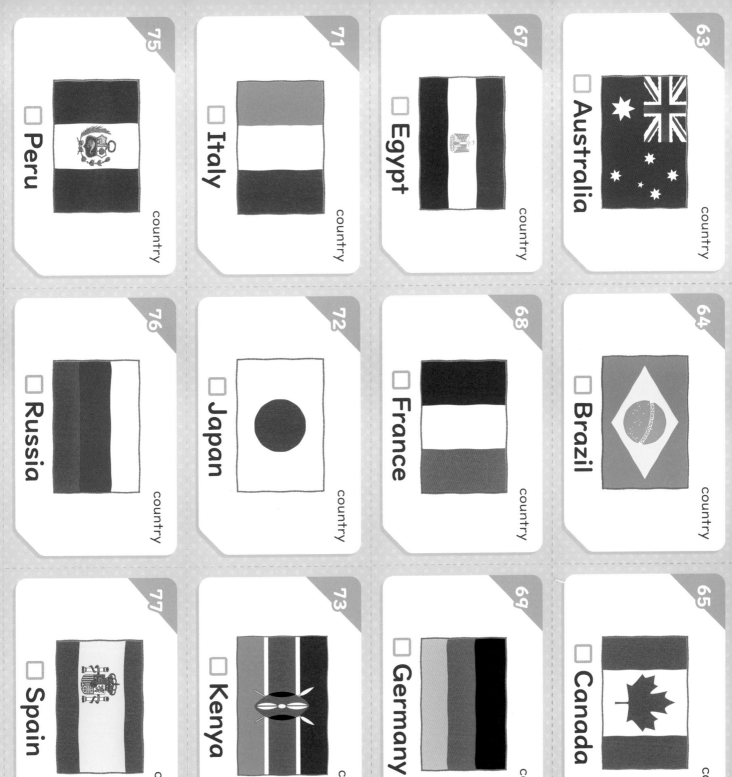

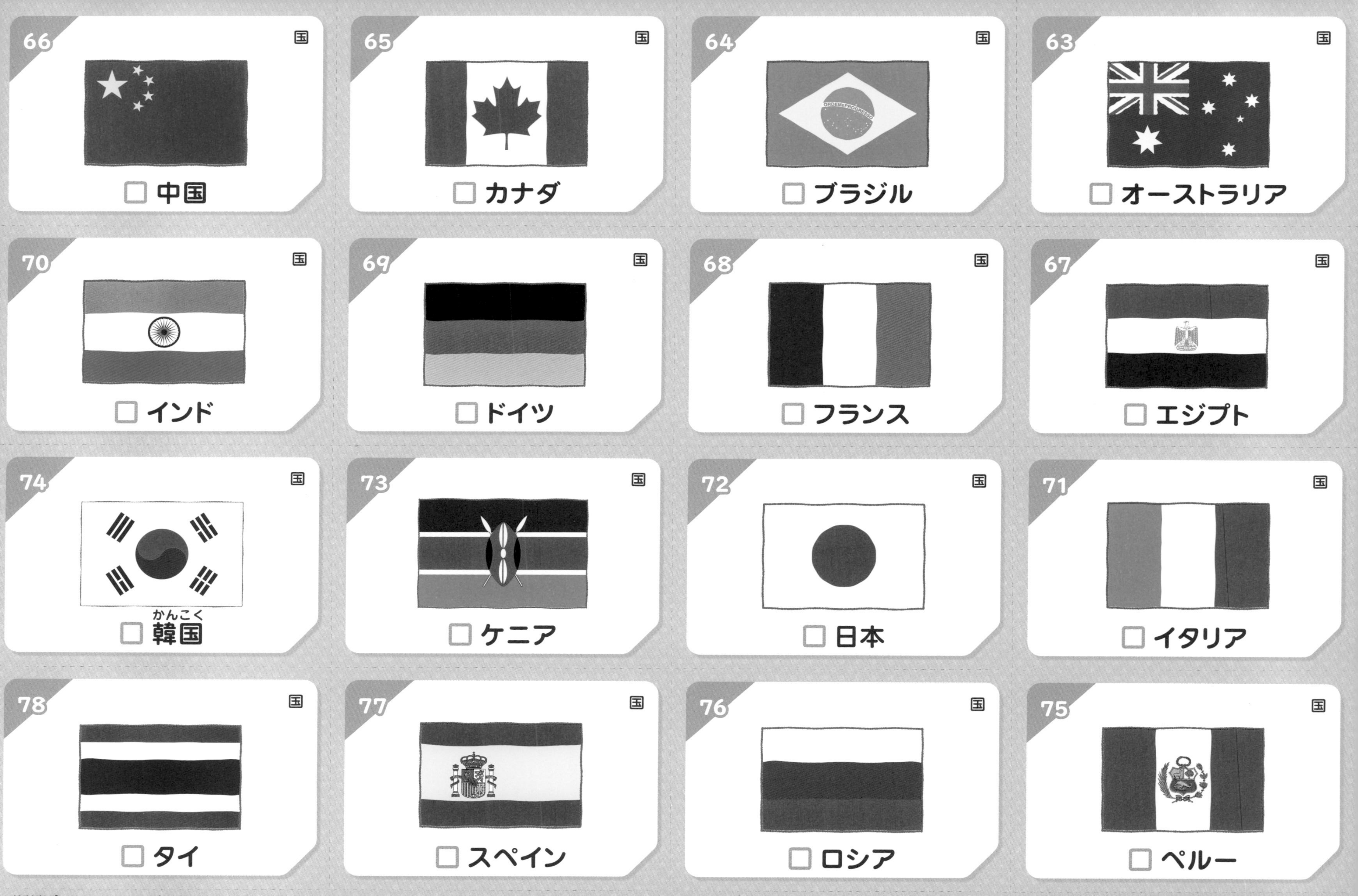

66
国
□中国
65
国
□カナダ
64
国
ORDEM E PROGRESSO
□ブラジル
63
国
□オーストラリア
70
国
□インド
69
国
□ドイツ
68
国
□フランス
67
国
□エジプト
74
国
かんこく
□韓国
73
国
□ケニア
72
国
□日本
71
国
□イタリア
78
国
□タイ
77
国
□スペイン
76
国
□ロシア
75
国
□ペルー

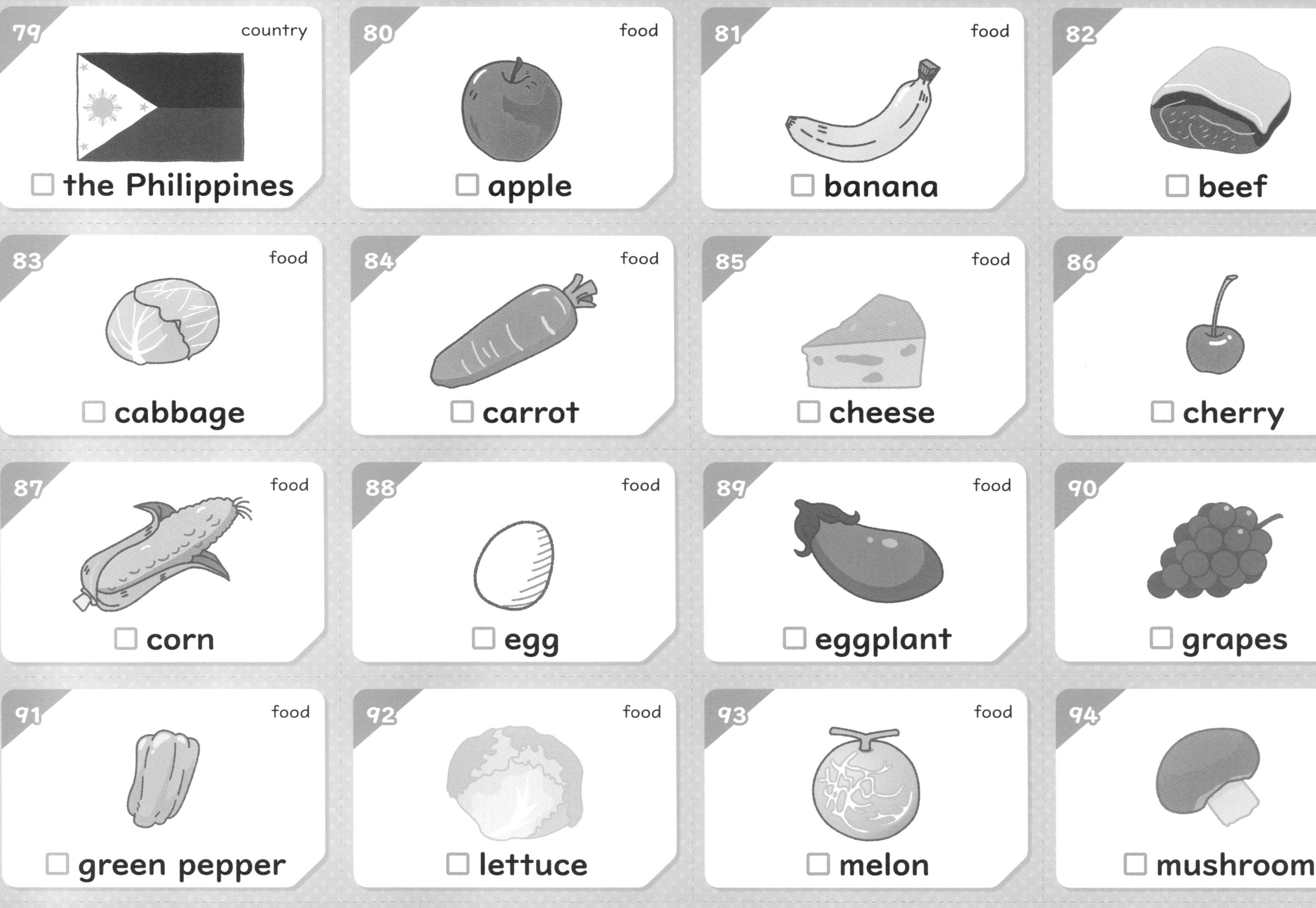
79
country
the Philippines
80
food
apple
81
food
banana
82
food
beef
83
food
cabbage
84
food
carrot
85
food
cheese
86
food
cherry
87
food
corn
88
food
egg
89
food
eggplant
90
food
grapes
91
food
green pepper
92
food
lettuce
93
food
melon
94
food
mushroom

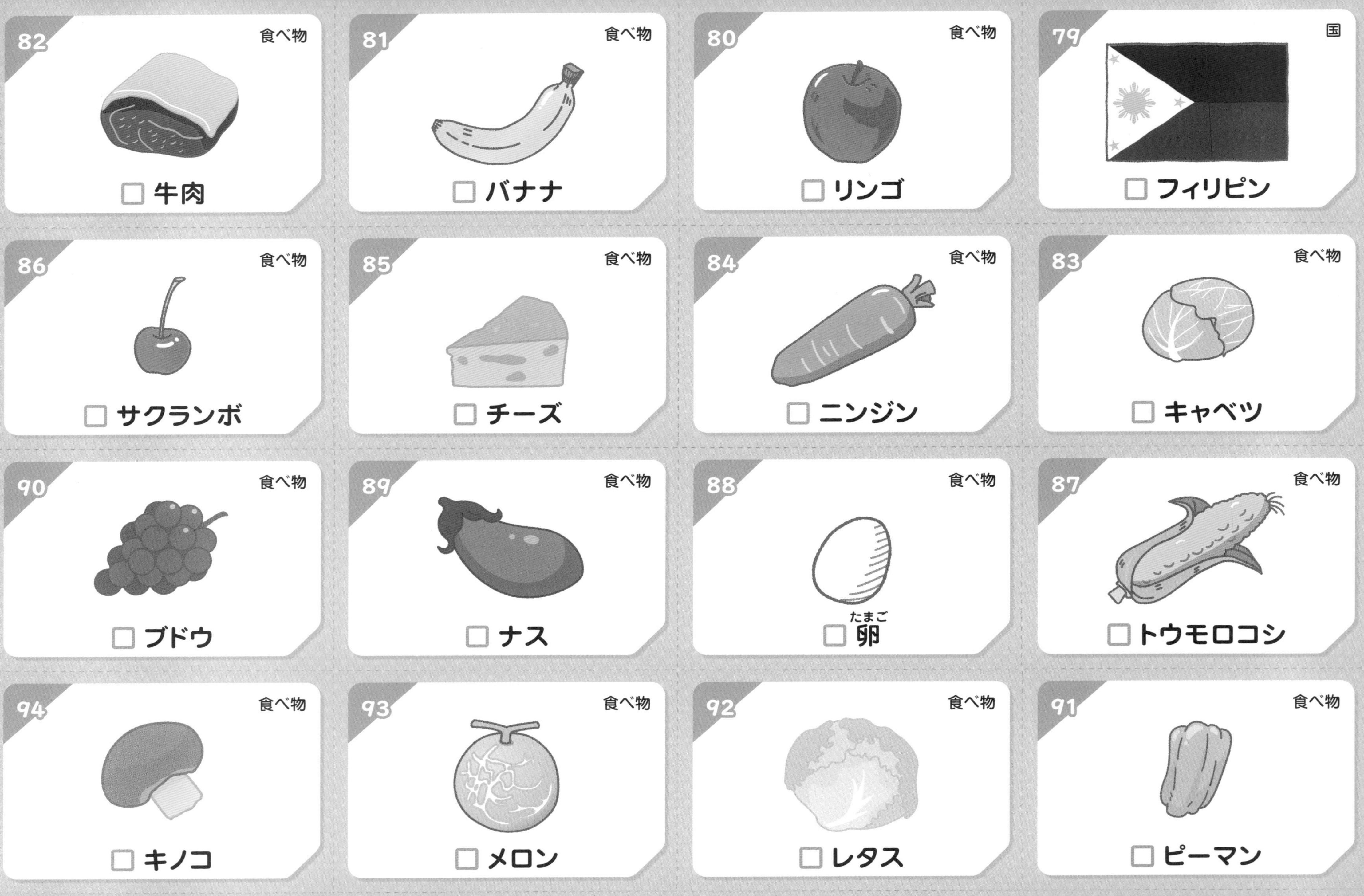
79 国 □フィリピン
80 食べ物 □リンゴ
81 食べ物 □バナナ
82 食べ物 □牛肉
83 食べ物 □キャベツ
84 食べ物 □ニンジン
85 食べ物 □チーズ
86 食べ物 □サクランボ
87 食べ物 □トウモロコシ
88 食べ物 □卵(たまご)
89 食べ物 □ナス
90 食べ物 □ブドウ
91 食べ物 □ピーマン
92 食べ物 □レタス
93 食べ物 □メロン
94 食べ物 □キノコ

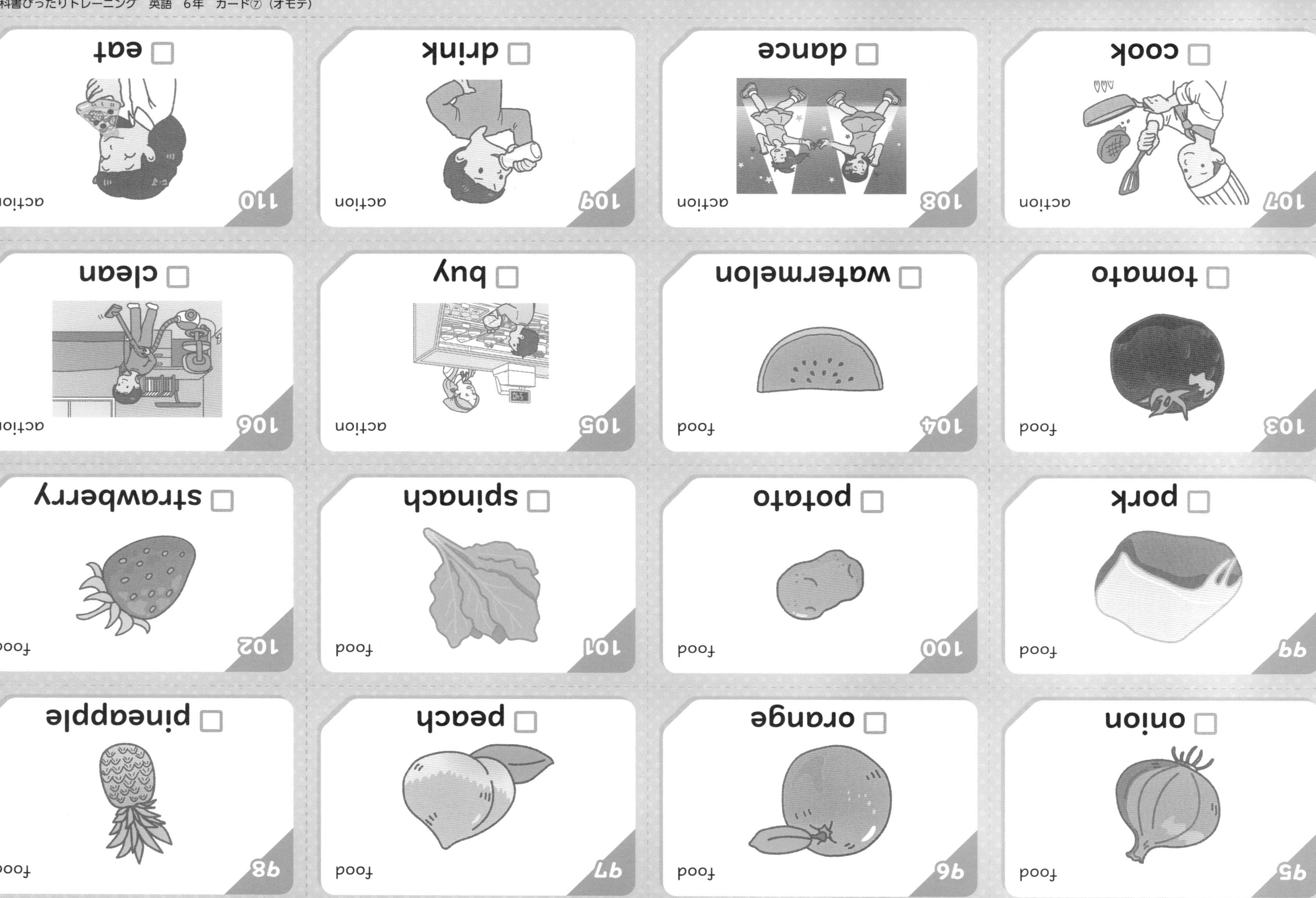
95
onion
food
96
orange
food
97
peach
food
98
pineapple
food
99
pork
food
100
potato
food
101
spinach
food
102
strawberry
food
103
tomato
food
104
watermelon
food
105
buy
action
106
clean
action
107
cook
action
108
dance
action
109
drink
action
110
eat
action

98 食べ物 □ パイナップル
97 食べ物 □ モモ
96 食べ物 □ オレンジ
95 食べ物 □ タマネギ
102 食べ物 □ イチゴ
101 食べ物 □ ホウレンソウ
100 食べ物 □ ジャガイモ
99 食べ物 □ ぶた肉
106 動作 □ そうじをする
105 動作 □ 買う
104 食べ物 □ スイカ
103 食べ物 □ トマト
110 動作 □ 食べる
109 動作 □ 飲む
108 動作 □ おどる
107 動作 □ 料理をする

111 action 
□ fly

112 action 
□ get

113 action 
□ help

114 action
□ make

115 action 
□ read

116 action 
□ ride

117 action 
□ run

118 action
□ see

119 action 
□ sing

120 action 
Hello!
□ speak

121 action 
A B C D
□ study

122 action
□ swim

123 action 
□ talk

124 action 
□ visit

125 action 
□ walk

126 action
□ watch

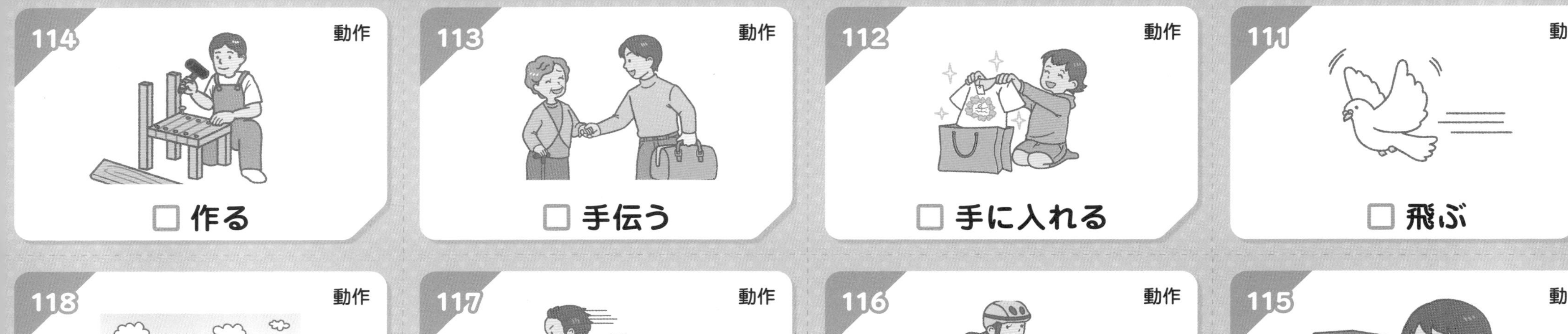

114 動作
□ 作る

113 動作
□ 手伝う

112 動作
□ 手に入れる

111 動作
□ 飛ぶ

118 動作
□ 見る

117 動作
□ 走る

116 動作
□ 乗る

115 動作
□ 読む

122 動作
□ 泳ぐ

121 動作
□ 勉強する

120 動作

□ （言語を） 話す

119 動作
□ 歌う

126 動作
□ （テレビなどを） 見る

125 動作
□ 歩く

124 動作
□ 訪（たず）ねる

123 動作
□ 話す

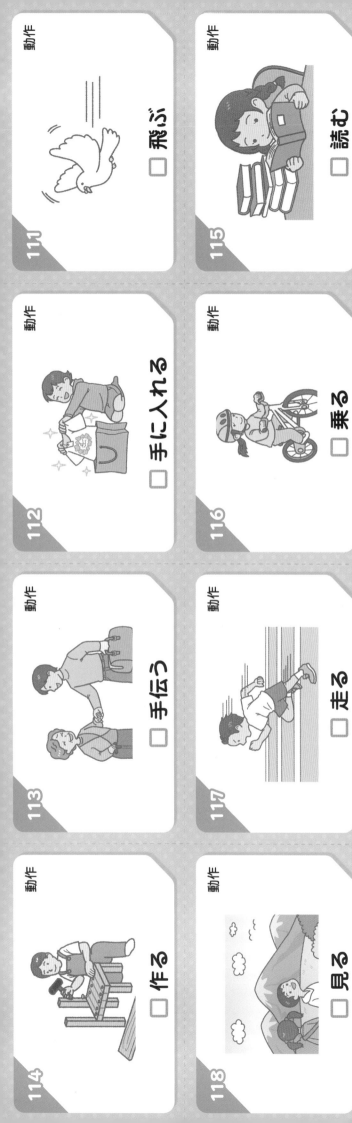

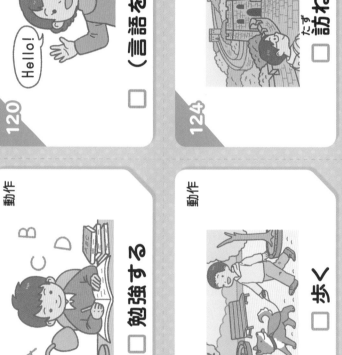